劉毅老師千人公開課、全國校長師訓
上海站成功舉辦

—— 菁尚教育沈韜校長

　　2017年10月14日晚上，由菁尚教育主辦的「劉毅一口氣英語千人講座」在上海交大菁菁堂舉行，齊聚各路大咖、彙集了千人學子，共同見證大師風采，領略「一口氣英語」的獨特魅力。

劉 毅老師熱情地與學員分享「一口氣英語」

由菁尚教育在上海主辦的「劉毅一口氣英語千人講座」座無虛席

「一口氣英語」是根據最科學的分析和實際檢測的背誦經驗，以特殊的組合，三句為一組，九句為一段。它要求學習者大聲朗讀，反覆練習，然後背誦，自然加快速度，最終能夠在5秒鐘之內背出這九句話，達到英文脫口而出的水準。此時，所有的內容，就會變成自己大腦裡存儲記憶的一部分，一輩子也不會忘記，需要用時隨時取用，依照此法日積月累，自然就能出口成章，能夠說最道地的英語了。此方法的發明，震撼兩岸教育界，數以萬計的學子因此而受益。

　　緊接著，10月17日、18日全國校長師訓拉開帷幕。此次師訓彙集了全國英語教培機構的精英校長們，全國一口氣英語明星講師，更有瘋狂英語李陽校長知名大咖到場出席本場英語盛宴。

劉毅老師與李陽校長、沈韜校長

　　劉毅老師、李陽校長現場即興互飆一口氣英語演講，帶領全場校長們高呼"Follow our passion. Follow our hearts. Anything is possible." 令來自海峽兩岸的知名校長們激情澎湃。兩岸教培天王齊聚上海，同堂飆課的精彩師訓場面，成為此次活動中，激動人心而又令人難忘的一幕。

劉毅老師師訓金句：

1. 教材要能讓老師能夠教學相長，越教越喜歡教。只有全身心投入，才能真正感受到教書的魅力。

2. 每一位學生都是老師的恩人，要不斷鼓勵孩子。英文不好，要誇國文好；功課不好，要誇身體好，身體不好，要誇品格好。

3. 課堂上的每一分鐘，要讓學生驚喜和感動，讓孩子下課後回家很振奮，要想盡辦法不斷提高學生成績。

4. 只有用心編寫、震撼靈魂的書，才不會隨著時間流逝被大家遺忘。你無我有，是勝過別人的關鍵。

　　為期兩天的精彩師訓課程，令全國校長們意猶未盡。劉毅老師獨創的英語教學法，以及研發的教材，經過長年的努力，令大陸老師們大受啟發，決心在傳承教學理念和技巧的同時，努力將學習英語的獨特方法發揚光大。

　　授課過程中，由劉毅老師精心編制的適合不同人群、不同程度學生的教材不斷免費贈予與會老師，無不體現著一名教育者的大愛情懷。《一分鐘背九個單字》、《用會話背7000字》、《英語自我介紹》等演講、《臺灣、大陸高考全真試題》等書籍，切中學生學習痛點及弱點，必將掀起大陸英文學習革命的新高潮。

劉毅老師與菁尚教育全體老師合影

劉毅老師親傳大弟子——WINDY老師帶領30名「一口氣英語」代言學生帶來精采開場。"You always put me first, You make me feel so special." 《感恩父母之英文演講篇》的朗朗背誦聲震撼全場，小演說家們精準的發音、翩翩的台風、一氣呵成的現場演講贏得聽眾們陣陣掌聲。

劉毅老師與WINDY老師合影

　　重磅級嘉賓——劉毅老師的登台更是把氛圍推向了高潮。為什麼學英文容易忘記，背了很多卻不能學以致用，單詞量總感覺不夠，劉毅老師獨創的「一口氣英語」學習法對症下藥，全面助力孩子提升英語成績。

A a

abandon[4] 〔 ə'bændən 〕 v. 拋棄
(= *give up*)

They *abandoned* the car when they ran out of gas.

【記憶技巧】諧音法：a｜ban｜don
（嗯便當要「拋棄」）

┌─【典型考題】──────────
The girl had to ＿＿＿＿ her journey because of her father's illness.
A. abandon　　　B. remove
C. mention　　　D. inspect　　[A]
└────────────────

* **ability**[2] 〔 ə'bɪlətɪ 〕 n. 能力

‡ **able**[1] 〔 'ebḷ 〕 adj. 能夠的
Nick is not *able* to come to the party.
【片語】**be able to** (能夠)

abnormal[6] 〔 æb'nɔrmḷ 〕 adj. 不正常的 (= *unusual*)
【記憶技巧】**ab-** 表「偏離；離開」的字首。

* **aboard**[3] 〔 ə'bɔrd 〕 adv., prep. 在車（船、飛機）上
It's time to get *aboard*.
He travelled *aboard* the space shuttle Discovery.
【記憶技巧】**a** (on) + **board** (甲板)
（上了甲板，即「在船上」）

abolish[5] 〔 ə'balɪʃ 〕 v. 廢除
(= *do away with*)
The president decided to *abolish* the unreasonable rules.
【記憶技巧】**ab** (away) + **ol** (grow) + **ish** (v.) (不再成長的東西，應該要「廢除」)

【比較】polish (擦亮)
demolish (拆除)

abortion[5] 〔 ə'bɔrʃən 〕 n. 墮胎
(= *miscarriage*)
She chose to have an *abortion* because she was not ready to have a child.
【記憶技巧】**ab** (away) + **or** (grow) + **tion** (n.) (把成長中的生命拿掉，也就是「墮胎」)

‡ **abroad**[2] 〔 ə'brɔd 〕 adv. 到國外
Have you ever travelled *abroad*?
【記憶技巧】**ab** (away) + **road** (way) (離開平常走的路，就是「到國外」)

abrupt[5] 〔 ə'brʌpt 〕 adj. 突然的 (= *sudden*)；粗魯的 (= *rude*)
The taxi came to an *abrupt* stop when the traffic light turned red.
【比較】corrupt (貪污的；腐敗的)
disrupt (中斷)
interrupt (打斷)

* **absence**[2] 〔 'æbsṇs 〕 n. 缺席；不在 (= *time off*)；缺乏 (= *lack*)；沒有
Ms. Lin marks the *absence* of students every day.

‡ **absent**[2] 〔 'æbsṇt 〕 adj. 缺席的 (= *away*)
Bill is *absent* from school today.
【記憶技巧】**ab** (away) + **s** (be) + **ent** (adj.) (不在這裡，就是「缺席的」)
【反義詞】present (出席的)

A

* **absolute**[4] 〔'æbsə,lut 〕 *adj.* 絕對的；
完全的（ = *complete* ）

People say that Einstein was an
absolute genius.

【典型考題】
A child has _____ trust in his mother.
A. opposite 　　 B. fatal
C. absolute 　　 D. tense 　　 [C]

* **absorb**[4] 〔 əb'sɔrb 〕 *v.* 吸收
（ = *suck in* ）

The sponge quickly *absorbed* the
liquid.

【記憶技巧】 *ab* (away) + *sorb*
(suck in) (把東西吸進去，就是
「吸收」)

【典型考題】
The earth was so dry that it quickly
_____ the rain.
A. soaked 　　 B. evaporated
C. absorbed 　　 D. contained 　　 [C]

* **abstract**[4] 〔'æbstrækt 〕 *adj.* 抽象的
n. 摘要；摘錄

What you said was too *abstract* for
Jenny. She is only three.

【反義詞】 concrete (具體的)

absurd[5] 〔 əb'sɝd 〕 *adj.* 荒謬的
（ = *ridiculous* ）

His advice is too *absurd*.

【反義詞】 reasonable (合理的)

abundant[5] 〔 ə'bʌndənt 〕 *adj.* 豐富的
（ = *plentiful* = *rich* ）；充足的

Oil is *abundant* in this area.

【典型考題】
We have had plenty of rain so far this
year, so there should be an _____
supply of fresh water this summer.
A. intense 　　 B. ultimate
C. abundant 　　 D. epidemic 　　 [C]

abuse[6] 〔 ə'bjuz 〕 *v.* 濫用；虐待
（ = *misuse* ） 〔 ə'bjus 〕 *n.*

If a politician *abuses* his position for
personal gain, he may be impeached.

【典型考題】
Since several child _____ cases were
reported on the TV news, the public
has become more aware of the issue
of domestic violence.
A. blunder 　　 B. abuse
C. essence 　　 D. defect 　　 [B]

* **academic**[4] 〔,ækə'dɛmɪk 〕 *adj.*
學術的 (= *scholastic*)
n. 大學教師；學者

His *academic* performance is poor;
he usually gets bad grades.
The meeting was chaired by a leading
Japanese *academic*.

* **academy**[5] 〔 ə'kædəmɪ 〕 *n.* 學院
（ = *college* ）

【衍伸詞】 *the Academy Awards* (奧斯
卡獎)

accelerate[6] 〔 æk'sɛlə,ret 〕 *v.* 加速
（ = *speed up* ）

The nervous passenger closed his eyes
as the plane began to *accelerate*.

【記憶技巧】 *ac* (to) + *celer* (quick) +
ate (*v.*) (讓速度變快，就是「加速」)

A

* **accent**[4] 〔'æksɛnt 〕 *n.* 口音
(= *pronunciation*)

The speaker's strong *accent* makes it difficult to understand him.

【記憶技巧】 *ac* (to) + *cent* (sing)

* **accept**[2] 〔 ək'sɛpt 〕 *v.* 接受
(= *receive*)

He dislikes Peter; he would not *accept* his offer.

【記憶技巧】 *ac* (to) + *cept* (take)
（把東西拿過來，就是「接受」）

【典型考題】

Mike was ecstatic when his book was _____ for publication.
A. accepted   B. expected
C. rejected   D. postponed   [A]

* **access**[4] 〔'æksɛs 〕 *n.* 接近或使用權
(= *admission*)   *v.* 存取（資料）

The suspect claimed that he had not been allowed *access* to a lawyer after he was arrested.

【常考片語】 *have access to*（有接近或使用…的權利）

accessible[6] 〔 æk'sɛsəbḷ 〕 *adj.*
容易接近的 (= *reachable*)

Modification of the environment can make it more *accessible* to people with physical disabilities.

【記憶技巧】 *ac* (to) + *cess* (go) + *ible*
(*adj.*)（可以走過去，表示「容易接近的」）

* **accident**[3] 〔'æksədənt 〕 *n.* 意外；
車禍 (= *crash*)

【記憶技巧】 *ac* (to) + *cid* (fall) + *ent*
(*n.*)（事情突然落到身上來，就是「意外」）

【典型考題】

I saw a traffic _____ on my way to school. Many people got hurt.
A. accident   B. jam
C. light   D. rule   [A]

accommodation[6] 〔 ə͵kɑmə'deʃən 〕 *n.*
住宿設備 (= *housing*)

The *accommodations* at this hotel are not only adequate but also inexpensive.

【典型考題】

Since the tour guide will see to your _____, you don't have to worry about having no place to stay.
A. reputation   B. recommendation
C. accommodations
D. foundation   [C]

accompany[4] 〔 ə'kʌmpənɪ 〕 *v.*
陪伴；伴隨 (= *go with*)

The rain was *accompanied* by a strong wind.

【記憶技巧】 *ac* (to) + *company*（同伴）
（去當別人的同伴，就是「陪伴」）

【典型考題】

The president is always _____ by several bodyguards wherever he goes.
A. accomplished
B. accompanied
C. accustomed   D. accounted   [B]

* **accomplish**[4] 〔 ə'kɑmplɪʃ 〕 *v.* 完成
(= *achieve*)

Although everyone expected Stan to *accomplish* great things, he ended up doing little with his life.

* **account**[3] 〔 ə'kaʊnt 〕 *n.* 帳戶

【記憶技巧】 *ac* (to) + *count* (count)
（「帳戶」就是用來計算金錢的收付）

A

* **accountant**[4] 〔 ə'kaʊntənt 〕 *n.*
會計師 (= *bookkeeper*)

accumulate[6] 〔 ə'kjumjə,let 〕 *v.*
累積 (= *build up*)

Although clouds *accumulated* in the afternoon, no rain fell.

* **accuracy**[4] 〔'ækjərəsɪ 〕 *n.* 準確
(= *precision*)

* **accurate**[3] 〔'ækjərɪt 〕 *adj.* 準確的
(= *precise*)

It is important to make sure that your calculations are *accurate* before you write the final answer.

【記憶技巧】 *ac* (to) + *cur* (take care) + *ate* (*adj.*) (做事小心，才會「準確的」)

【典型考題】
Facts and figures, even when _____, can often be misleading.
A. accurate   B. mistaken
C. detailed   D. careful   **[A]**

* **accuse**[4] 〔 ə'kjuz 〕 *v.* 控告 (= *charge*)

They *accused* him of taking bribes.

【記憶技巧】 *ac* (to) + *cuse* (lawsuit)
(提出訴訟，表示「控告」)

【常考片語】 *accuse sb. of sth.* (控告某人某事) (= *charge sb. with sth.*)

【典型考題】
He was _____ of robbing the bank, but actually he had nothing to do with the robbery.
A. deprived   B. accused
C. warned   D. informed   **[B]**

accustomed[5] 〔 ə'kʌstəmd 〕 *adj.*
已習慣的；習慣 (於…) 的

The students from tropical countries are not *accustomed* to the cold weather here.

【片語】 *be accustomed to* (習慣於)

* **ache**[3] 〔 ek 〕 *v., n.* 疼痛

Eva complained that her back *ached*.

【衍伸詞】 toothache (牙痛)
headache (頭痛)
stomachache (胃痛)
backache (背痛)

* **achieve**[3] 〔 ə'tʃiv 〕 *v.* 達到
(= *accomplish*)

In order to *achieve* your goal, you must work hard.

* **achievement**[3] 〔 ə'tʃivmənt 〕 *n.* 成就
(= *accomplishment*)

* **acid**[4] 〔'æsɪd 〕 *adj.* 酸性的 (= *sour*)；
尖酸刻薄的

Acid rain is a serious environmental problem that affects large parts of the US.

【比較】 acid 是指物體本身帶有的酸性，
sour (酸的) 則指因腐敗而產生的酸性。

acknowledge[5] 〔 ək'nɑlɪdʒ 〕 *v.* 承認
(= *admit*)

The boy finally *acknowledged* his fault.

【記憶技巧】 *ac* (to) + *knowledge* (知道)
(讓別人知道，即「承認」)

【反義詞】 deny (否認)

* **acquaintance**[4] 〔 ə'kwentəns 〕 *n.*
認識的人

【衍伸詞】 *a nodding acquaintance*
(點頭之交)

A

*__acquire__[4] 〔ə'kwaɪr 〕 v. 獲得；學會

I *acquired* three new stamps for my collection while I was abroad.

【記憶技巧】 *ac* (to) + *quire* (seek)
  （去尋找，就會「獲得」）

【典型考題】

If you can use a word correctly and effectively, that means you have _____ it.
A. developed   B. exposed
C. mimicked   D. acquired   [D]

__acquisition__[6] 〔ˌækwə'zɪʃən 〕 n.
獲得；增添之圖書

【衍生詞】 *recent acquisitions to the library* （圖書館新購的圖書）

*__acre__[4] 〔'ekɚ 〕 n. 英畝

The rich man owns 500 *acres* of land.

‡__act__[1] 〔 ækt 〕 n. 行為 (= *deed*)
   v. 行動；表現；演戲

‡__action__[1] 〔'ækʃən 〕 n. 行動 (= *step*)；
行為 (= *act*)

Actions speak louder than words.

‡__active__[2] 〔'æktɪv 〕 adj. 活躍的
(= *lively*)；主動的

Although he is over 80, he's still very *active*.

【記憶技巧】 *act* (act) + *ive* (adj.)

‡__activity__[3] 〔 æk'tɪvətɪ 〕 n. 活動

Watching television is a popular *activity* in many homes, especially in large cities.

‡__actor__[1] 〔'æktɚ 〕 n. 演員 (= *performer*)

He is a famous film *actor*.

‡__actress__[1] 〔'æktrɪs 〕 n. 女演員
(= *female performer*)

Sarah wants to be an *actress*.

*__actual__[3] 〔'æktʃuəl 〕 adj. 實際的
(= *real*)

Could you tell me the *actual* number?

【衍伸詞】 actually （實際上）

__acute__[6] 〔 ə'kjut 〕 adj. 急性的；嚴重的
(= *serious*)；靈敏的

The patient was suffering from an *acute* stomach ulcer.

【反義詞】 chronic （慢性的）

__AD__ 〔'e'di 〕 abbr. 西元…年 (= *A.D.*)

【比較】 BC （西元前）(= *B.C.*)

__ad__[3] 〔 æd 〕 n. 廣告 (= *advertisement*)

*__adapt__[4] 〔 ə'dæpt 〕 v. 適應
(= *adjust*)；改編 (= *change*)

The immigrant *adapted* to life in his new country.

【記憶技巧】 *ad* (to) + *apt* (fit)
  （去符合一個環境，也就是「適應」）

【比較】 ad**o**pt （採用）；ad**e**pt （熟練的）

【典型考題】

During the process of evolution, man has shown remarkable ability to _____ to the environment.
A. adorn   B. adopt
C. adore   D. adapt   [D]

__adaptation__[6] 〔ˌædəp'teʃən 〕 n. 適應
(= *familiarization*)；改編

A

*__add__[1] 〔 æd 〕 v. 增加 (= *increase*)

The fire is going out; will you *add* some wood?

__addicted__[5] 〔 ə'dɪktɪd 〕 adj. 上癮的

John was *addicted* to heroin all his life; he could never quit the bad habit.

【常考片語】 *be addicted to* (對~上癮)

*__addition__[2] 〔 ə'dɪʃən 〕 n. 增加
(= *increasing*)

These houses have been improved by the *addition* of bathrooms.

【衍伸詞】 *in addition* (此外)

*__address__[1] 〔 ə'drɛs , 'ædrɛs 〕 n. 地址
(= *location*)；演講 (= *speech*)

Sue's *address* is written on the envelope.

【重要知識】這個字作「地址」解時，有兩種發音，美國人 58% 唸作〔 ə'drɛs 〕，42% 唸作〔 'ædrɛs 〕。

*__adequate__[4] 〔 'ædəkwɪt 〕 adj. 足夠的
(= *enough* = *sufficient*)

There is no need to write a long paper; two or three pages will be *adequate*.

*__adjust__[4] 〔 ə'dʒʌst 〕 v. 調整 (= *adapt*)

Please *adjust* the color on the TV; the picture looks too red.

【記憶技巧】 *ad* (to) + *just* (right) (矯正錯誤，就是要「調整」)

*__adjustment__[4] 〔 ə'dʒʌstmənt 〕 n.
調整 (= *alteration*)

__administration__[6] 〔 əd,mɪnə'streʃən 〕
n. 管理 (= *management*)；美國政府

【衍伸詞】 *the Trump administration*
(川普政府)

*__admirable__[4] 〔 'ædmərəbl̩ 〕 adj. 值得讚賞的；令人欽佩的 (= *praiseworthy*)

Although he failed, his effort was *admirable*.

【記憶技巧】 *ad* (at) + *mir* (wonder) + *able* (adj.) (表現令人驚奇，表示「值得讚賞的」)

【典型考題】

Their determination to fight to the last man was really _____.
A. admirable   B. disposable
C. replaceable   D. portable   [A]

*__admire__[3] 〔 əd'maɪr 〕 v. 欽佩
(= *respect*)；讚賞

*__admission__[4] 〔 əd'mɪʃən 〕 n. 入場
(許可)；入學 (許可) (= *access*)

Clark was denied *admission* to the movie because he is only 15 years old.

【記憶技巧】 *ad* (to) + *miss* (send) + *ion* (n.) (被送進去某場所，就是「入場」)

【片語】 *deny admission to* sb. (不准某人進入)

*__admit__[3] 〔 əd'mɪt 〕 v. 承認
(= *confess*)；准許進入 (= *allow*)

I have to *admit* that I have made some mistakes in dealing with the matter.

__adolescence__[5] 〔 ,ædl̩'ɛsn̩s 〕 n. 青春期
(= *teens*)

The crisis of *adolescence* had brought on an outburst against parental authority.

【記憶技巧】 *ad* (to) + *olesc* (grow up) + *ence* (n.) (「青春期」就是正在發育的時期)

adolescent[5]〔͵ædl̩ˈɛsn̩t〕*n.* 青少年
（＝*teenager*）　*adj.* 青少年的
The movie has an NC-17 rating, so it's not suitable for *adolescents*.

*　**adopt**[3]〔əˈdɑpt〕*v.* 採用（＝*take on*）；領養（＝*take in*）
They *adopted* the child as one of their own.

【記憶技巧】背 ad<u>opt</u>（領養；採用），想到 s<u>on</u>；背 ad<u>apt</u>，想到 ad<u>just</u>（適應）。

┌─【典型考題】─────────
The government is determined to _____ measures to prevent inflation from rising any further.
A. adopt　　　B. adapt
C. addict　　　D. adorn　　　[A]
└────────────────────

adore[5]〔əˈdor〕*v.* 非常喜愛
（＝*love*）
The newborn baby was *adored* by all the family members.

【比較】ado<u>rn</u>（裝飾），n 就是 new year（新年），新年要用春聯來「裝飾」門面。

**　adult**[1]〔əˈdʌlt〕*n.* 成人
An *adult* has more responsibility than a child.

*　**advance**[2]〔ədˈvæns〕*v.* 前進
（＝*progress*）　*n.* 進步
The troops have now *advanced* to within five miles of the city.

【記憶技巧】*adv*（from）＋ *ance*（before）
（從「以前」來到「現在」，就是「前進」）
【反義詞】retreat（後退；撤退）

*　**advantage**[3]〔ədˈvæntɪdʒ〕*n.* 優點
（＝*benefit*）

He has the *advantage* of good health.
【反義詞】disadvantage（缺點）

*　**adventure**[3]〔ədˈvɛntʃɚ〕*n.* 冒險
My grandfather enjoys talking about his boyhood *adventures*.

【記憶技巧】*ad*（to）＋ *vent*（come）＋ *ure*（*n.*）（去面臨危險，就是「冒險」）

┌─【典型考題】─────────
The old man always spins tales about his _____ in remote areas in his youth.
A. delivery　　　B. designs
C. adventures　　D. command　[C]
└────────────────────

*　**advertise**[3]〔ˈædvɚ͵taɪz〕*v.* 登廣告
（＝*publicize*）

*　**advertisement**[3]〔͵ædvɚˈtaɪzmənt〕
n. 廣告（＝*ad*）；平面廣告
Advertisements help to sell goods.

┌─【典型考題】─────────
The _____ was so convincing that I decided to try the product.
A. personal　　　B. confidence
C. advertisement　D. ingredient　[C]
└────────────────────

*　**advice**[3]〔ədˈvaɪs〕*n.* 勸告；建議
（＝*suggestion*）
I need your *advice* on the matter.
【注意】advice 為不可數名詞，可用單位名詞 piece 表示「數」的概念。

*　**advise**[3]〔ədˈvaɪz〕*v.* 勸告；建議
（＝*suggest*）
He *advised* his daughter not to marry in a hurry.
【記憶技巧】*ad*（to）＋ *vise*（see）
（看見別人的行為，因而給予「勸告」）

A

advocate[6] [ˈædvəˌket] *v.* 提倡 (= *support* = *promote*)

The writer *advocates* building more nursing homes.

【記憶技巧】***ad*** (to) + ***voc*** (call) + ***ate*** (*v.*)（叫大家跟著做，就是「提倡」）

***affair**[2] [əˈfɛr] *n.* 事情 (= *matter*)

All of us should be concerned with public *affairs* to make our society a better place.

【典型考題】

He always knows how to handle his own ________.

A. motions B. phrases

C. genders D. affairs [D]

****affect**[3] [əˈfɛkt] *v.* 影響 (= *influence*)

The power failure *affected* thousands of people, forcing them to live in the dark.

【比較】effect [ɪˈfɛkt] *n.* 影響

affection[5] [əˈfɛkʃən] *n.* 感情 (= *feeling*)；（對子女、妻子的）愛

The *affection* of parents for their children will never change.

【典型考題】

No man can be a good teacher unless he has feelings of warm ________ toward his pupils.

A. advantage B. indication

C. admission D. affection [D]

***afford**[3] [əˈfɔrd] *v.* 負擔得起

This is not expensive, so I can *afford* to buy it.

*****afraid**[1] [əˈfred] *adj.* 害怕的

Don't be *afraid* of my puppy.

Africa [ˈæfrɪkə] *n.* 非洲

African [ˈæfrɪkən] *adj.* 非洲的 *n.* 非洲人

***afterward(s)**[3] [ˈæftəwəd(z)] *adv.* 後來；之後

Let's have dinner first and go to a movie *afterwards*.

【比較】downward(s)（向下地）
northward(s)（向北地）
outward(s)（向外地）

****against**[1] [əˈgɛnst] *prep.* 反對

Are you for or *against* it?

*****age**[1] [edʒ] *n.* 年紀 (= *years*)；時代 *v.* 變老 (= *grow old*)

***agency**[4] [ˈedʒənsɪ] *n.* 代辦處 (= *company*)

Employment *agencies* help workers to get jobs, and find workers for people who need them.

【衍伸詞】***travel agency***（旅行社）
employment agency（職業介紹所）

agenda[5] [əˈdʒɛndə] *n.* 議程 (= *schedule*)

It will be a long meeting because there are over twenty items on the *agenda*.

*__agent__[4]〔ˈedʒənt〕*n.* 代理人；經紀人
（= *representative*）；密探

Mr. White is my *agent*; he can make decisions for me.

【衍伸詞】 *travel agent*（旅遊業者）

*__aggressive__[4]〔əˈgrɛsɪv〕*adj.* 有攻擊
性的（= *offensive*）；積極進取的

The audience gasped when the lion made an *aggressive* move toward its trainer.

【記憶技巧】 *ag* (to) + *gress* (walk) + *ive* (*adj.*)（走進別人的領域，是「有攻擊性的」行為）

┌─【典型考題】─────────
│ Please keep a safe distance. When
│ startled, the tamed animal can become
│ very ＿＿＿＿.
│ A. aggressive   B. possible
│ C. attentive   D. permissive   [A]
└──────────────────

‡__agree__[1]〔əˈgri〕*v.* 同意（= *concur*）

Gao Xingjian, who won the Nobel Prize for literature in 2000, has *agreed* to teach in eastern Taiwan this summer.

【記憶技巧】 *a* (to) + *gree* (please)
（「同意」對方的想法，會讓對方高興）

*__agreement__[1]〔əˈgrimənt〕*n.* 協議
（= *treaty*）

__agricultural__[5]〔ˌægrɪˈkʌltʃərəl〕
adj. 農業的（= *farming*）

We should learn how to improve our *agricultural* output by using better methods and tools.

*__agriculture__[3]〔ˈægrɪˌkʌltʃɚ〕*n.* 農業
（= *farming*）

【記憶技巧】 *agri* (field) + *culture*
（文化）（田野文化，即「農業」）

‡__ahead__[1]〔əˈhɛd〕*adv.* 在前方

John ran *ahead* of the other boys.

【片語】 *ahead of*（在…之前）

*__aid__[2]〔ed〕*n., v.* 幫助（= *help*）

He deserves our *aid*.

*__AIDS__[4]〔edz〕*n.* 愛滋病；後天免疫
不全症候群

AIDS stands for Acquired Immune Deficiency Syndrome.

*__aim__[2]〔em〕*n.* 目標（= *goal*）
v. 瞄準

My *aim* is to become an English teacher.
He *aimed* at the target.

‡__air__[1]〔ɛr〕*n.* 空氣（= *atmosphere*）

I need some fresh *air*.

*__aircraft__[2]〔ˈɛrˌkræft〕*n.* 飛機
【集合名詞】（= *plane*）

The *aircraft* was damaged by lightning and had to make an emergency landing.

‡__airline__[2]〔ˈɛrˌlaɪn〕*n.* 航空公司

I often travel by China *Airlines*.

【注意】通常以複數形當單數用，作「航空公司」解（= *airways*）。

*__airmail__[1]〔ˈɛrˌmel〕*n.* 航空郵件

【片語】 *by airmail*（以航空郵寄）

A

‡**airplane**[1] 〔'ɛr͵plen 〕 *n.* 飛機
(= *plane* = *aircraft*)
He took a trip by *airplane*.

‡**airport**[1] 〔'ɛr͵port 〕 *n.* 機場
(= *airfield*)
An *airport* is a busy place.
【記憶技巧】*air* + *port* (港口)(空港，
即「機場」)

airspace[7] 〔'ɛr͵spes 〕 *n.* 領空；空域
The jet entered Japanese *airspace*
without permission.

‡**alarm**[2] 〔 ə'lɑrm 〕 *v.* 使驚慌　　*n.* 警鈴
We were *alarmed* by the loud thunder.
【記憶技巧】*al* (to) + *arm* (weapons)
(拿著武器，會使別人「驚慌」)
【衍伸詞】*alarm clock* (鬧鐘)

‡**album**[2] 〔'ælbəm 〕 *n.* 專輯
(= *record*)；剪貼本；(照片、
郵票、手稿等的) 專冊；黏貼本

*****alcohol**[4] 〔'ælkə͵hɔl 〕 *n.* 酒
(= *liquor*)；酒精
It is illegal to sell *alcohol* to minors.

alcoholic[6] 〔͵ælkə'hɔlɪk 〕 *adj.* 含酒精
的 (= *hard*)　　*n.* 酒鬼 (= *drunkard*)

algebra[5] 〔'æld͡ʒəbrə 〕 *n.* 代數
【比較】geometry (幾何學)

*****alike**[2] 〔 ə'laɪk 〕 *adv.* 同樣地；相似地
adj. 相像的 (= *similar*)
It's a show that appeals to young and
old *alike*.
The two sisters look very much *alike*.

*****alive**[2] 〔 ə'laɪv 〕 *adj.* 活的 (= *living*)；
有活力的
People have a better chance of
remaining *alive* in a car accident if
they use seat belts.
【反義詞】dead (死的)

allergic[5] 〔 ə'lɝd͡ʒɪk 〕 *adj.* 過敏的
(= *sensitive*)
Judy is *allergic* to seafood. When she
has seafood, she feels uncomfortable.

┌─【典型考題】─────────
│ Don't take the medicine if you are
│ ─────── to it.
│ A. alive　　　　B. allergic
│ C. abrupt　　　D. amateur　　[B]
└──────────────────

*****alley**[3] 〔'ælɪ 〕 *n.* 巷子 (= *lane*)
There is an *alley* behind her house.

allocate[6] 〔'ælə͵ket 〕 *v.* 分配
(= *distribute*)
The charity *allocated* the supplies
among the needy people.
【記憶技巧】*al* (to) + *loc* (place) + *ate*
(*v.*)(把東西放到指定場所，就是「分配」)

‡**allow**[1] 〔 ə'laʊ 〕 *v.* 允許 (= *permit*)
We were not *allowed* to wear short
skirts in our school days.

*****allowance**[4] 〔 ə'laʊəns 〕 *n.* 零用錢
(= *pocket money*)
My parents give me an *allowance* for
daily expenses.

‡**almost**[1] 〔'ɔl͵most 〕 *adv.* 幾乎
Dinner is *almost* ready.

A

* **alone**[1] 〔 ə'lon 〕 *adj.* 單獨的

Parents should never leave children *alone* at night.

** **along**[1] 〔 ə'lɔŋ 〕 *adv.* 一起 *prep.* 沿著

Can I bring the children *along*?
She walked *along* the street with her mother.

alongside[6] 〔 ə'lɔŋ'saɪd 〕 *adv.* 在旁邊；並排地；一起 *prep.* 在…旁邊 (= *along the side of*)

Peter was riding on a donkey with his father walking *alongside*.
A police officer drove up *alongside* us.

* **aloud**[2] 〔 ə'laʊd 〕 *adv.* 出聲地 (= *out loud*)

Please read *aloud*. (請唸出聲音來。)
Please speak *loudly*. (請大聲說。)

【記憶技巧】 *a* (intensive) + *loud*

【注意】aloud 的主要意思是「出聲地」，作「大聲地」解，是古語用法，現在不用，要用 loudly 來取代。

* **alphabet**[2] 〔 'ælfə,bɛt 〕 *n.* 字母系統

The Phoenician *alphabet* was the most useful method of writing ever invented.

alternative[6] 〔 ɔl'tɝnətɪv 〕 *adj.* 供替代的；供選擇的 *n.* 其他選擇 (= *choice*)；替代物 (= *substitute*)

Alternative methods of getting there will be investigated.
Fresh fruit juice is a healthy *alternative* to soda.

** **although**[2] 〔 ɔl'ðo 〕 *conj.* 雖然

Although it was raining, Joan still wanted to go out.

altitude[5] 〔 'æltə,tjud 〕 *n.* 海拔；高度 (= *height*)

We found it difficult to breathe on the mountain because of the high *altitude*.

【記憶技巧】 *alt* (high) + *itude* (表動作或狀態) (用來表示有多高，即「海拔」)

【比較】 latitude (緯度)
attitude (態度)
aptitude (才能；性向)
longitude (經度)

* **altogether**[2] 〔,ɔltə'gɛðɚ 〕 *adv.* 總共 (= *all*)；完全地 (= *completely*)

There are seven of us *altogether*.

* **aluminium**[4] 〔 ə'lumɪnəm 〕 *n.* 鋁 (= *aluminum* 【美式用法】)

** **always**[1] 〔 'ɔlwez 〕 *adv.* 總是

** **a.m.**[4] 〔 'e'ɛm 〕 *abbr.* 上午 (= *am* = *A.M.* = *AM*)

I will meet you at 8:15 *a.m.*

* **amateur**[4] 〔 'æmə,tʃur 〕 *adj.* 業餘的 (= *nonprofessional*)

Mr. Shaw is an *amateur* photographer.

【記憶技巧】 *amat* (love) + *eur* (人) (只是愛好者，沒有將嗜好當成職業，所以是「業餘的」)

【反義詞】 professional (職業的)

* **amaze**[3] 〔 ə'mez 〕 *v.* 使驚訝 (= *astonish*)

Donna *amazed* the judges with her excellent performance.

【記憶技巧】 *a* (intensive) + *maze* (confuse) (當一個人驚訝時，會感到非常困惑)

A

* **amazing**[3] 〔 ə'mezɪŋ 〕 adj. 令人驚訝
的；令人高興的
She told me an *amazing* story.

* **ambassador**[3] 〔 æm'bæsədɚ 〕 n.
大使 (= *representative*)
Mr. Lee is our *ambassador* to South
Africa.
【衍伸詞】embassy (大使館)

ambassadress[7] 〔 æm'bæsədrɪs 〕 n.
女大使；大使夫人

ambiguous[6] 〔 æm'bɪgjʊəs 〕 adj.
含糊的；模稜兩可的 (= *unclear*)
Because the teacher's order was
ambiguous, the students chose to
interpret it as they wished.

┌─【典型考題】────────
│ The sentence written on the board is
│ _____. It has more than one
│ meaning.
│ A. ambiguous   B. convincing
│ C. elegant   D. universal   [A]
└──────────────────

* **ambition**[3] 〔 æm'bɪʃən 〕 n. 抱負；
野心 (= *goal* = *wish*)
His *ambition* is to be a millionaire.
【記憶技巧】*amb* (about) + *it* (go) +
ion (n.) (為了「抱負」，就要到處奔波)

‡ **ambulance**[6] 〔 'æmbjələns 〕 n. 救護車
The injured workers were taken by
an *ambulance* to the nearest hospital.

┌─【典型考題】────────
│ As soon as the accident happened, the
│ police called a(n) _____ to rush the
│ injured to the hospital.
│ A. convenience B. monster
│ C. ambulance   D. appearance [C]
└──────────────────

America 〔 ə'mɛrɪkə 〕 n. 美國
(= *the U.S.A.*)
She moved to *America* two years ago.

‡ **among**[1] 〔 ə'mʌŋ 〕 prep. 在…之間
She was sitting *among* the boys.

* **amount**[2] 〔 ə'maʊnt 〕 n. 數量
v. 總計
He paid a large *amount* of money.
Damages from the flood *amount* to
ten million dollars.

ample[5] 〔 'æmpl̩ 〕 adj. 豐富的
(= *abundant*)；充足的；寬敞的
The paper is not due until next month,
so we have *ample* time for research.

* **amuse**[4] 〔 ə'mjuz 〕 v. 娛樂
(= *please*)
A clown was hired to *amuse* the
children.
【記憶技巧】*a* + *muse* (Muse (繆斯女
神)，掌管音樂、美術等，有「娛樂」性質
的學問)

* **amusement**[4] 〔 ə'mjuzmənt 〕 n.
娛樂

* **analyse**[4] 〔 'ænl̩ˌaɪz 〕 v. 分析
(= *analyze*)

* **analysis**[4] 〔 ə'næləsɪs 〕 n. 分析
(= *study*)
A careful *analysis* of the substance
was made in the laboratory.
【記憶技巧】*ana* (back) + *lys* (loosen)
+ *is* (n.) (「分析」就是將錯綜複雜的事情
解開回到原來的樣子)

A

* **ancestor**[4] 〔'ænsɛstɚ 〕 *n.* 祖先
(= *forefather*)
Our *ancestors* were French, but none of us speak the language.
【記憶技巧】 *an* (before) + *ces* (go) + *tor* (*n.*) (走在前面的人，也就是「祖先」)

anchor[5] 〔'æŋkɚ 〕 *n.* 錨 (= *hook*)；
主播 (= *anchorperson*)
v. 下錨；泊船
The ship is going to weigh *anchor*.
We *anchored* off the French coast.
【片語】 *weigh anchor* (起錨；出發)
【衍伸詞】 anchorman (男主播)

** **ancient**[2] 〔'enʃənt 〕 *adj.* 古代的
Museums have *ancient* and modern art.

anecdote[6] 〔'ænɪk‚dot 〕 *n.* 軼事；
趣聞 (關於真人真事的小故事)
(= *story*)；傳聞
The lecturer told an amusing *anecdote* before beginning the lesson.
【記憶技巧】 *an* (not) + *ec* (out) + *dote* (give) (沒有傳到外界的事，即「軼事」)

** **anger**[1] 〔'æŋgɚ 〕 *n.* 生氣；憤怒
(= *rage* = *fury*)
The two boys were full of *anger*.

* **angle**[3] 〔'æŋgḷ 〕 *n.* 角度 (= *slope*)；
觀點
Looking at the painting from this *angle*, we can see a hidden image.
【衍伸詞】 tri<u>angle</u> (三角形)

** **angry**[1] 〔'æŋgrɪ 〕 *adj.* 生氣的
Mother was *angry* when John cried.

** **animal**[1] 〔'ænəmḷ 〕 *n.* 動物
(= *creature*)
The earliest form of man's wealth was *animals* and tools.

** **ankle**[2] 〔'æŋkḷ 〕 *n.* 腳踝
Sam hurt his *ankle*.

* **anniversary**[4] 〔‚ænə'vɝsərɪ 〕 *n.*
週年紀念 (= *remembrance*)
The couple celebrated their wedding *anniversary* with a trip abroad.
【記憶技巧】 *anni* (year) + *vers* (turn) + *ary* (*n.*) (每年都來一次，也就是「週年紀念」)

* **announce**[3] 〔 ə'naʊns 〕 *v.* 宣佈
(= *declare*)
The former singer has *announced* his candidacy.
【記憶技巧】 *an* (to) + *nounce* (report) (向大眾報告，就是「宣佈」)
【比較】 denounce (譴責)；pronounce (發音)；renounce (放棄)

* **annoy**[4] 〔 ə'nɔɪ 〕 *v.* 使心煩
(= *bother* = *irritate*)
Annoyed by the children's loud voices, Mrs. Davis told them to speak softly.

* **annual**[4] 〔'ænjʊəl 〕 *adj.* 一年一度的
(= *once a year*)；一年的
That contract must be renewed every year; it is an *annual* one.

** **another**[1] 〔 ə'nʌðɚ 〕 *adj.* 另一的
pron. 另一件東西；另一個人
The shirt is too small; I need *another* one.

‡answer[1] ﹝ˈænsɚ﹞ v., n. 回答

The question is so difficult that we can't *answer* it.

‡ant[1] ﹝ænt﹞ n. 螞蟻

An *ant* is a small insect.

Antarctic[6] ﹝æntˈɑrktɪk﹞ adj. 南極的

【記憶技巧】*Ant* (opposite to) + *arctic*
(北極)（北極的相反，就是「南極」）

antique[5] ﹝ænˈtik﹞ n. 古董
(= *collector's item*)

David collects *antiques* as a hobby.

*anxiety[4] ﹝æŋˈzaɪətɪ﹞ n. 焦慮
(= *worry*)；令人擔心的事

The dentist tried to relieve his patient's *anxiety* by telling him his teeth were in good shape.

┌─【典型考題】─────────┐
I felt a bit of _____ the day school began.
A. anxious   B. anxiously
C. anxiety   D. anxieties   [C]
└────────────────┘

*anxious[4] ﹝ˈæŋkʃəs﹞ adj. 焦慮的
(= *worried*)；渴望的 (= *eager*)
【片語】*be anxious to V*. (渴望…)

‡anybody[2] ﹝ˈɛnɪˌbɑdɪ﹞ pron. 任何人

*anyhow[2] ﹝ˈɛnɪˌhaʊ﹞ adv. 無論如何
Anyhow, let's try again.

‡anyone[2] ﹝ˈɛnɪˌwʌn﹞ pron. 任何人

If *anyone* calls, tell him I'll be back at five.

‡anything[1] ﹝ˈɛnɪˌθɪŋ﹞ pron. 任何事

*anyway[2] ﹝ˈɛnɪˌwe﹞ adv. 無論如何
Anyway, it's not fair.

‡anywhere[2] ﹝ˈɛnɪˌhwɛr﹞ adv. 任何地方

Lisa has never been *anywhere* outside her country.

*apart[3] ﹝əˈpɑrt﹞ adv. 相隔；分開地
adj. 分開的；隔離的

My sister and I live twenty miles *apart*.
【記憶技巧】*a* (to) + *part* (分開)

‡apartment[2] ﹝əˈpɑrtmənt﹞ n. 公寓
(= *flat*)

Ben and his sister lived in an *apartment*.

‡apologize[4] ﹝əˈpɑləˌdʒaɪz﹞ v. 道歉
(= *say sorry*)

There's nothing to *apologize* for.
【記憶技巧】*apo* (off) + *log* (speak) + *ize* (v.) (為免去罪過而說話，就是「道歉」)

┌─【典型考題】─────────┐
The boy _____ to the teacher for his improper behavior.
A. apologized   B. appealed
C. approached   D. attached   [A]
└────────────────┘

*apology[4] ﹝əˈpɑlədʒɪ﹞ n. 道歉
(= *regret*)

*apparent[3] ﹝əˈpærənt﹞ adj. 明顯的
(= *obvious*)

Old age is the *apparent* cause of death.
【記憶技巧】*ap* (to) + *par* (appear) + *ent* (adj.) (讓東西顯現出來，就是變得「明顯的」)

A

* **appeal**[3] 〔 ə'pil 〕 *v.* 吸引　*n.* 吸引力

His performance didn't *appeal* to me.
The plan has little *appeal* to me.

【常考片語】*appeal to* 吸引（= *attract*）

‡ **appear**[1] 〔 ə'pɪr 〕 *v.* 出現
（= *show up*）；似乎（= *seem*）

AIDS is caused by a kind of virus, but signs of the disease may not *appear* until several years after a person is infected.

* **appearance**[2] 〔 ə'pɪrəns 〕 *n.* 外表
（= *look*）；出現

You must not judge things by *appearances*.

appendix[7] 〔 ə'pɛndɪks 〕 *n.* 盲腸；
闌尾；附加物；附錄

【片語】*have one's appendix out*
切除某人的盲腸

* **appetite**[2] 〔 'æpə,taɪt 〕 *n.* 食慾
（= *hunger*）；渴望

A good *appetite* is a good sauce.

┌─【典型考題】─────
│ Eating snacks between meals may kill
│ your _____.
│ A. energy　　　B. character
│ C. quality　　　D. appetite　　[D]
└──────────────

applaud[5] 〔 ə'plɔd 〕 *v.* 鼓掌
（= *clap*）；稱讚（= *praise*）

The audience were so disappointed in the play that they did not even *applaud* when it was over.

【記憶技巧】*ap* (to) + *plaud* (clap)
（拍手即「鼓掌」）

‡ **apple**[1] 〔 'æpl̩ 〕 *n.* 蘋果

An *apple* a day keeps the doctor away.

* **applicant**[4] 〔 'æpləkənt 〕 *n.* 申請人；
應徵者（= *candidate*）

Displaying your knowledge about the corporation may make you stand out from other *applicants*.

┌─【典型考題】─────
│ When you put in for a job, you are
│ a(n) _____ for it.
│ A. client　　　B. applicant
│ C. accountant　D. customer　　[B]
└──────────────

* **application**[4] 〔 ,æplə'keʃən 〕 *n.* 申請
（= *request*）；申請書；應用

【衍伸詞】*application form*（申請表）

* **apply**[2] 〔 ə'plaɪ 〕 *v.* 申請（= *request*）；
應徵；運用（= *use*）

【片語】*apply for*（申請；應徵）
　　　　apply to（適用於）

* **appoint**[4] 〔 ə'pɔɪnt 〕 *v.* 指派
（= *assign*）

【記憶技巧】*ap* (to) + *point* (指)
（被指到的就派出去）

* **appointment**[4] 〔 ə'pɔɪntmənt 〕 *n.*
約會（= *meeting*）；約診

I'm sorry I can't have lunch with you;
I have a prior *appointment*.

【注意】男女之間的約會，則是 date。

‡ **appreciate**[3] 〔 ə'priʃɪ,et 〕 *v.* 欣賞；
感激（= *be grateful for*）

I really *appreciate* what you have done for me.

A

* **appreciation**[4] 〔ə͵priʃɪ'eʃən〕 *n.*
欣賞；感激 (= *gratitude*)

* **approach**[3] 〔ə'protʃ〕 *v.* 接近
(= *come to*)   *n.* 方法 (= *method*)
A beggar *approached* me for alms
today.
【記憶技巧】 *ap* (to) + *proach* (near)
（向～靠近，也就是「接近」）
【比較】 cockroach-approach-reproach
這三個字要一起背，口訣是：「蟑螂」「接
近」就「責備」牠。

【典型考題】
Many students find it hard to focus on
their studies when holidays are _____.
A. approaching   B. dismissing
C. expanding   D. presenting   [A]

* **appropriate**[4] 〔ə'proprɪɪt〕 *adj.*
適當的 (= *suitable* = *proper*)
Screaming doesn't seem to be an
appropriate response to this situation.
【記憶技巧】 *ap* (to) + *propri* (proper)
+ *ate* (adj.)

【典型考題】
It is not _____ for Chinese to attend
a funeral wearing loud clothing.
A. permanent   B. insistent
C. appropriate   D. hospitable   [C]

* **approval**[4] 〔ə'pruvḷ〕 *n.* 贊成
(= *consent*)

* **approve**[3] 〔ə'pruv〕 *v.* 贊成；批准
(= *agree to*)
The school has *approved* his
application.
【記憶技巧】 *ap* (to) + *prove* (證明)

【反義詞】 disapprove (不贊成)

approximately[6] 〔ə'prɑksəmɪtlɪ〕
adv. 大約 (= *about*)
The area is *approximately* 100 square
yards.
【記憶技巧】 *ap* (to) + *proxim* (nearest)
+ *ate* (adj.) + *ly* (adv.)

* **apron**[2] 〔'eprən〕 *n.* 圍裙
My mother always puts on her *apron*
before she starts cooking.

arbitrary[7] 〔'ɑrbə͵trɛrɪ〕 *adj.* 武斷
的；任意的
The choice of players for the team
seemed completely *arbitrary*.

* **arch**[4] 〔ɑrtʃ〕 *n.* 拱門 (= *archway*)

* **architect**[5] 〔'ɑrkə͵tɛkt〕 *n.* 建築師
(= *master builder*)
The house was built under the careful
supervision of the *architect*.
【記憶技巧】 *archi* (chief) + *tect*
(builder) (主要的建造者，即「建築師」)

* **architecture**[5] 〔'ɑrkə͵tɛktʃɚ〕 *n.*
建築 (= *building*)；建築學

Arctic[6] 〔'ɑrktɪk〕 *adj.* 北極的
【反義詞】 Antarctic (南極的)

* **area**[1] 〔'ɛrɪə , 'erɪə〕 *n.* 地區
(= *region*)

* **argue**[2] 〔'ɑrgju〕 *v.* 爭論
(= *quarrel*)；主張
I'm not going to *argue* with you
tonight.

A

* **argument**[2] 〔'ɑrgjəmənt〕 *n.* 爭論
（= *quarrel*）；論點（= *reason*）

* **arise**[4] 〔ə'raɪz〕 *v.* 發生（= *happen*）
If you often borrow money from
friends, problems are bound to *arise*.
【注意】三態變化：arise–arose–arisen
【片語】*arise from*（起因於；由於）

* **arithmetic**[3] 〔ə'rɪθmə,tɪk〕 *n.* 算術
（= *science of numbers*）；計算
I believe this number is incorrect.
Please check your *arithmetic*.
【記憶技巧】*arithmet* (number) + *ic*
（學術用語的字尾）（關於數字的學術）

‡ **arm**[1,2] 〔ɑrm〕 *n.* 手臂；(*pl.*) 武器
v. 武裝；配備（= *equip*）
He fell down and hurt his left *arm*.

‡ **armchair**[2] 〔'ɑrm,tʃɛr〕 *n.* 扶手椅
The woman is resting in the *armchair*.

‡ **army**[1] 〔'ɑrmɪ〕 *n.* 軍隊；陸軍
（= *soldiers*）；大批
There they formed an *army* of about
two thousand men.

‡ **around**[1] 〔ə'raʊnd〕 *prep.* 環繞
adv. 在周圍；在四周
He walked *around* the park three
times.

‡ **arrange**[2] 〔ə'rendʒ〕 *v.* 安排
（= *plan*）；排列（= *put in order*）
The meeting has been *arranged* for
tonight.
【記憶技巧】*ar* (to) + *range* (rank)

【典型考題】
Jessica ＿＿＿＿ the chairs in a circle
so that the participants could see one
another.
A. displayed　　B. located
C. removed　　D. arranged　　[D]

* **arrangement**[2] 〔ə'rendʒmənt〕 *n.*
安排（= *plan*）；排列（= *display*）
【衍伸詞】*flower arrangement*（插花）

* **arrest**[2] 〔ə'rɛst〕 *v.* 吸引；逮捕
（= *capture*）
The man was *arrested* for drunk
driving.
【記憶技巧】*ar* (to) + *re* (back) + *st*
(stand)（警察在「逮捕」犯人時，都會
叫他們站住，再把他們抓回來）

【典型考題】
The drug dealer was ＿＿＿＿ by the
police while he was selling cocaine
to a high school student.
A. motivated　　B. demonstrated
C. arrested　　D. endangered　　[C]

* **arrival**[3] 〔ə'raɪvḷ〕 *n.* 到達
（= *coming*）；出現

‡ **arrive**[2] 〔ə'raɪv〕 *v.* 到達（= *come*）
The train starts at five, *arriving* at ten.

* **arrow**[2] 〔'æro〕 *n.* 箭（= *dart*）
Time flies like an *arrow*.
【比較】bow（弓）

‡ **art**[1] 〔ɑrt〕 *n.* 藝術（品）（= *artwork*）；
技巧　(*pl.*) 文科【文學、藝術等學科】
Drawing pictures is an *art*.

* **article**[2,4]〔ˈɑrtɪkḷ〕*n.* 文章
(= *essay*)；物品(= *thing*)

He contributed *articles* to the
newspaper frequently.

* **artificial**[4]〔ˌɑrtəˈfɪʃəl〕*adj.* 人造的；
人工的(= *man-made*)

The *artificial* flowers look almost
real.

【記憶技巧】*arti* (skill) + *fic* (make)
+ *ial* (*adj.*)（用技術去製造，即「人造的」）

【反義詞】natural（自然的；未加工的）

─【典型考題】────────────
The organic food products are made
of natural ingredients, with no
_____ flavours added.
A. accurate   B. regular
C. superficial   D. artificial   **[D]**
────────────────────

* * **artist**[2]〔ˈɑrtɪst〕*n.* 藝術家
(= *creator*)；畫家

as[1]〔əz , æz〕*adv.* 一樣地；同樣地
conj. 雖然(= *although*)；因爲
(= *because*)   *prep.* 身爲…

* **ash**[3]〔æʃ〕*n.* 灰
They poured water on the *ashes* of
the fire.

* **ashamed**[4]〔əˈʃemd〕*adj.* 感到羞恥
的(= *feeling shame*)；感到慚愧的

Billy was *ashamed* of his bad behavior.

【記憶技巧】*a* + *shame*（羞恥）+ *d*

Asia〔ˈeʒə , ˈeʃə〕*n.* 亞洲

Asian〔ˈeʒən , ˈeʃən〕*adj.* 亞洲的
n. 亞洲人

90% of our students are *Asian*.

* **aside**[3]〔əˈsaɪd〕*adv.* 在一邊
Put your book *aside* and go out and
play.

* * * **ask**[1]〔æsk〕*v.* 問；請求

* **asleep**[2]〔əˈslip〕*adj.* 睡著的
As soon as Mary went to bed, she was
able to fall *asleep*.

【片語】*fall asleep*（睡著）

* **aspect**[4]〔ˈæspɛkt〕*n.* 方面(= *point*)；
外觀

Confidence is the most obvious *aspect*
of his character.

【記憶技巧】*a* (to) + *spect* (see)
（看事情，可從各「方面」去看）

assess[6]〔əˈsɛs〕*v.* 評估(= *evaluate*)
It's too early to *assess* the effects
of the new legislation.

【記憶技巧】*as* (to) + *sess* (sit)（「評估」
事情要花很多時間，所以要坐下來思考）

assessment[6]〔əˈsɛsmənt〕*n.* 評估
(= *evaluation*)

* **assist**[3]〔əˈsɪst〕*v.* 幫助(= *help*)
I offered to *assist* my father with the
gardening.

【記憶技巧】*as* (to) + *sist* (stand)
（站在旁邊，給予「幫助」）

【比較】insist（堅持）；persist（堅持）；
consist（組成）；exist（存在）；
resist（抵抗）

* **assistance**[4]〔əˈsɪstəns〕*n.* 幫助

*__assistant__[2] 〔 ə'sɪstənt 〕 *n.* 助手

*__associate__[4] 〔 ə'soʃɪˌet 〕 *v.* 聯想；使有關連

People often *associate* the colour red with love and passion.

【片語】*associate* A *with* B（把 A 和 B 聯想在一起）

be associated with（和…有關）

【典型考題】

Chinese people always ＿＿＿＿ the colour yellow with emperors.
A. decorate B. communicate
C. award   D. associate [D]

*__association__[4] 〔 əˌsoʃɪ'eʃən 〕 *n.* 協會
（= *group*）

*__assume__[4] 〔 ə's(j)um 〕 *v.* 假定；認為
（= *presume*）；承擔

If we receive a call during sleeping hours, we *assume* it is a very important matter.

【記憶技巧】*as* (to) + *sume* (take)
（拿取想法，也就是「認為」）

【比較】consume（消耗）
presume（假定）
resume（恢復；再繼續）

【典型考題】

The problem with Larry is that he doesn't know his limitations; he just ＿＿＿＿ he can do everything.
A. convinces B. disguises
C. assumes D. evaluates [C]

assumption[6] 〔 ə'sʌmpʃən 〕 *n.* 假定
（= *presumption*）

astonish[5] 〔 ə'stɑnɪʃ 〕 *v.* 使驚訝
（= *surprise*）

We were *astonished* when we came and found the door open.

*__astronaut__[5] 〔 'æstrəˌnɔt 〕 *n.* 太空人

An *astronaut* is a person who travels in a spaceship.

【記憶技巧】*astro* (star) + *naut* (sailor)
（航向星星的人，就是「太空人」）

astronomer[5] 〔 ə'strɑnəmɚ 〕 *n.* 天文學家

astronomy[5] 〔 ə'strɑnəmɪ 〕 *n.* 天文學
【比較】astrology（占星術）

*__athlete__[3] 〔 'æθlit 〕 *n.* 運動員
（= *sportsperson*）

*__athletic__[4] 〔 æθ'lɛtɪk 〕 *adj.* 運動員的；強壯靈活的（= *strong*）

Terry is so *athletic* that she can beat any other runner in our school.

【典型考題】

Maxwell has a(n) ＿＿＿＿ build. He is tall and fit. Besides, he seems to be able to perform energetic movements easily.
A. monstrous B. insecure
C. amazed D. athletic [D]

Atlantic 〔 ət'læntɪk 〕 *adj.* 大西洋的
【比較】the Atlantic Ocean（大西洋）
the Pacific Ocean（太平洋）

*__atmosphere__[4] 〔 'ætməsˌfɪr 〕 *n.*
大氣層；氣氛

A person who travels beyond the earth's *atmosphere* in a rocket-driven capsule is an astronaut.

【記憶技巧】*atmo* (vapor) + *sphere* (ball)（地球四周的氣體，就是「大氣層」）

A

* **atom**[4] 〔'ætəm 〕 *n.* 原子

【比較】molecule（分子）

* **attach**[4] 〔 ə'tætʃ 〕 *v.* 附上（= *adhere* ）；綁

I will *attach* the report to my next e-mail.

【記憶技巧】*at* (to) + *tach* (stake)
（把東西栓上去，即「附上」）

【片語】*attach* A *to* B（把 A 附到 B 上）

‡ **attack**[2] 〔 ə'tæk 〕 *n.*, *v.* 攻擊（= *assault* ）

The tiger *attacked* and killed a deer for food.

attain[6] 〔 ə'ten 〕 *v.* 達到（= *reach* ）

If you want to *attain* a higher position in this company, you must put in long hours.

【記憶技巧】*at* (to) + *tain* (touch)
（碰觸到目標，就是「達到」）

【典型考題】
One key factor of success is having a definite goal first and then doing your best to ——— the goal.
A. attain　　　B. contest
C. encounter　　D. struggle　　[A]

* **attempt**[3] 〔 ə'tɛmpt 〕 *n.*, *v.* 企圖；嘗試（= *try* ）

The climbers made several *attempts* to reach the top of the mountain.

【比較】tempt（誘惑）-attempt-contempt（輕視）這三個字要一起背。

【典型考題】
George at first had difficulty swimming across the pool, but he finally succeeded on his fourth ———.
A. attempt　　　B. process
C. instance　　　D. display　　[A]

* **attend**[2] 〔 ə'tɛnd 〕 *v.* 參加（= *go to* ）；上（學）；服侍

I was unable to *attend* my niece's wedding because I was sick.

【記憶技巧】*at* (to) + *tend* (stretch)
（往有人的地方伸展，就是「參加」）

‡ **attention**[2] 〔 ə'tɛnʃən 〕 *n.* 注意力（= *notice* ）

Pay *attention* to what you're doing. Don't let your thoughts wander.

【片語】*pay attention to*（注意）

【典型考題】
Dr. Chu's speech on the new energy source attracted great ——— from the audience at the conference.
A. attention　　B. fortune
C. solution　　　D. influence　　[A]

* **attitude**[3] 〔'ætə,tjud 〕 *n.* 態度（= *manner* ）

Danny always has a positive *attitude*.

* **attract**[3] 〔 ə'trækt 〕 *v.* 吸引（= *appeal to* ）

This new product has *attracted* a lot of attention.

【記憶技巧】*at* (to) + *tract* (draw)
（把眾人的目光拉過來，就是「吸引」）

【典型考題】
Her beautiful dress ——— everyone's attention.
A. attracts　　　B. accepts
C. attaches　　　D. attends　　[A]

* **attraction**[4] 〔 ə'trækʃən 〕 *n.* 吸引力（= *appeal* ）；有吸引力的東西

* **attractive**[3] 〔 ə'træktɪv 〕 *adj.* 吸引人的（= *charming* ）

***audience**[3] 〔ˈɔdɪəns〕 *n.* 觀衆
(= *spectators*)

The *audience* was pleased with the excellent performance.

【記憶技巧】 *audi* (hear) + *ence* (n.)
（聆聽觀看的人，就是「觀衆」）

‡**aunt**[1] 〔ænt〕 *n.* 阿姨

My *aunt* is coming to see us.

authentic[6] 〔ɔˈθɛntɪk〕 *adj.* 眞正的
(= *real* = *genuine*)；原作的；道地的

I believe the painting is *authentic*, though some critics still insist that it is an imitation.

【記憶技巧】 *aut* (self) + *hent* (doer) + *ic* (adj.)（自己親手做的，就是「眞正的」）

【反義詞】 counterfeit（僞造的）
          fake（假的；僞造的）

【典型考題】

It's difficult to find _____ Chinese food in America. Many restaurants serve an American version of Chinese dishes.
A. authentic   B. hazardous
C. flattering   D. panoramic   [A]

***author**[3] 〔ˈɔθɚ〕 *n.* 作者 (= *writer*)

【記憶技巧】 *auth* (make to grow) + *or* （人）（使事物產生的人，即「作者」）

***authority**[4] 〔əˈθɔrətɪ〕 *n.* 權威；權力

The traffic police have the *authority* to issue tickets for traffic violations.

【衍伸詞】 *the authorities concerned*
（有關當局）

***automatic**[3] 〔ˌɔtəˈmætɪk〕 *adj.*
自動的 (= *self-acting*)

You can withdraw the money from the *automatic* teller machine at any time.

【記憶技巧】 *auto* (self) + *mat* (think) + *ic* (adj.)（可以自己動腦去想的，就是「自動的」）

autonomous[7] 〔ɔˈtɑnəməs〕 *adj.*
有自治權的；自主的

【記憶技巧】 *auto* (self) + *nom* (manage) + *ous* (adj.)

【衍伸詞】 autonomy（自治）

‡**autumn**[1] 〔ˈɔtəm〕 *n.* 秋天 (= *fall*)

Autumn is the season between summer and winter.

***available**[3] 〔əˈveləbḷ〕 *adj.* 可獲得的

The hotel is full. There are no rooms *available*.

【典型考題】

If you want to borrow magazines, tapes, or CDs, you can visit the library. They are all _____ there.
A. sufficient   B. vacant
C. able   D. available   [D]

***avenue**[3] 〔ˈævəˌnju〕 *n.* 大道；…街；途徑

The restaurant is located on First *Avenue*.

【記憶技巧】 *a* (to) + *venue* (come)

【比較】 revenue（收入；國家的歲收）

***average**[3] 〔ˈævərɪdʒ〕 *n.* 平均（數）
adj. 一般的

【典型考題】

The _____ of 18, 13, and 14 is 15.
A. division   B. balance
C. average   D. total   [C]

A

A

‡**avoid**[2] 〔ə'vɔɪd〕 *v.* 避免

Women should *avoid* driving alone at night.

【典型考題】

It is not safe to swim in the sea, so Susan's mother asked her to ＿＿＿ it.

A. invite　　　　B. draw
C. avoid　　　　D. join　　　　[C]

***awake**[3] 〔ə'wek〕 *v.* 醒來 (= *wake up*)　*adj.* 醒著的

Larry *awoke* from his nap when the phone rang.

【注意】三態變化：awake–awoke–awoken

***award**[3] 〔ə'wɔrd〕 *n.* 獎 (= *prize*)　*v.* 頒發

He won the Player of the Year *award*. Dr. Yang Chen was *awarded* the 1957 Nobel Prize for physics.

【比較】award 和 reward 要一起背，口訣是：「頒發」「獎賞」。

***aware**[3] 〔ə'wɛr〕 *adj.* 知道的；察覺到的 (= *conscious*)

A good salesperson is *aware* of his strengths and weaknesses, and constantly tries to improve his sales skills.

【片語】*be aware of* (知道；察覺到)

‡**away**[1] 〔ə'we〕 *adv.* 離開

They're *away* on holiday.

awesome[6] 〔'ɔsəm〕 *adj.* 令人敬畏的；令人畏懼的 (= *shocking*)

A flood is an *awesome* disaster.

【注意】-*some* 表「產生⋯的」字尾。

【重要知識】awesome 在口語中，常作「很棒的」解，等於 wonderful。如：Wow! That's totally *awesome*!

***awful**[3] 〔'ɔfl̩〕 *adj.* 可怕的 (= *terrible* = *horrible*)

A scene of mass poverty is an *awful* sight.

***awkward**[4] 〔'ɔkwəd〕 *adj.* 笨拙的 (= *clumsy*)；不自在的

Tom is terribly shy and he feels *awkward* in the presence of women.

【記憶技巧】*awk* (wrong) + *ward* (表示方向)（做事情時，結果總是往錯誤的方向發展，表示「笨拙的」）

B b

‡**baby**[1] 〔'bebɪ〕 *n.* 嬰兒 (= *infant*)

The hungry *baby* was crying.

bachelor[5] 〔'bætʃələ〕 *n.* 單身漢

‡**back**[1] 〔bæk〕 *adv.* 向後面　*adj.* 背後的；後面的　*n.* 背面 (= *rear*)

The price is on the *back* of the book.

【反義詞】front (前面)

* **background**[3] (ˈbækˌgraʊnd) *n.*
  背景;經驗 (= *experience*)
  She made it to the top despite her
  background.

* **backward(s)**[2] (ˈbækwəd(z)) *adv.*
  向後
  She looked *backward* over her
  shoulder.
  【反義詞】 forward(s) (向前)

* **bacon**[3] (ˈbekən) *n.* 培根

* **bacterium**[3] (bækˈtɪrɪəm) *n.* 細菌
  (= *microorganism*)
  Many diseases are spread by *bacteria*.
  【注意】複數為 bacteria。

* **bad**[1] (bæd) *adj.* 不好的 (= *harmful*)
  The weather was really *bad*.
  【注意】比較級為 worse,最高級為 worst。

* **badminton**[2] (ˈbædmɪntən) *n.*
  羽毛球;羽毛球運動
  Badminton is a very interesting sport.

* **bag**[1] (bæg) *n.* 袋子
  Tom carried a *bag* to school.

* **baggage**[3] (ˈbægɪdʒ) *n.* 行李
  (= *luggage*)
  The customs officer examined my
  baggage.
  【比較】baggage 和 luggage 都是集合名
  詞,不加 s,而 bag 也可作「行李」解,
  是可數名詞。

* **bakery**[2] (ˈbekərɪ) *n.* 麵包店
  (= *bakeshop*)

There is a very good *bakery* near my
house.

【典型考題】
I like bread very much and I usually
buy my breakfast at the _____
near my home.
A. bakery   B. bank
C. fire station   D. post office   [A]

* **balance**[3] (ˈbæləns) *n.* 平衡
  (= *evenness*)
  The acrobat lost his *balance* and fell
  off the tightrope.

【典型考題】
We should keep a _____ between
doing what we want and doing what
we should.
A. balance   B. benefit
C. content   D. influence   [A]

* **balcony**[2] (ˈbælkənɪ) *n.* 陽台
  (= *terrace*);包廂
  You can see the ocean from our
  balcony.
  【記憶技巧】*balcon* (房子較突出的一角)
  + *y* (place)

* **ball**[1] (bɔl) *n.* 球;舞會
  We need a *ball* to play basketball.

* **ballet**[4] (bæˈle) *n.* 芭蕾舞

* **balloon**[1] (bəˈlun) *n.* 氣球
  They blew up *balloons* for the party.

* **bamboo**[2] (bæmˈbu) *n.* 竹子
  【衍伸詞】 *a bamboo shoot* (竹筍)

B

ban[5] 〔 bæn 〕 n. 禁令；禁止
v. 禁止 (= forbid = prohibit)
The ban is unlikely to be lifted this year.
Last year, many governments banned the import of beef from Britain.
【片語】lift the ban (解除禁令)

‡**banana**[1] 〔 bə'nænə 〕 n. 香蕉
Monkeys like to eat bananas.

‡**band**[1] 〔 bænd 〕 n. 樂隊；一群
The band is playing.

***bandage**[3] 〔'bændɪdʒ 〕 n. 繃帶
(= dressing) v. 用繃帶包紮
You'd better put a bandage on that cut finger.
【記憶技巧】band (bind) + age (n.)
(用來捆綁的東西，就是「繃帶」)
【比較】要連 band-aid (OK 繃) 一起背。

‡**bank**[1] 〔 bæŋk 〕 n. 銀行；河岸

***bar**[1] 〔 bar 〕 n. 酒吧 (= pub)；
(巧克力、肥皂等) 條；棒

‡**barbecue**[2] 〔'barbɪ,kju 〕 n. 烤肉
(= Bar-B-Q)
We'll have a barbecue this Friday.

‡**barber**[1] 〔'barbɚ 〕 n. 理髮師
【記憶技巧】barb (beard) + er (人)
(負責修剪鬍子的人，是「理髮師」)
【比較】hairdresser (美髮師)

barbershop[5] 〔'barbɚ,ʃap 〕 n.
理髮店

***bare**[3] 〔 bɛr 〕 adj. 赤裸的 (= naked)
The storm covered the bare ground with three inches of snow.
┌【典型考題】──────────
On a sunny afternoon last month, we all took off our shoes and walked on the grass with ＿＿＿ feet.
A. bare   B. raw
C. tough   D. slippery   [A]
└───────────────────

***bargain**[4] 〔'bargɪn 〕 v. 討價還價
(= negotiate)   n. 便宜貨；協議
It's necessary to bargain if you want to get a good price.
┌【典型考題】──────────
In traditional markets, you can get better deals if you know how to ＿＿＿ with the vendors.
A. recover   B. scream
C. bargain   D. beg   [C]
└───────────────────

***bark**[2] 〔 bark 〕 v. (狗、狐狸等) 吠叫
(= howl)   n. 樹皮 (= covering)
What are the dogs barking at?

***barrier**[4] 〔'bærɪɚ 〕 n. 障礙
(= obstacle)
Humanitarians tried to remove all the barriers.
【記憶技巧】bar (bar) + rier (用來防禦的柵欄，就是「障礙」)

‡**base**[1] 〔 bes 〕 n. 基地 (= post)；基礎
(= foundation)；(棒球) 壘
He used Stephen King's novel as the base of his movie.

***baseball**[1] 〔'bes,bɔl 〕 n. 棒球

‡basement[2] 〔'besmənt 〕 *n.* 地下室
（ = *underground room* ）

A house with a *basement* is for sale.

【典型考題】
After the rain, the residents found the
_____, where they parked their cars,
full of water.
A. balcony　　　B. attic
C. closet　　　　D. basement　　[D]

‡basic[1] 〔'besɪk 〕 *adj.* 基本的
（ = *fundamental* ）

The *basic* topic of these fairy tales
never changes.

‡basin[4] 〔'besṇ 〕 *n.* 臉盆；盆地
（ = *valley* ）

‡basis[2] 〔'besɪs 〕 *n.* 基礎（ = *base* ）；
根據（ = *agreement* ）

The farmers form the *basis* of a nation.

【典型考題】
His ideas have no _____ in reality.
They are not practical at all.
A. basis　　　　B. reform
C. career　　　　D. argument　　[A]

‡basket[1] 〔'bæskɪt 〕 *n.* 籃子；
一籃的量

This *basket* is made of bamboo.

‡basketball[1] 〔'bæskɪt,bɔl 〕 *n.* 籃球

We play *basketball* every day.

‡bat[1] 〔 bæt 〕 *n.* 球棒；蝙蝠

Ben used a *bat* to hit the ball in the
game.

‡bath[1] 〔 bæθ 〕 *n.* 洗澡

Sue took a *bath* because she was dirty.

【比較】shower（ 淋浴 ）

‡bathe[1] 〔 beð 〕 *v.* 洗澡

‡bathroom[1] 〔'bæθ,rum 〕 *n.* 浴室；
廁所（ = *lavatory* ）

She went into the *bathroom* and took
a shower.

【重要知識】因為 toilet 含有馬桶的意思，
美國人稱廁所為 bathroom（ 原意為浴室 ），
是種文雅的說法。

bathtub[3] 〔'bæθ,tʌb 〕 *n.* 浴缸
（ = *tub* ）

‡battery[4] 〔'bætərɪ 〕 *n.* 電池；連續猛
擊；【律】毆打

‡battle[2] 〔'bætḷ 〕 *n.* 戰役（ = *fight* ）
v. 奮戰；競爭

After a fierce fight, the *battle* came
to an end.

‡bay[3] 〔 be 〕 *n.* 海灣（ = *gulf*〔 gʌlf 〕）

Several sailboats are moored in the
bay.

BC 〔'bi'si 〕 *abbr.* 西元前（ = *B.C.* ）

【比較】AD（ 西元…年 ）（ = *A.D.* ）

‡beach[1] 〔 bitʃ 〕 *n.* 海灘（ = *seaside* ）

John likes to go to the *beach*.

‡bean[2] 〔 bin 〕 *n.* 豆子（ = *seed* ）

A *bean* is a vegetable.

bean curd[7] 〔'bin,kɝd 〕 *n.* 豆腐

【衍伸詞】*smelly bean curd*（ 臭豆腐 ）

B

‡**bear**[2,1] 〔 bɛr 〕 v. 忍受 (= endure
= stand = tolerate = put up with)
n. 熊

I can't *bear* the noise anymore.
A *bear* is a wild animal.

【注意】三態變化:bear–bore–borne

┌─【典型考題】────────────
│ She couldn't _____ to leave and
│ cried all the way to the airport.
│ A. scatter   B. pay
│ C. exist   D. bear   [D]
└────────────────────────

‡**beard**[2] 〔 bɪrd 〕 n. 鬍子 (= whiskers)
My uncle has a long black *beard*.

*   **beast**[3] 〔 bist 〕 n. 野獸
We are not sure what kind of *beast*
killed the goat.

‡**beat**[1] 〔 bit 〕 v. 打;打敗   n. 心跳;
節拍

He *beat* the drum with a stick.

【注意】三態變化:beat–beat–beat

‡**beautiful**[1] 〔'bjutəfəl 〕 adj. 美麗的
(= pretty)

‡**beauty**[1] 〔'bjutɪ 〕 n. 美;美女

‡**because**[1] 〔 bɪ'kɔz 〕 conj. 因爲
Linda was late *because* it was
raining.

‡**become**[1] 〔 bɪ'kʌm 〕 v. 變成
They *became* good friends at once.

【注意】三態變化:become–became–
become

‡**bed**[1] 〔 bɛd 〕 n. 床
I fell off my *bed* last night.

bedding[7] 〔'bɛdɪŋ 〕 n. 寢具;被褥
They were provided food, clothes,
and *bedding*.

‡**bedroom**[2] 〔'bɛd,rum 〕 n. 臥房
I have my own *bedroom*.

‡**bee**[1] 〔 bi 〕 n. 蜜蜂
A *bee* is an insect which makes honey.

【衍伸詞】beehive (蜂窩)
【片語】 *as busy as a bee* (非常忙碌)

‡**beef**[2] 〔 bif 〕 n. 牛肉
You can buy *beef* from a butcher.

*   **beer**[2] 〔 bɪr 〕 n. 啤酒 (= brew)
Buy me a *beer*, Jack.

*   **beg**[2] 〔 bɛg 〕 v. 乞求 (= ask for)
Timmy *begged* his mother to let him
watch the movie.

‡**begin**[1] 〔 bɪ'gɪn 〕 v. 開始 (= start)
【注意】三態變化:begin–began–begun

behalf[5] 〔 bɪ'hæf 〕 n. 方面 (= part)
In his absence, I would like to thank
all concerned on my brother's *behalf*.

【片語】 *on one's behalf* (代表某人)
         in behalf of (爲了;代表)

*   **behave**[3] 〔 bɪ'hev 〕 v. 行爲舉止
(= act)

Jim always *behaves* well.

B

* **behaviour**[4] 〔bɪ'hevjɚ〕 *n.* 行為
（ = *behavior*【美式用法】= *conduct*
〔'kɑndʌkt〕）
Everyone was impressed by his
polite *behaviour*.

【典型考題】
Jane and I were ashamed of Tom's
rude _____ on the formal occasion.
A. attachment   B. behaviour
C. time   D. harm   [B]

‡ **behind**[1] 〔bɪ'haɪnd〕 *prep.* 在…之後
adv. 在後；向後
【記憶技巧】 *be* (by) + *hind* (在後的)

* **being**[3] 〔'biɪŋ〕 *n.* 存在
Scientists believe that they will one
day be able to bring a human clone
into *being*.
【片語】 *come into being* (產生)
【衍伸詞】 *human beings* (人類)

* **belief**[2] 〔bɪ'lif〕 *n.* 相信 (= *trust*)；
信仰 (= *faith*)
She was beautiful beyond *belief*.
【片語】 *beyond belief* (令人難以置信地)

‡ **believe**[1] 〔bɪ'liv〕 *v.* 相信 (= *trust*)
I *believe* in God.
【片語】 *believe in* (相信…的存在；信任)

‡ **bell**[1] 〔bɛl〕 *n.* 鐘；鈴
I can hear the church *bell* ringing.

* **belly**[3] 〔'bɛlɪ〕 *n.* 肚子 (= *stomach*)

‡ **belong**[1] 〔bə'lɔŋ〕 *v.* 屬於
(= *be owned by*)

This book *belongs* to me.

‡ **below**[1] 〔bə'lo〕 *prep.* 在…之下
Students who have marks *below* 60
will have to take the exam again.

‡ **belt**[2] 〔bɛlt〕 *n.* 皮帶 (= *strap*)；地帶
Rose gave a *belt* to her father on
his birthday.

‡ **bench**[2] 〔bɛntʃ〕 *n.* 長椅
(= *long seat*)
The man has been sitting on the
bench all day long.

* **bend**[2] 〔bɛnd〕 *v.* 彎曲 (= *turn*)
Since the accident, Glen has been
unable to *bend* his knee without pain.
【注意】 三態變化 : bend–bent–bent

* **beneath**[3] 〔bɪ'niθ〕 *prep.* 在…之下
There are still many mysteries
beneath the sea.
【記憶技巧】 *be* (by) + *neath* (down)

beneficial[5] 〔ˌbɛnə'fɪʃəl〕 *adj.* 有益的
(= *good*)
I think taking this course would be
beneficial for you.
【記憶技巧】 *bene* (good) + *fic* (do)
+ *ial* (adj.)

【典型考題】
According to some studies, one or
two glasses of wine can be _____
because a little wine helps to prevent
cardiovascular diseases.
A. expressive   B. ordinary
C. beneficial   D. artistic   [C]

B

*__benefit__³ 〔'bɛnəfɪt 〕n. 利益；好處
(= *advantage*) v. 對…有益；受益
Two weeks of paid vacation is one
of the *benefits* of this job.

bent² 〔 bɛnt 〕adj. 彎曲的；專心的
n. 嗜好；性向；才能
He is *bent* on mastering French.
He has a *bent* for art.

‡**beside**¹ 〔 bɪ'saɪd 〕prep. 在…旁邊
Pat and Paul sat *beside* each other in
class.

*__besides__² 〔 bɪ'saɪdz 〕adv. 此外
(= *moreover*)
prep. 除了…之外（還有）
It's too late to go out now. *Besides*,
it's beginning to rain.
Besides the mayor, many other people
were present.

betray⁶ 〔 bɪ'tre 〕v. 出賣
(= *break with*)
You had better not *betray* your best
friend.
【記憶技巧】 *be* + *tray* (hand over)
（把重要機密交給別人，表示「出賣」）

‡**between**¹ 〔 bə'twin 〕prep. 在（兩者）
之間
【記憶技巧】 *be* (by) + *tween* (two)
┌─【典型考題】────────
│ March is the third month of the year.
│ It comes _____ February and April.
│ A. about   B. before
│ C. during   D. between   [D]
└────────────────

‡**beyond**² 〔 bɪ'jɑnd 〕prep. 超過

Many people don't go on working
beyond the age of 65.

‡**bicycle**¹ 〔'baɪsɪkl̩ 〕n. 腳踏車 (=*bike*)
Do you know who stole the *bicycle*?
【記憶技巧】 *bi* (two) + *cycle* (circle)

bid⁵ 〔 bɪd 〕v. 出（價）(= *offer*)；
投標 n. 企圖
Cathy *bid* $5,000 dollars for the
painting, but her offer was not the
highest.
【注意】 三態變化：bid–bid–bid

‡**big**¹ 〔 bɪg 〕adj. 大的；重要的

‡**bike**¹ 〔 baɪk 〕n. 腳踏車 (= *bicycle*)

*__bill__² 〔 bɪl 〕n. 帳單 (= *charges*)；
紙鈔 (= *banknote*)；法案
The man is looking at the *bill*.

*__bingo__³ 〔'bɪŋgo 〕n. 賓果遊戲
My grandmother was very excited
when she won the *bingo* game.

biochemistry⁶ 〔͵baɪo'kɛmɪstrɪ 〕n.
生物化學

*__biography__⁴ 〔 baɪ'ɑgrəfɪ 〕n. 傳記
(= *life story*)
If you want to know more about
Picasso, you should read his
biography.
【記憶技巧】 *bio* (life) + *graph* (write)
+ *y* (n.) （記錄人的一生，就是「傳記」）

*__biology__⁴ 〔 baɪ'ɑlədʒɪ 〕n. 生物學

‡**bird**¹ 〔 bɝd 〕n. 鳥

* **birth**[1] 〔bɝθ〕 *n.* 出生；誕生

December 25 is Christmas Day. It celebrates the *birth* of Jesus approximately 2000 years ago.

birthday[1] 〔'bɝθˌde〕 *n.* 生日

Happy *birthday* to you!

birthplace[1] 〔'bɝθˌples〕 *n.* 出生地；發源地

Hawaii was the *birthplace* of surfing.

* **biscuit**[3] 〔'bɪskɪt〕 *n.* 餅乾 (= *cookie*)

Don't eat too many *biscuits* before dinner!

bishop[7] 〔'bɪʃəp〕 *n.* 主教

He was the *Bishop* of London.

* **bit**[1] 〔bɪt〕 *n.* 一點點 (= *a small amount*)

Just give me a *bit* of that soup. I'm not very hungry.

‡ **bite**[1] 〔baɪt〕 *v.* 咬   *n.* 一小口；少量

My puppy always *bites* my shoes.

【注意】三態變化：bite–bit–bitten

‡ **bitter**[2] 〔'bɪtɚ〕 *adj.* 苦的

The medicine tastes *bitter*.

‡ **black**[1] 〔blæk〕 *adj.* 黑的 (= *dark*)   *n.* 黑色

Sue's hair is *black*.

【衍伸詞】 black sheep (害群之馬)

‡ **blackboard**[2] 〔'blækˌbord〕 *n.* 黑板 (= *chalkboard* 〔'tʃɔkˌbord〕)

The teacher writes a sentence on the *blackboard*.

‡ **blame**[3] 〔blem〕 *v.* 責備 (= *impute*)   *n.* 責難；責任

He *blamed* you for being late.

【片語】 *be to blame* (應受責備；應該怪…)

         blame sb. for sth. (為…責備某人)

【典型考題】

Ted dropped the ball and now everyone ＿＿＿ him for losing the game.

A. accuses   B. complains
C. demands   D. blames   [D]

‡ **blank**[2] 〔blæŋk〕 *adj.* 空白的 (= *empty*)   *n.* 空格

He handed in a *blank* piece of paper. Fill in the *blanks*.

【片語】 *go blank* (腦中變得一片空白)

【典型考題】

My mind went ＿＿＿ when I saw the questions on the test paper.

A. blank   B. backwards
C. brief   D. calm   [A]

‡ **blanket**[3] 〔'blæŋkɪt〕 *n.* 毯子 (= *cover*)

The baby is covered with the *blanket*.

* **bleed**[3] 〔blid〕 *v.* 流血

After Gina fell on the sidewalk, her knee was *bleeding*.

【記憶技巧】「流血」(bleed) 很痛，所以字中的 "ee" 像半瞇的眼；而看到「血」(blood) 會嚇一跳，眼睛張得很大，故字中是 "oo"。

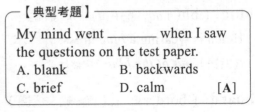

B

*‡**bless**[3] 〔 blɛs 〕 v. 祝福

‡**blind**[2] 〔 blaɪnd 〕 adj. 瞎的

Blind children have to go to special schools.

‡**block**[1] 〔 blɑk 〕 n. 街區   v. 阻塞

The store is three *blocks* away.

The railroad was *blocked* by the snow.

***blood**[1] 〔 blʌd 〕 n. 血

A lot of people are afraid of the sight of *blood*.

***blouse**[3] 〔 blaʊz 〕 n. 女用上衣

Wendy wears a white *blouse* to school.

‡**blow**[1] 〔 blo 〕 v. 吹

She *blows* her hair dry.

【注意】三態變化：blow–blew–blown

‡**blue**[1] 〔 blu 〕 adj. 藍色的   n. 藍色

Helen is wearing a *blue* dress.

【片語】 *out of the blue* (突然地)

***board**[2] 〔 bord 〕 v. 上 (車、船、飛機) n. 木板

The passengers *boarded* the plane at London Airport.

Boards had been nailed across the broken window.

【比較】 aboard (在車、船，或飛機上)

‡**boat**[1] 〔 bot 〕 n. 船

‡**body**[1] 〔'bɑdɪ 〕 n. 身體；屍體 (= *corpse*)

Eat right and you will have a healthy *body*.

‡**boil**[2] 〔 bɔɪl 〕 v. 沸騰

The water is *boiling*.

***bomb**[2] 〔 bɑm 〕 n. 炸彈 (= *explosive*) v. 轟炸

A *bomb* exploded and destroyed many houses.

【比較】bomb 像 comb (梳子)、tomb (墳墓) 一樣，字尾的 b 都不發音。

***bond**[4] 〔 bɑnd 〕 n. 關係 (= *relation*)；束縛；公債；債券   v. 建立感情

The prisoner tried in vain to loosen his *bonds*.

*‡**bone**[1] 〔 bon 〕 n. 骨頭

An old woman doesn't have strong *bones*.

bonus[5] 〔'bonəs 〕 n. 獎金 (= *reward*)；額外贈品 (= *extra*)

If you buy four of this product you will receive one free as a *bonus*.

‡**book**[1] 〔 bʊk 〕 n. 書   v. 預訂

I *booked* a room for him at a hotel.

┌─【典型考題】─────────
Having saved enough money, Joy
──── two trips for this summer
vacation, one to France and the other
to Australia.
A. booked   B. observed
C. enclosed   D. deposited   [A]
└──────────────────────

boom[5] 〔 bum 〕 v. 興隆 (= *thrive*)；隆隆作響；爆炸聲   n. 繁榮；轟響

The town *boomed* with the development of tourism.

【衍伸詞】 booming (日趨興隆的)

B

* **boot**[3] 〔 but 〕 *n.* 靴子（ = *overshoe* ）
She wore black leather ankle *boots*.

booth[5] 〔 buθ 〕 *n.* 攤位（ = *stall* ）；
公共電話亭；（餐館中的）小房間
Our school sells snacks from a *booth*
at the fair.

* **border**[3] 〔'bɔrdɚ 〕 *n.* 邊界
I live on the *border* between North
Hills and South Hills, so it is
convenient for me to go to either city.

bored[3] 〔 bord 〕 *adj.* 厭煩的；
（覺得）無聊的
Oh, I'm so *bored*!

boring[3] 〔'borɪŋ 〕 *adj.* 令人厭倦的；
無聊的
It gets *boring* just being at home all
day.

born[1] 〔 bɔrn 〕 *adj.* 出生的；天生的
Connie is a *born* singer.

borrow[2] 〔'baro 〕 *v.* 借（入）
May I *borrow* your bicycle for a day?

boss[1] 〔 bɔs 〕 *n.* 老闆
The new *boss* is very strict.

botanical[5] 〔 bo'tænɪkl̩ 〕 *adj.* 植物的
We went to the *botanical* garden
yesterday.

botany[5] 〔'batn̩ɪ 〕 *n.* 植物學

both[1] 〔 boθ 〕 *pron.* 兩者   *adj.* 兩者的
Sharon and Mark *both* came to class
late.

bother[2] 〔'baðɚ 〕 *v.* 打擾（ = *disturb* ）
Don't *bother* Tina with that now—
she is busy.

bottle[2] 〔'batl̩ 〕 *n.* 瓶子（ = *glass
container* ）
Harry is pouring a drink from a *bottle*.

bottom[1] 〔'batəm 〕 *n.* 底部
The ship sank to the *bottom* of the sea.
【衍伸詞】bottom line（底線；要點）

* **bounce**[4] 〔 baʊns 〕 *v.* 反彈
The ball *bounced* off the wall.

bound[5] 〔 baʊnd 〕 *adj.* 被束縛的；
打算前往的
【片語】*be bound to V.*（一定…）
       be bound for（前往）

boundary[5] 〔'baʊndərɪ 〕 *n.* 邊界
（ = *border* ）
A wooden fence marks the *boundary*
between our property and our
neighbors'.

bow[2] 〔 baʊ 〕 *v.* 鞠躬（ = *bend* ）
n. 船首   〔 bo 〕 *n.* 弓；蝴蝶結
The student *bowed* to his teacher.

bowl[1] 〔 bol 〕 *n.* 碗
He has finished five *bowls* of rice.

* **bowling**[2] 〔'bolɪŋ 〕 *n.* 保齡球
Bowling is Jeff's favorite sport.

box[1] 〔 baks 〕 *n.* 箱子；耳光
She got a *box* on the cheek for telling
a lie.
【衍伸詞】box office（售票處；票房）

boxing[5] 〔'bɑksɪŋ 〕 *n.* 拳擊

‡**boy**[1] 〔 bɔɪ 〕 *n.* 男孩

boycott[6] 〔'bɔɪˌkɑt 〕 *v.* 聯合抵制；杯葛

Many people have *boycotted* the products of this company because they think they pollute the environment.

***brain**[2] 〔 bren 〕 *n.* 頭腦（= *mind*）

She has a good *brain* and beauty.

***brake**[3] 〔 brek 〕 *n.,v.* 煞車

The *brakes* on this car must be repaired before it is safe to drive.

‡**branch**[2] 〔 bræntʃ 〕 *n.* 樹枝（= *shoot*）；分店（= *office*）；分支

***brand**[2] 〔 brænd 〕 *n.* 品牌（= *trademark*）

Julie is willing to pay more for a good *brand* of shampoo.

‡**brave**[1] 〔 brev 〕 *adj.* 勇敢的

Firemen are *brave* people.

【反義詞】timid（膽小的）

***bravery**[3] 〔'brevərɪ 〕 *n.* 勇敢

‡**bread**[1] 〔 brɛd 〕 *n.* 麵包

‡‡**break**[1] 〔 brek 〕 *v.* 打破（= *smash*）
n. 休息

【注意】三態變化：break–broke–broken

‡‡**breakfast**[1] 〔'brɛkfəst 〕 *n.* 早餐

We always have *breakfast* at 7:00 a.m.

breakthrough[6] 〔'brek,θru 〕 *n.* 突破（= *improvement*）

Scientists have attributed the recent *breakthrough* to pure luck.

【典型考題】

The discovery of the new vaccine is an important ＿＿＿＿ in the fight against avian flu.
A. breakthrough　B. demonstration
C. interpretation　D. commitment　[A]

***breast**[3] 〔 brɛst 〕 *n.* 胸部（= *chest*）

They had chicken *breasts* for lunch.

***breath**[3] 〔 brɛθ 〕 *n.* 呼吸

Take a deep *breath* and count to ten, and then you will feel calmer.

【典型考題】

Before John got on the stage to give a speech, he took a deep ＿＿＿＿ to calm himself down.
A. order　　　B. rest
C. effort　　　D. breath　　[D]

***breathe**[3] 〔 brið 〕 *v.* 呼吸

breathless[3] 〔'brɛθlɪs 〕 *adj.* 氣喘吁吁的；喘不過氣來的

She was *breathless* after running up the stairs.

brewery[7] 〔'bruərɪ 〕 *n.* 啤酒廠；啤酒公司

【比較】brew（釀造）

‡**brick**[2] 〔 brɪk 〕 *n.* 磚頭

***bride**[3] 〔 braɪd 〕 *n.* 新娘

【衍伸詞】bridesmaid（伴娘）

B

* **bridegroom**[4] 〔'braɪd,grum〕 *n.*
新郎 (= *groom*)
The *bridegroom* stood waiting at the
altar.
【比較】 *best man* (伴郎)

‡ **bridge**[1] 〔 brɪdʒ 〕 *n.* 橋 (= *overpass*)

* **brief**[2] 〔 brif 〕 *adj.* 簡短的 (= *short*)
He gave a *brief* talk to the students.

┌─【典型考題】──────────
│ All the new students are given one
│ minute to _____ introduce
│ themselves to the whole class.
│ A. briefly   B. famously
│ C. gradually   D. obviously   [A]
└────────────────────

‡ **bright**[1] 〔 braɪt 〕 *adj.* 明亮的
(= *shining*)；聰明的
The box was painted *bright* green.
【反義詞】 dark (暗的)

* **brilliant**[3] 〔'brɪljənt 〕 *adj.* 燦爛的；
聰明的 (= *intelligent*)
Sunglasses will protect your eyes
from the *brilliant* light of the sun.

‡ **bring**[1] 〔 brɪŋ 〕 *v.* 帶來 (= *take*)
I *brought* the book you wanted.
【注意】三態變化：bring–brought–brought

* **broad**[2] 〔 brɔd 〕 *adj.* 寬的 (= *wide*)
This street is *broad*.
【反義詞】 narrow (窄的)

‡ **broadcast**[2] 〔'brɔd,kæst 〕 *v.* 廣播；
播送 (= *air*)
The TV station *broadcasts* the show
every day.

【記憶技巧】 *broad* + *cast* (throw)
(廣泛地投射出去，就是「播送」)
【注意】三態變化：broadcast–broadcast–
broadcast 或 broadcast–broadcasted–
broadcasted

brochure[6] 〔 bro'ʃur 〕 *n.* 小册子
(= *booklet*)
The Wangs went to the travel agency
for some *brochures*.

broken[4] 〔'brokən 〕 *adj.* 損壞了的；
破碎的
The TV's *broken*.
How did this dish get *broken*?

* **broom**[3] 〔 brum 〕 *n.* 掃帚
Do you believe that witches can fly
on *brooms*?

‡ **brother**[1] 〔'brʌðɚ 〕 *n.* 兄弟
These two boys are *brothers*.

‡ **brown**[1] 〔 braʊn 〕 *adj.* 棕色的
n. 棕色
John likes to wear *brown* shoes.

* **brunch**[2] 〔 brʌntʃ 〕 *n.* 早午餐
We are used to eating *brunch* on
weekends.
〔 breakfast + lunch = brunch 〕

‡ **brush**[2] 〔 brʌʃ 〕 *n.* 刷子 (= *sweeper*)
v. 刷
William used a small *brush* to paint
his house.
I *brush* my teeth clean every
morning.

B

Buddhism[7] 〔'budɪzəm 〕 *n.* 佛教

【衍伸詞】 Buddha (佛陀)
Buddhist (佛教徒)

* **budget**[3] 〔'bʌdʒɪt 〕 *n.* 預算 (= *funds*)

Paul was forced to cut his *budget* after he lost his part-time job.

* **buffet**[3] 〔 bʌ'fe 〕 *n.* 自助餐

They had a *buffet* at the wedding.

* **build**[1] 〔 bɪld 〕 *v.* 建造

They can *build* a house in one week.

【注意】三態變化：build–built–built

* **building**[1] 〔'bɪldɪŋ 〕 *n.* 建築物

* **bunch**[3] 〔 bʌntʃ 〕 *n.* 一群；一夥
(人)；一束 (花) (= *bouquet*
〔 bu'ke 〕)；一串 (香蕉、葡萄、
鑰匙) (= *cluster*)

This *bunch* of bananas looks ripe.

【重要知識】"Thanks a *bunch*." 並不是非常感謝的意思，而是語帶諷刺的倒反說法喔。

bungalow[7] 〔'bʌŋ‚lo 〕 *n.* 平房；
單層小屋

* **burden**[3] 〔'bɝdṇ 〕 *n.* 負擔
(= *trouble*)

The porter struggled under the *burden* of three heavy suitcases.

bureaucratic[6] 〔‚bjʊrə'krætɪk 〕 *adj.*
官僚的；官僚作風的

The report revealed a great deal of *bureaucratic* inefficiency.

【衍伸詞】 bureaucracy (官僚作風)

* **burglar**[3] 〔'bɝglɚ 〕 *n.* 竊賊 (= *thief*)

This alarm system will protect your house from *burglars*.

【記憶技巧】 ***burgl**(e)* (竊盜) + *ar* (人)

【注意】字尾有 ar 大多不是好人，如
beggar (乞丐)、liar (說謊者)。

* **burn**[2] 〔 bɝn 〕 *v.* 燃燒 (= *set on fire*)
n. 燙傷；灼傷

In winter, people *burn* wood to keep warm.

【注意】三態變化：burn–burnt–burnt
或 burn–burned–burned

* **burst**[2] 〔 bɝst 〕 *v.* 爆破 (= *explode*)

My sister's balloon *burst*.

【注意】三態變化：burst–burst–burst

* **bury**[3] 〔'bɛrɪ 〕 *v.* 埋；埋藏

I wish the dog wouldn't *bury* bones in the yard.

* **bus**[1] 〔 bʌs 〕 *n.* 公車

* **bush**[3] 〔 buʃ 〕 *n.* 灌木叢

* **business**[2] 〔'bɪznɪs 〕 *n.* 生意
(= *dealings*)

We didn't do much *business* with the firm.

businessman[2] 〔'bɪznɪs‚mæn 〕 *n.*
商人 (*pl.* businessmen)

businesswoman[2] 〔'bɪznɪs‚wumən 〕
n. 女商人 (*pl.* businesswomen)

* **busy**[1] 〔'bɪzɪ 〕 *adj.* 忙碌的
(= *occupied with*)

butcher [5] 〔ˈbʊtʃɚ〕 *n.* 肉販　*v.* 屠殺
　【衍伸詞】 butchery（屠殺）

‡**butter** [1] 〔ˈbʌtɚ〕 *n.* 奶油
　Mom put some *butter* in the corn soup.

‡**butterfly** [1] 〔ˈbʌtɚˌflaɪ〕 *n.* 蝴蝶
　A *butterfly* is an insect with wings full of bright colors.
　【比較】 dragonfly（蜻蜓）

‡**button** [2] 〔ˈbʌtn̩〕 *n.* 按鈕（＝*switch*）；鈕扣（＝*fastener*）　*v.* 把⋯扣上鈕扣
　I pushed the *button* to turn on the light.
　His coat has been *buttoned* up to the chin.

‡**buy** [1] 〔baɪ〕 *v.* 買；【口語】接受；相信
　If you say it's true, I'll *buy* it.
　【注意】三態變化：buy–bought–bought

bye [1] 〔baɪ〕 *int.* 再見（＝*good-bye*）
　Bye for now—see you later.

C c

cab [1] 〔kæb〕 *n.* 計程車（＝*taxi*）
　Shall I call you a *cab*?

‡**cabbage** [2] 〔ˈkæbɪdʒ〕 *n.* 包心菜；高麗菜；大白菜
　Joe hates to eat *cabbage*.
　【重要知識】美國人不分大白菜或高麗菜等，都稱 cabbage。有些字典翻成「甘藍菜」。

*

*cafe** [2] 〔kəˈfe〕 *n.* 咖啡店（＝*café*）

‡**cafeteria** [2] 〔ˌkæfəˈtɪrɪə〕 *n.* 自助餐廳（＝*a self-service restaurant*）
　There is a *cafeteria* in our school.

‡**cage** [1] 〔kedʒ〕 *n.* 籠子（＝*enclosure*）
　There are two lions in the *cage*.

‡**cake** [1] 〔kek〕 *n.* 蛋糕
　Chocolate *cake* is my favorite dessert.

*calculate** [4] 〔ˈkælkjəˌlet〕 *v.* 計算（＝*count*）
　We have to *calculate* the cost of this plan.
　【記憶技巧】 *calc*（lime）+ *ul*（small）+ *ate*（*v.*）（古時候用小石頭來「計算」）

‡**call** [1] 〔kɔl〕 *v.* 叫（＝*speak loudly*）；打電話給（某人）　*n.* 喊叫；打電話
　My mother *called* me into the house.

*calm** [2] 〔kɑm〕 *adj.* 冷靜的　*v.* 使冷靜
　They were *calm* in the face of the disaster.
　Calm yourself.

*camel** [1] 〔ˈkæml̩〕 *n.* 駱駝
　【記憶技巧】 *came* + *l* = camel

‡**camera** [1] 〔ˈkæmərə〕 *n.* 照相機；攝影機

‡camp[1] 〔kæmp〕 v. 露營　n. 營地

We will *camp* in the park tonight.

*campaign[4] 〔kæm'pen〕 n. 活動

v. 發起活動；從事競選活動

The old man was constantly making speeches in political *campaigns* when he was young.

The party has been *campaigning* hard in the North.

‡‡can[1] 〔kæn〕 aux. 能夠（= *be able to*）

n. 罐子；罐頭

【注意】過去式是 could；否定是 can't、cannot；過去式的否定是 couldn't。

canal[5] 〔kə'næl〕 n. 運河

（= *waterway*）

【衍伸詞】*Panama Canal*（巴拿馬運河）

*cancel[2] 〔'kænsḷ〕 v. 取消（= *call off*）；撤銷；廢除

Mr. Jackson *cancelled* his order for the books.

【典型考題】

When my boss told me I could not take a vacation next month, I _____ my flight.
A. terminated　　B. cancelled
C. resumed　　　D. reserved　　[B]

*cancer[2] 〔'kænsɚ〕 n. 癌症（= *tumor*）；弊端；（大寫）巨蟹座

My aunt died of *cancer*.

*candidate[4] 〔'kændə,det〕 n. 候選人（= *nominee*）；有望做…的人

The former senator declared that he was a *candidate* for president.

【記憶技巧】*cand* (white) + *id* (adj.) + *ate*（人）（古代政治人物穿白袍）

【典型考題】

Three people are running for mayor. All three _____ seem confident that they will be elected, but we won't know until the outcome of the election is announced.
A. particles　　B. receivers
C. candidates　 D. containers　　[C]

‡‡‡candle[2] 〔'kændḷ〕 n. 蠟燭

Michelle has twelve *candles* on her birthday cake.

【記憶技巧】*cand* (bright) + *le* (small thing)（會發光的小東西，就是「蠟燭」）

‡candy[1] 〔'kændɪ〕 n. 糖果

canteen[7] 〔kæn'tin〕 n. 軍中福利社；（工廠、學校或醫院的）食堂；餐廳

‡‡cap[1] 〔kæp〕 n. （無邊的）帽子

Don't forget to wear a *cap* if you go out in the sun.

*capital[3,4] 〔'kæpətḷ〕 n. 首都；資本

Mr. Kim moved to the *capital* after he won the election.

capsule[6] 〔'kæpsḷ〕 n. 膠囊；太空艙

Would you prefer to have the medicine in a *capsule* or liquid form?

【衍伸詞】*time capsule*（時空膠囊）

‡captain[2] 〔'kæptən〕 n. 船長；機長；隊長

He is the *captain* of our team.

【記憶技巧】*capt* (head) + *ain*（人）（帶頭的人，就是「船長」）

caption[6] 〔'kæpʃən〕 n. 標題
(= *title*)；(照片的) 說明；圖說
The *caption* for this picture explains
the story behind UFOs.
【記憶技巧】 *cap* (take) + *tion* (*n.*)

car[1] 〔kɑr〕 n. 汽車 (= *auto*
= *automobile*)
Tom drives an old *car*.

carbon[5] 〔'kɑrbən〕 n. 碳
【衍伸詞】 *carbon dioxide* (二氧化碳)

card[1] 〔kɑrd〕 n. 卡片
Danny sent a Christmas *card* to me.

care[1] 〔kɛr〕 v. 在乎 n. 注意；照料
I don't *care* what happens.

careful[1] 〔'kɛrfəl〕 adj. 小心的
(= *cautious*)
Be *careful* when you drive the car.

careless[1] 〔'kɛrlɪs〕 adj. 不小心的；
粗心的
It was *careless* of you to lose my car
keys.

carpenter[3] 〔'kɑrpəntɚ〕 n. 木匠
(= *woodworker*)

carpet[2] 〔'kɑrpɪt〕 n. 地毯
A cat was sleeping on a *carpet*.
【比較】 rug (小塊的地毯)

carriage[3] 〔'kærɪdʒ〕 n. 四輪馬車；
火車車廂；運輸；運費
Four horses pulled the *carriage*.
【記憶技巧】 *carri* (car) + *age* (*n.*)

carrier[4] 〔'kærɪɚ〕 n. 運送人；郵差；
帶菌者；運輸公司；運輸工具

carrot[2] 〔'kærət〕 n. 胡蘿蔔
We grow *carrots* in our garden.

carry[1] 〔'kærɪ〕 v. 攜帶；拿著
(= *take*)
Linda *carried* a big box.

cartoon[2] 〔kɑr'tun〕 n. 卡通
(= *animation*)
My children enjoy *cartoons*.

carve[4] 〔kɑrv〕 v. 雕刻 (= *cut*)
He *carved* his name on the tree.

case[1] 〔kes〕 n. 情況 (= *condition*)；
例子 (= *example*)；盒子
(= *container*)
That's a very unusual *case*.

cash[2] 〔kæʃ〕 n. 現金 (= *money*)
v. 把…兌現
Roy pays *cash* for his clothes.
Can you *cash* this check for me?

cassette[2] 〔kæ'sɛt〕 n. 卡式錄音帶
I bought a lot of *cassettes* yesterday.

cast[3] 〔kæst〕 v. 投擲；扔 (= *throw*)
n. 演員陣容；石膏
We *cast* bread into the water to attract
fish.
【注意】 三態變化：cast–cast–cast

castle[2] 〔'kæsl̩〕 n. 城堡
Long ago, kings lived in *castles*.

C

C

* **casual**[3] 〔'kæʒuəl 〕 *adj.* 非正式的
（ = *informal* ）；輕鬆的；休閒的
The party is *casual*, so don't dress up.

‡ **cat**[1] 〔 kæt 〕 *n.* 貓

* **catalogue**[4] 〔'kætḷˌɔg 〕 *n.* 目錄
（ = *catalog* ）
If something is not available in our store, you can order it from the *catalogue*.
【記憶技巧】*cata* (fully) + *logue* (say)
（有詳細敘述內容的東西，就是「目錄」）

catastrophe[6] 〔 kə'tæstrəfɪ 〕 *n.*
大災難 (= *disaster* = *calamity*)
The drought was a *catastrophe* for the small farmers.
【記憶技巧】這個字很長，分音節背會比較好背 ca-tas-tro-phe。

‡ **catch**[1] 〔 kætʃ 〕 *v.* 抓住 (= *seize*)；
吸引（注意）(= *attract*)
Jenny keeps a cat to *catch* mice.
【注意】三態變化：catch–caught–caught
【典型考題】
A large poster in beautiful colours ———— the attention of many people.
A. called   B. caught
C. charted   D. caused   [B]

category[5] 〔'kætəˌgorɪ 〕 *n.* 類別
(= *class*)；範疇
In which *category* would you place this book, history or politics?

cater[6] 〔'ketɚ 〕 *v.* 迎合
There are some programs *catering* to the interests of teenagers.

【片語】*cater to* (迎合；滿足)

Catholic 〔'kæθəlɪk 〕 *adj.* 天主教的

* **cattle**[3] 〔'kætḷ 〕 *n.* 牛 (= *cows*)
These *cattle* have been marked for slaughter.
【注意】cattle 為集合名詞，當複數用，不加 s。

‡ **cause**[1] 〔 kɔz 〕 *n.* 原因   *v.* 造成
(= *lead to*)
What was the *cause* of the accident?
【反義詞】 result (結果)

caution[5] 〔'kɔʃən 〕 *n.* 小心；謹慎
(= *care*)
The zookeeper approached the lion with great *caution*.

cautious[5] 〔'kɔʃəs 〕 *adj.* 小心的；
謹慎的 (= *careful*)

* **cave**[2] 〔 kev 〕 *n.* 洞穴 (= *hollow*)
This *cave* is so large that it has not been fully explored yet.

* **CD**[4] *n.* 雷射唱片 (= *compact disk*)

‡ **ceiling**[2] 〔'silɪŋ 〕 *n.* 天花板
A lamp is hanging from the *ceiling*.
【片語】*hit the ceiling* (勃然大怒)
【典型考題】
Last night the glass lamp, hanging from the ————, dropped and hit him on the head.
A. calendar   B. dew
C. director   D. ceiling   [D]

‡**celebrate**[3] 〔'sɛlə,bret 〕 v. 慶祝
(= *commemorate*)

We *celebrated* Judy's birthday yesterday.

【記憶技巧】 *celebr* (populous) + *ate*
(*v.*)(「慶祝」活動中，有很多人參與)

* **celebration**[4] 〔,sɛlə'breʃən 〕 n.
慶祝活動 (= *commemoration*)

* **cell**[2] 〔 sɛl 〕 n. 細胞；小牢房；
小蜂窩；電池；手機 (= *cell phone*)
All animals are made of *cells*.

‡**cent**[1] 〔 sɛnt 〕 n. 分 (= *penny*)
There are 100 *cents* to a dollar.

centigrade[5] 〔'sɛntə,gred 〕 adj.
攝氏的 (= *Celsius* 〔'sɛlsɪəs 〕)

【記憶技巧】 這個字可分音節背：
cen-ti-grade。
【比較】 Fahrenheit (華氏的)

‡**centimetre**[3] 〔'sɛntə,mitə 〕 n. 公分
(= *cm* = *centimeter*【美式用法】)
Children under 110 *centimetres* need
not pay any fare.

【記憶技巧】 *centi* (hundred) + *metre*
(公尺的百分之一，就是「公分」)

* **central**[2] 〔'sɛntrəl 〕 adj. 中央的
(= *middle*)
The railroad station is in the *central*
part of the city.

【記憶技巧】 *centr* (center) + *al* (adj.)

‡**centre**[1] 〔'sɛntə 〕 n. 中心
(= *middle* = *center*【美式用法】)
New York is a *centre* of trade.

* **century**[2] 〔'sɛntʃərɪ 〕 n. 世紀
We live in the twenty-first *century*.

【記憶技巧】 *cent* (hundred) + *ury* (n.)
(一百年就是一「世紀」)

* **ceremony**[5] 〔'sɛrə,monɪ 〕 n. 典禮；
禮節；客套
A funeral is a solemn *ceremony*.

【比較】 har*mony* (和諧)
testi*mony* (證詞；口供)

‡**certain**[1] 〔'sɝtn̩ 〕 adj. 確定的 (= *sure*)
I am not *certain* whether he will
come today.

【典型考題】
The teacher didn't teach the next
formula until he made ＿＿＿＿
everyone understood this one.
A. awake   B. believe
C. certain   D. rush   [C]

certificate[5] 〔 sə'tɪfəkɪt 〕 n. 證書
(= *document*)；證明書
She holds a *certificate* that says she
worked here as a typist from 1960
to 1968.

【典型考題】
Nowadays people have to pass various
tests for professional ＿＿＿＿ so that
they can be qualified for a well-paid
job.
A. mechanics   B. perseverance
C. certificates   D. designs   [C]

* **chain**[3] 〔 tʃen 〕 n. 連鎖店；鏈子
(= *tether* 〔'tɛðə 〕)
Terry put the dog on a *chain* in the
backyard.

【衍伸詞】 *chain store* (連鎖店)

‡chair[1] 〔tʃɛr〕 *n.* 椅子

chairman[5] 〔'tʃɛrmən〕 *n.* 主席
(= *chairperson*) (*pl.* chairmen)
He was *chairman* of the meeting.
【記憶技巧】 *chair* + *man*

chairwoman[5] 〔'tʃɛr͵wumən〕 *n.*
女主席 (*pl.* chairwomen)

‡chalk[2] 〔tʃɔk〕 *n.* 粉筆
My teacher is writing with a piece of
chalk.
【注意】chalk 中的 l 不發音，而粉筆的
量詞為 piece，例如 two pieces of
chalk (兩支粉筆)。

***challenge**[3] 〔'tʃælɪndʒ〕 *n.* 挑戰
(= *test*)
【典型考題】
In this ever-changing world, we
must be prepared to face all kinds
of _____.
A. agency   B. challenges
C. wilderness   D. grades   [B]

challenging[3] 〔'tʃælɪndʒɪŋ〕 *adj.*
有挑戰性的
It's a *challenging* and rewarding job.

***champion**[3] 〔'tʃæmpɪən〕 *n.* 冠軍
(= *winner*)
【比較】championship (冠軍資格)

‡chance[1] 〔tʃæns〕 *n.* 機會
(= *opportunity*)
At the party every child has a *chance*
to win a prize.

‡change[2] 〔tʃendʒ〕 *v.* 改變 (= *alter*)
n. 零錢

I will not *change* my mind.

***changeable**[3] 〔'tʃendʒəbḷ〕 *adj.*
可改變的 (= *variable*)；善變的

‡channel[3] 〔'tʃænḷ〕 *n.* 頻道；海峽
(= *strait*)
What's on *Channel* 55 tonight?
【衍伸詞】 *the English Channel*
(英吉利海峽)

chant[5] 〔tʃænt〕 *v.* 吟唱 (= *sing*)；
反覆地說 *n.* 一再重複的話；聖歌

chaos[6] 〔'keas〕 *n.* 混亂 (= *disorder*)

chapter[3] 〔'tʃæptɚ〕 *n.* 章
(= *section*)
The book consists of ten *chapters.*

‡character[2] 〔'kærɪktɚ〕 *n.* 性格
(= *personality*)
She has a changeable *character.*

***characteristic**[4] 〔͵kærɪktə'rɪstɪk〕
n. 特性 (= *feature*)
adj. 特有的；獨特的

‡charge[2] 〔tʃɑrdʒ〕 *v.* 收費 (= *bill*)；
控告 (= *accuse*)   *n.* 費用；控告
He *charged* me five dollars for a cup
of coffee.
【常考片語】 *charge sb. with* (控告某人～)
【典型考題】
This hotel is quite reasonable. It
_____ only NT$ 800 for a single
room per night.
A. charges   B. changes
C. chooses   D. charts   [A]

chart 41 **chocolate**

‡**chart**[1] 〔 tʃɑrt 〕 *n.* 圖表 (= *diagram*)
The result is shown on *chart* 2.

***chat**[3] 〔 tʃæt 〕 *v.,n.* 聊天 (= *talk*)

‡**cheap**[2] 〔 tʃip 〕 *adj.* 便宜的
【反義詞】 expensive (昂貴的)

‡**cheat**[2] 〔 tʃit 〕 *v.* 欺騙 (= *deceive*);
作弊 *n.* 騙子;詐欺者
Kim was *cheated* by the stranger.

‡**check**[1] 〔 tʃɛk 〕 *v.* 檢查 (= *examine*)
n. 支票 (= *cheque*)
Please *check* the door before going
to bed.
I wrote my son a *check* for $10,000.

***cheek**[3] 〔 tʃik 〕 *n.* 臉頰

‡**cheer**[3] 〔 tʃɪr 〕 *v.* 使振作 (= *hearten*);
使高興;使感到安慰;歡呼
n. 喝采;歡呼
Going to a KTV after the exam will
cheer me up.
【片語】 *cheer sb. up* (使某人振作精神)

***cheerful**[3] 〔 'tʃɪrfəl 〕 *adj.* 愉快的
(= *pleasant*)

cheers[3] 〔 tʃɪrz 〕 *int.* 乾杯
Cheers! Bottoms up! Down the
hatch!

‡**cheese**[3] 〔 tʃiz 〕 *n.* 起司
I'm fond of French *cheese*.

chef[5] 〔 ʃɛf 〕 *n.* 主廚;廚師

***chemical**[2] 〔 'kɛmɪkl̩ 〕 *n.* 化學物質
(= *compound*) *adj.* 化學的

Joe decided to be a *chemical* engineer.
【衍伸詞】 *agricultural chemicals*
(農藥)

chemist[5] 〔 'kɛmɪst 〕 *n.* 化學家

***chemistry**[4] 〔 'kɛmɪstrɪ 〕 *n.* 化學
【比較】 physics (物理學)

‡**cheque**[1] 〔 tʃɛk 〕 *n.* 支票
(= *check*【美式用法】)

‡**chess**[2] 〔 tʃɛs 〕 *n.* 西洋棋
My younger brother loves playing
chess.

***chest**[3] 〔 tʃɛst 〕 *n.* 胸部 (= *breast*)

***chew**[3] 〔 tʃu 〕 *v.* 嚼 (= *munch*)
【衍伸詞】 *chewing gum* (口香糖)

‡**chicken**[1] 〔 'tʃɪkən 〕 *n.* 雞;雞肉
I like to eat fried *chicken*.

***chief**[1] 〔 tʃif 〕 *adj.* 主要的 (= *main*)
n. 首長 (= *head*);酋長

‡**child**[1] 〔 tʃaɪld 〕 *n.* 小孩
【注意】 複數是 children。

‡**childhood**[3] 〔 'tʃaɪld,hʊd 〕 *n.* 童年
Her early *childhood* had been very
happy.
【記憶技巧】 *child* (兒童) + *hood* (表
示「時期」)

‡**chocolate**[2] 〔 'tʃɔkəlɪt 〕 *n.* 巧克力
adj. 巧克力的
My sister made a *chocolate* cake
yesterday.

‡ **choice**[2] 〔 tʃɔɪs 〕 *n.* 選擇（= *selection*）
Be careful in your *choice* of friends.

choir[5] 〔 kwaɪr 〕 *n.* 唱詩班；（教堂內）唱詩班的席位；（學校的）合唱團
【注意發音】

* **choke**[3] 〔 tʃok 〕 *v.* 使窒息；噎住
（= *suffocate*） *n.* 窒息
Don't let the baby put a marble in his mouth; he might *choke* on it.

‡ **choose**[2] 〔 tʃuz 〕 *v.* 選擇（= *select*）
Sally has to *choose* the dress she likes best.
【注意】三態變化：choose–chose–chosen

‡ **chopsticks**[2] 〔 'tʃɑpˌstɪks 〕 *n. pl.* 筷子
Most Asians eat with *chopsticks*.

* **chorus**[4] 〔 'korəs 〕 *n.* 合唱團

Christian 〔 'krɪstʃən 〕 *n.* 基督徒
【衍伸詞】 Christianity（基督教）

‡ **Christmas**[1] 〔 'krɪsməs 〕 *n.* 聖誕節
（= *Xmas*）

‡ **church**[1] 〔 tʃɝtʃ 〕 *n.* 教堂
（= *chapel* 〔 'tʃæpl̩ 〕）
People go to *church* to pray.

cigar[4] 〔 sɪ'gɑr 〕 *n.* 雪茄

* **cigarette**[3] 〔 'sɪgəˌrɛt 〕 *n.* 香煙
【比較】tobacco（煙草）

* **cinema**[4] 〔 'sɪnəmə 〕 *n.* 電影
（= *movie*）；電影院

‡ **circle**[2] 〔 'sɝkl̩ 〕 *n.* 圓圈（= *ring*）
v. 在…上空盤旋；繞著…畫圈
Peter drew a *circle* in my book.

circuit[5] 〔 'sɝkɪt 〕 *n.* 電路
All of the electrical wiring in this room is on the same *circuit*.
【記憶技巧】 *circu*（around）+ *it*（go）
（以環繞方式運行的「電路」）

* **circulate**[4] 〔 'sɝkjəˌlet 〕 *v.* 循環
（= *flow*）
【記憶技巧】 *circul*（circle）+ *ate*（*v.*）
（表示「循環」的形狀就像是一個圓圈）

* **circumstance**[4] 〔 'sɝkəmˌstæns 〕
n. 情況（= *condition* = *situation*）
【記憶技巧】 *circum*（around）+ *stan*（stand）+ *ce*（*n.*）（關於某事或某人周圍的「情況」）
【常考片語】 *under no circumstances*
（在任何情況下都不；絕不）

* **circus**[3] 〔 'sɝkəs 〕 *n.* 馬戲團；
（古羅馬的）圓形競技場

* **citizen**[2] 〔 'sɪtəzn̩ 〕 *n.* 公民（= *civilian*）
Many Chinese in the United States have become American *citizens*.
【記憶技巧】 *citiz*（城市）+ *en*（人）
【衍伸詞】 *senior citizen*（老人）

‡ **city**[1] 〔 'sɪtɪ 〕 *n.* 城市（= *town*）

civil[3] 〔 'sɪvl̩ 〕 *adj.* 公民的（= *civic*）；平民的；（非軍用而是）民用的

civilian[4] 〔 sə'vɪljən 〕 *n.* 平民；老百姓；非軍警人員

* **civilization**[4] 〔͵sɪvḷaɪˈzeʃən 〕 *n.* 文明
  (= *culture*)

‡ **clap**[2] 〔klæp 〕 *v.* 鼓掌 (= *applaud*)
  Alice *clapped* when the music ended.

* **clarify**[4] 〔ˈklærəͺfaɪ 〕 *v.* 清楚地說明
  (= *explain*)
  Not understanding what Jim meant by
  systematic problems, I asked him to
  clarify.

‡ **class**[1] 〔klæs 〕 *n.* 班級；(班級的)
  上課 (時間)；等級
  There are thirty students in our *class*.

* **classic**[2] 〔ˈklæsɪk 〕 *adj.* 第一流的
  (= *first-class*)；經典的；古典的
  Pride and Prejudice is a *classic* work.

* **classify**[4] 〔ˈklæsəͺfaɪ 〕 *v.* 分類
  (= *categorize*)
  【記憶技巧】 *class* (等級) + *ify* (*v.*)
  【衍伸詞】 *classified ads* (分類廣告)

classmate[1] 〔ˈklæsͺmet 〕 *n.* 同班同學
  Jack and I have been *classmates* for
  two years.

classroom[1] 〔ˈklæsͺrum 〕 *n.* 教室
  What are you doing in the *classroom*?

* **claw**[2] 〔klɔ 〕 *n.* 爪
  【記憶技巧】 c + law (法律) = claw
  ┌─【典型考題】────────
  │ Koalas are cute. But you have to
  │ watch out for their _____ when
  │ you hold them.
  │ A. claws   B. dumplings
  │ C. duties   D. cereals   **[A]**
  └──────────────────

* **clay**[2] 〔kle 〕 *n.* 黏土
  【記憶技巧】 c + lay (下蛋；放置) = clay

‡ **clean**[1] 〔klin 〕 *adj.* 乾淨的
  (= *hygienic*)   *v.* 打掃；清理
  The air is not *clean* in big cities.
  【反義詞】 dirty (髒的)

cleaner[2] 〔ˈklinɚ 〕 *n.* 清潔工；乾洗店

‡ **clear**[1] 〔klɪr 〕 *adj.* 清楚的；清澈的
  The sea is so *clear* that I can see the
  fish.

‡ **clerk**[2] 〔klɝk 〕 *n.* 店員；職員
  My mother works as a *clerk* in the
  shop.
  ┌─【典型考題】────────
  │ I like to go shopping in that store
  │ because the _____ there are very
  │ polite and nice.
  │ A. clerks   B. doctors
  │ C. fans   D. passengers   **[A]**
  └──────────────────

* **clever**[2] 〔ˈklɛvɚ 〕 *adj.* 聰明的
  (= *smart* = *intelligent*)
  He seems to have a lot of *clever* ideas.

* **click**[3] 〔klɪk 〕 *v.* 使喀嗒作響 (= *clack*)
  【記憶技巧】 c + lick (舔) = click

‡ **climate**[2] 〔ˈklaɪmɪt 〕 *n.* 氣候
  She doesn't like to live in a hot
  climate.
  【比較】 weather (天氣)

‡ **climb**[1] 〔klaɪm 〕 *v.* 爬；攀登
  (= *mount*)
  We will *climb* Mt. Jade this summer.

C

* **clinic**[3] 〔'klɪnɪk 〕 *n.* 診所

　　【記憶技巧】 *clin* (bed) + *ic*

　　（提供病床的地方，就是「診所」）

‡ **clock**[1] 〔 klɑk 〕 *n.* 時鐘

　　I'm going to buy a new *clock* this weekend.

　　clone[6] 〔 klon 〕 *v.* 複製　*n.* 複製的生物

‡ **close**[1] 〔 kloz 〕 *v.* 關上 (= *shut*)

　　〔 klos 〕 *adj.* 接近的 (= *near*)

　　adv. 接近地；專注地

　　Close the door, please.

* **cloth**[2] 〔 klɔθ 〕 *n.* 布 (= *fabric*)

‡ **clothes**[2] 〔 kloz 〕 *n. pl.* 衣服

　　We need cloth to make *clothes*.

* **clothing**[2] 〔'kloðɪŋ 〕 *n.* 衣服【集合名詞】

‡ **cloud**[1] 〔 klaʊd 〕 *n.* 雲

　　The top of Mt. Ali was covered with *clouds*.

‡ **cloudy**[2] 〔'klaʊdɪ 〕 *adj.* 多雲的

　　Today is a *cloudy* day.

‡ **club**[2] 〔 klʌb 〕 *n.* 俱樂部；社團

　　Jessica belongs to the drama *club*.

* **clumsy**[4] 〔'klʌmzɪ 〕 *adj.* 笨拙的

　　(= *awkward* 〔'ɔkwəd 〕)

　　It was so *clumsy* of me to knock that vase over.

　　┌─【典型考題】─────────┐
　　Johnny is a ＿＿＿ boy. He often spills the milk at breakfast and makes a mess.
　　A. rodent　　　B. pessimistic
　　C. majestic　　D. clumsy　　　[D]
　　└──────────────────┘

‡ **coach**[2] 〔 kotʃ 〕 *n.* 教練

　　Ted is my swimming *coach*.

* **coal**[2] 〔 kol 〕 *n.* 煤

　　【比較】 charcoal (木炭)

‡ **coast**[1] 〔 kost 〕 *n.* 海岸 (= *shore*)

　　They live on the *coast*.

‡ **coat**[1] 〔 kot 〕 *n.* 外套；大衣 (= *jacket*)

　　v. 覆蓋；塗在…上面

　　cocoa[7] 〔'kɑko , 'kokə 〕 *n.* 可可粉；熱可可 (飲料)

‡ **coffee**[1] 〔'kɔfɪ 〕 *n.* 咖啡

* **coin**[2] 〔 kɔɪn 〕 *n.* 硬幣 (= *metal money*)

　　coincidence[6] 〔 ko'ɪnsədəns 〕 *n.* 巧合 (= *happenstance*)

　　I hadn't planned to meet Rachel, but by *coincidence* we went to the café at the same time.

　　【重要知識】偶然看到了朋友，可說："What a coincidence!" (真巧！)

‡ **coke**[1] 〔 kok 〕 *n.* 可樂 (= *cola*)

‡ **cold**[1] 〔 kold 〕 *adj.* 寒冷的 (= *chilly*)

　　n. 冷空氣；感冒

　　We had a *cold* winter.

* **collar**[3] 〔'kɑlə 〕 *n.* 衣領 (= *neckband*)

　　The house owner seized the thief by the *collar*.

　　【比較】 sleeve (袖子)

colleague[5] 〔'kɑlig 〕 n. 同事
【注意發音】(= co-worker)
【記憶技巧】 *col* (together) + *league*
(bind)

┌─【典型考題】─────
Tom and I have been _____ for
years. I enjoy working with him.
A. colleagues　　B. hampers
C. competitors　　D. barrels　　[A]
└──────────────

collect[2] 〔 kə'lɛkt 〕 v. 收集 (= gather)
Why do you *collect* dolls?

collection[3] 〔 kə'lɛkʃən 〕 n. 收集；
收藏品

┌─【典型考題】─────
This museum is famous for its
_____ of modern paintings.
A. construction　B. reduction
C. affection　　　D. collection　　[D]
└──────────────

college[3] 〔'kɑlɪdʒ 〕 n. 大學
(= university)；學院
What do you plan to do after *college*?

collision[6] 〔 kə'lɪʒən 〕 n. 相撞
(= crash)
Both cars were damaged in the
collision at the intersection.

colour[1] 〔'kʌlə 〕 n. 顏色 (= color
【美式用法】)　　v. 將…上顏色

comb[2] 〔 kom 〕 n. 梳子　v. 梳
We use a *comb* to make our hair tidy.
【注意】comb 字尾的 b 不發音。

combine[3] 〔 kəm'baɪn 〕 v. 結合
(= associate)
【記憶技巧】 *com* (together) + *bine*
(two) (把兩件事放在一起，也就是「結合」)

come[1] 〔 kʌm 〕 v. 來 (= arrive)
【注意】三態變化：come–came–come

comedy[4] 〔'kɑmədɪ 〕 n. 喜劇
【反義詞】 tragedy (悲劇)

comfort[3] 〔'kʌmfət 〕 n. 舒適 (= ease)
【記憶技巧】 *com* (wholly) + *fort*
(strong) (全身強壯，就不會感到不舒服)

comfortable[2] 〔'kʌmfətəbḷ 〕 adj.
舒適的；舒服的 (= at ease)
This chair doesn't look *comfortable*.

┌─【典型考題】─────
In summer it is _____ to stay in
my parents' room because it is
air-conditioned.
A. comfortable　　B. gentle
C. impossible　　　D. serious　　[A]
└──────────────

command[3] 〔 kə'mænd 〕 v. 命令
(= order)；俯瞰 (= overlook)
n. 精通 (= proficiency)
The captain *commanded* his men to
start at once.
【片語】have a good command of (精通)

comment[4] 〔'kɑmɛnt 〕 n. 評論
(= remark)
He made no *comment* on the topic.
【記憶技巧】 *com* (thoroughly) + *ment*
(mind) (徹底表達出心中的想法，即是
一種「評論」)
【衍伸詞】 *No comment*. (不予置評。)

┌─【典型考題】─────
Since I do not fully understand your
proposal, I am not in a position to
make any _____ on it.
A. difference　　B. solution
C. demand　　　D. comment　　[D]
└──────────────

C

C

* **commercial**[3] 〔kə'mɝʃəl〕 *adj.* 商業的
n. (電視、廣播的) 商業廣告
【比較】報紙、雜誌的「平面廣告」，則是
advertisement。

【典型考題】
Most businessmen are more interested
in the _____ success of their
products than their educational value.
A. cultural   B. commercial
C. classical   D. criminal   [B]

* **commit**[4] 〔kə'mɪt〕 *v.* 委託；致力於；
犯 (罪) (= *perpetrate* 〔'pɝpə,tret〕)
The burglar promised that he would
not *commit* any more crimes.
【常考片語】*commit suicide* (自殺)

commitment[6] 〔kə'mɪtmənt〕 *n.*
承諾 (= *promise*)；責任；義務；
專心致力

* **committee**[3] 〔kə'mɪtɪ〕 *n.* 委員會
(= *commission*)
【記憶技巧】*commit* (委託) + *t* + *ee* (被
～的人) (受委託的人，就是「委員會」)

** **common**[1] 〔'kɑmən〕 *adj.* 常見的
(= *usual*)；共同的
Smith is a very *common* last name
in England.
【反義詞】rare (罕見的)
【常考片語】*in common* (共同的)

* **communicate**[3] 〔kə'mjunə,ket〕 *v.*
溝通；聯繫 (= *contact*)

* **communication**[4]
〔kə,mjunə'keʃən〕 *n.* 溝通；通訊
(= *contact*)

【典型考題】
With e-mail and telephones, _____
has become easier, and the world is
getting smaller.
A. experience   B. communication
C. difference   D. software   [B]

communism[5] 〔'kɑmju,nɪzəm〕 *n.*
共產主義 (= *a branch of socialism*)
【記憶技巧】*commun* (common) +
ism (表示「主義」的名詞字尾)

communist[5] 〔'kɑmju,nɪst〕 *n.*
共產主義者   *adj.* 共產主義的

* **companion**[4] 〔kəm'pænjən〕 *n.*
同伴；朋友 (= *partner*)
【記憶技巧】*com* (together) + *pan*
(bread) + *ion* (*n.*) (貧困的時候，願意
把麵包拿出來分享的人，就是「同伴」)
【注意】company 作「同伴」解時，為不
可數名詞；而 companion 則是可數名詞。

【典型考題】
A man is known by his _____, so
we should be careful in choosing
friends.
A. companies   B. competitors
C. proponents   D. companions   [D]

** **company**[2] 〔'kʌmpənɪ〕 *n.* 公司
(= *firm* = *corporation*
= *enterprise*)；同伴；朋友
Tony has worked for this *company*
for 18 years.

** **compare**[2] 〔kəm'pɛr〕 *v.* 比較
(= *contrast*)；比喻
He *compared* my painting with his.
Some people *compared* books to
friends.

compass[5] 〔'kʌmpəs 〕 n. 羅盤；
指南針

【記憶技巧】 *com* (thoroughly) + *pass*
(pass) (「指南針」讓人可以到處行走而
不會迷失方向)

compensate[6] 〔'kampən,set 〕 v.
補償 (= *recompense*)；賠償；彌補

【記憶技巧】 *com* (together) + *pens*
(weigh) + *ate* (v.) (兩個東西一起衡量，
彌補不足的那個，即「補償」)

【常考片語】 *compensate for* (彌補；
補償)(= *make up for*)

┌─【典型考題】─────────
│ After the Whitney's house burned
│ down, they were _____ by their
│ insurance company.
│ A. billed   B. compensated
│ C. raised   D. responded   [B]
└────────────────────

* **compete**[3] 〔kəm'pit 〕 v. 競爭
(= *contend*)

【記憶技巧】 *com* (together) + *pete*
(strive) (一起爭鬥，即「競爭」)

competence[6] 〔'kampətəns 〕 n.
能力 (= *ability*)

* **competition**[4] 〔,kampə'tɪʃən 〕 n.
競爭 (= *contest*)

【衍伸詞】 *keen competition* (激烈的
競爭)

┌─【典型考題】─────────
│ At the Olympic Games, our
│ representatives are in _____ with
│ the best athletes from all over the
│ world.
│ A. competent   B. competition
│ C. compliment   D. competence   [B]
└────────────────────

** **complete**[2] 〔kəm'plit 〕 adj. 完整的；
完成的   v. 完成

His work is *complete*.

【記憶技巧】 *com* (with) + *plete* (fill)
(將有空缺的東西填滿後，就會變「完整」)

* **complex**[3] 〔kəm'plɛks , 'kamplɛks 〕
adj. 複雜的 (= *complicated*)
n. 綜合大樓；情結

【衍伸詞】 *Oedipus complex* (戀母情結)

component[6] 〔kəm'ponənt 〕 n.
成分 (= *element*)；零件

* **composition**[4] 〔,kampə'zɪʃən 〕 n.
作文 (= *writing*)；(音樂、美術等)
作品；構造

comprehension[5] 〔,kamprɪ'hɛnʃən 〕
n. 理解力 (= *understanding*)

【衍伸詞】 *reading comprehension test*
(閱讀測驗)

compromise[5] 〔'kamprə,maɪz 〕 v.
安協 (= *make concessions*)

We *compromised* with the company
on the matter of price.

【記憶技巧】 背這個字要先背 promise
(承諾)。

compulsory[7] 〔kəm'pʌlsərɪ 〕 adj.
強制性的；義務的

School uniforms are no longer
compulsory in many British shcools.

*** **computer**[2] 〔kəm'pjutɚ 〕 n. 電腦

Computers are necessary for
everyone.

* **concentrate**[4] 〔'kɑnsn̩ˌtret 〕 v. 專心；
集中 (= *focus*)

I asked the children to be quiet so
that I could *concentrate* on my book.

【記憶技巧】 *con* (together) + *centr*
(center) + *ate* (v.) (把全部思緒一起
放到中心，也就是「專心」)

【常考片語】 *concentrate on* (專心於)

┌─【典型考題】──────────┐
Frank always thinks about too many
things, so he cannot _____ in class.
A. concentrate   B. imagine
C. preview   D. remember   [A]
└────────────────┘

* **concept**[4] 〔'kɑnsɛpt 〕 n. 觀念
(= *conception*)

┌─【典型考題】──────────┐
It is difficult for children to understand
abstract _____; therefore, teachers
use concrete examples to explain.
A. aspects   B. appetites
C. concepts   D. paces   [C]
└────────────────┘

* **concern**[3] 〔kən'sɜn 〕 n. 關心
(= *care*)；關心的事   v. 與…有關；
使擔心

He shows no *concern* for his children.
The story *concerns* an evil magician.

【片語】 *main concern* (最關心的事)

* **concert**[3] 〔'kɑnsɜt 〕 n. 音樂會；
演唱會

Are you going to attend this *concert*?

* **conclude**[3] 〔kən'klud 〕 v. 下結論
(= *decide*)；結束 (= *bring to an end*)

The speaker *concluded* his remarks by
thanking the audience for listening.

【記憶技巧】 *con* (together) + *clude*
(shut) (做關上的動作，表示「結束」)

┌─【典型考題】──────────┐
When Rita came out of the classroom,
she was smiling, so I _____ that
she had done well on the test.
A. concluded   B. pretended
C. described   D. intended   [A]
└────────────────┘

* **conclusion**[3] 〔kən'kluʒən 〕 n. 結論
【片語】 *in conclusion* (總之)

* **concrete**[4] 〔kɑn'krit , 'kɑnkrit 〕 adj.
具體的 (= *substantial*)   n. 混凝土

There being no *concrete* proof that the
man was guilty, the judge let him go.

【反義詞】 abstract (抽象的)

condemn[5] 〔kən'dɛm 〕 v. 譴責
(= *blame* = *denounce*)

Most people would *condemn* violence
of any sort.

【記憶技巧】 *con* (加強語氣的字首) +
demn (harm)

* **condition**[3] 〔kən'dɪʃən 〕 n. 情況
(= *state*)；健康狀況；條件【可數】

Although the car is five years old,
it is still in very good *condition*.

conduct[5] 〔kən'dʌkt 〕 v. 進行；做
(= *carry out*)

The police and several volunteers
conducted a search for the missing
children.

【記憶技巧】 *con* + *duct* (lead)

* **conductor**[4] 〔kən'dʌktɚ 〕 n. 指揮
(= *music director*)；導體

* **conference**[4] (ˈkɑnfərəns) n. 會議
(= *meeting*)

【典型考題】
Many experts from all over the world will be invited to attend this year's _____ on drug control.
A. reference   B. intention
C. conference   D. interaction   [C]

* **confident**[3] (ˈkɑnfədənt) adj.
有信心的 (= *assured*)
He was *confident* that he would win.
【記憶技巧】 *con* (fully) + *fid* (trust) + *ent* (adj.) (完全信任的，表示「有信心的」)

confidential[6] (ˌkɑnfəˈdɛnʃəl) adj.
機密的 (= *classified*)
【衍伸詞】 *confidential papers* (機密文件)

* **confirm**[2] (kənˈfɝm) v. 確認；證實
(= *prove*)
This *confirms* my suspicions.

* **conflict**[2] (ˈkɑnflɪkt) n. 衝突；
爭端；矛盾
They have a *conflict* in what they believe.
【記憶技巧】 *con* (together) + *flict* (strike) (彼此毆打，也就是有「衝突」)

【典型考題】
_____ between good friends should be resolved, not ignored.
A. Compliments   B. Communication
C. Conflicts   D. Connections   [C]

* **confuse**[3] (kənˈfjuz) v. 使困惑
(= *puzzle* = *baffle* = *bewilder*)
The new rules *confused* the drivers.

【記憶技巧】 *con* (together) + *fuse* (pour) (太多事情同時注入，會覺得困惑)

* **congratulate**[4] (kənˈgrætʃə,let) v.
祝賀 (= *compliment*)
【記憶技巧】 *con* (together) + *gratul* (please) + *ate* (v.) (大家一起讓對方感到高興，此時會表達「祝賀」)

* **congratulation**[2]
(kən,grætʃəˈleʃən) n. 祝賀；
(pl.) 恭喜 (= *compliment*)
Please accept my *congratulations* on your recovery.

* **connect**[3] (kəˈnɛkt) v. 連接 (= *link*)
This railway *connects* London and Edinburgh.
【記憶技巧】 *con* (together) + *nect* (bind) (連結在一起，即「連接」)
【反義詞】 disconnect (切斷；分開)

* **connection**[3] (kəˈnɛkʃən) n. 關聯
(= *link*)
【片語】 *in connection with* (關於)

【典型考題】
He has made a good plan in _____ with marketing strategies.
A. ambition   B. connection
C. possession   D. instruction   [B]

* **conscience**[4] (ˈkɑnʃəns) n. 良心
【注意發音】(= *moral sense*)
The thief eventually returned the man's wallet because his *conscience* was bothering him.
【記憶技巧】背這個字，只要背 con + science (科學)。

C

consensus[6] 〔kən'sɛnsəs〕*n.* 共識

After much discussion, we reached a *consensus*.

【記憶技巧】*con* (all) + *sens* (sense) + *us* (*n.*) (大家有同樣感覺，就是有「共識」)

* **consequence**[4] 〔'kɑnsə,kwɛns〕*n.* 後果 (= *result*)

One *consequence* of losing the game was that we were eliminated from the competition.

【記憶技巧】*con* (with) + *sequ* (follow) + *ence* (*n.*)

【比較】背這個字要和 sequence (連續) 一起背。

conservation[6] 〔,kɑnsə'veʃən〕*n.* 節省 (= *saving*)；保護 (= *preservation*)

The forest rangers are responsible for the *conservation* of the forest.

* **conservative**[4] 〔kən'sɝvətɪv〕*adj.* 保守的 (= *traditional* = *conventional*)

【記憶技巧】*con* (together) + *serv* (keep) + *ative* (*adj.*) (把事情放在心裡不說出來，顯示這個人是很「保守的」)

* **consider**[2] 〔kən'sɪdə〕*v.* 認為 (= *think*)；考慮 (= *think about*)

Please *consider* my offer.

【常考片語】*consider* A (*to be*) B (認為 A 是 B)

* **considerate**[5] 〔kən'sɪdərɪt〕*adj.* 體貼的 (= *thoughtful*)

She is *considerate* to everyone around her.

* **consideration**[3] 〔kən,sɪdə'reʃən〕*n.* 考慮 (= *deliberation*)

【片語】*take…into consideration* (考慮到…)

* **consist**[4] 〔kən'sɪst〕*v.* 由…組成 < *of* > (= *comprise*)；在於 < *in* >

The house *consists* of two bedrooms and one bathroom.

【常考片語】*consist of* (由…組成) (= *be made up of* = *be composed of*)

* **consistent**[4] 〔kən'sɪstənt〕*adj.* 一致的 (= *compatible*)；前後連貫的 (= *coherent*)

【片語】*be consistent with* (和…一致)

【典型考題】

I'm afraid we can't take your word, for the evidence we've collected so far is not _____ with what you said.
A. familiar   B. durable
C. consistent   D. sympathetic   [C]

* **constant**[3] 〔'kɑnstənt〕*adj.* 不斷的 (= *continuous*)；持續的；忠誠的

【典型考題】

Women's fashions are _____ changing. One season they favour pantsuits, but the next season they may prefer miniskirts.
A. lately   B. shortly
C. relatively   D. constantly   [D]

* **constitution**[4] 〔,kɑnstə'tjuʃən〕*n.* 憲法 (= *fundamental law*)；構成；構造

* **construct**[4] 〔 kən'strʌkt 〕 v. 建造
（ = *build* ）；建築；建設

【記憶技巧】 *con* (together) + *struct*
(build)

【比較】 in<u>struct</u>（教導）；ob<u>struct</u>（阻礙）

* **construction**[4] 〔 kən'strʌkʃən 〕 n.
建設（ = *building* ）

* **consult**[4] 〔 kən'sʌlt 〕 v. 請教
（ = *confer* ）；查閱

【片語】 *consult a dictionary*（查字典）

【典型考題】
Mei-ling has a very close relationship
with her parents. She always _____
them before she makes important
decisions.
A. impresses　　B. advises
C. consults　　　D. motivates　　[C]

* **consultant**[4] 〔 kən'sʌltənt 〕 n. 顧問
（ = *adviser* ）

【記憶技巧】 *con* (together) + *sult* (sit)
+ *ant*（人）（坐在一起提供意見的人，就
是「顧問」）

【典型考題】
After years of hard work, Mandy
finally became the first female
_____ on the staff of City Hospital.
A. visitor　　　B. humanist
C. consultant　　D. follower　　[C]

* **consume**[4] 〔 kən'sum , -'sjum 〕 v.
消耗（ = *use up* ）；吃（喝）（ = *take in* ）

【記憶技巧】 *con* (wholly) + *sume*
(take)（完全取用耗盡，也就是「消耗」）

* **contain**[2] 〔 kən'ten 〕 v. 包含
（ = *hold* = *include* ）

Beer *contains* alcohol.

【記憶技巧】 *con* (with) + *tain* (hold)

【典型考題】
Each of these bottles _____ 1,000 ml
of mineral water, and sells for NT$50.
A. attains　　　B. remains
C. sustains　　　D. contains　　[D]

* **container**[4] 〔 kən'tenɚ 〕 n. 容器
（ = *holder* ）；貨櫃

contemporary[5] 〔 kən'tɛmpə,rɛrɪ 〕
adj. 當代的（ = *latest* ）；同時代的

My brother enjoys *contemporary*
music and is not at all interested in
classical music.

【記憶技巧】 *con* (together) + *tempor*
(time) + *ary* (adj.)（擁有共同的時光，
表示「同時代的」）

【比較】 temporary（暫時的）

* **content**[4] 〔'kɑntɛnt 〕 n. 內容；
(pl.) 目錄
〔 kən'tɛnt 〕 adj. 滿足的（ = *satisfied* ）

【片語】 *the table of contents*（目錄）

【典型考題】
When I open a book, I look first at the
table of _____ to get a general idea
of the book and to see which chapters
I might be interested in reading.
A. contracts　　B. contents
C. contests　　　D. containers　　[B]

* **continent**[3] 〔'kɑntənənt 〕 n. 洲；大陸

* **continue**[1] 〔 kən'tɪnju 〕 v. 繼續
（ = *go on* ）

He *continued* to write the novel.

【記憶技巧】 *con* (with) + *tinue* (hold)
（保持某個動作，表示「繼續」）

contradict[6]〔͵kɑntrə'dɪkt〕*v.*
與…矛盾（= *negate*〔nɪ'get〕）

【記憶技巧】*contra* (against) + *dict*
(speak)（說出相反的話，表示產生矛盾）

contradictory[6]〔͵kɑntrə'dɪktərɪ〕
adj. 矛盾的

We are faced with two apparently
contradictory statements.

* **contrary**[4]〔'kɑntrɛrɪ〕*adj.* 相反的
（= *opposed*）　*n.* 正相反
（= *opposite*）

Contrary to what many people
believe, cats do become quite
attached to their owners.

【常考片語】*contrary to*（與…相反）
　　　　　on the contrary（相反地）

【典型考題】

＿＿＿ to what you think, our TV
program has been enjoyed by a large
audience.
A. Intensive　　B. Contrary
C. Fortunate　　D. Objective　　[B]

* **contribute**[4]〔kən'trɪbjʊt〕*v.* 貢獻；
捐獻（= *give*）

【片語】*contribute to*（對…有貢獻；
　　有助於）

【比較】attribute（歸因於）
　　　　distribute（分配；分發）

* **contribution**[4]〔͵kɑntrə'bjuʃən〕*n.*
貢獻；捐贈（= *donation*）

‡ **control**[2]〔kən'trol〕*v.*, *n.* 控制
（= *rule*）

This plane was *controlled* by the
computer system.

【常考片語】*keep…under control*
（控制住…）

controversial[6]〔͵kɑntrə'vɝʃəl〕*adj.*
引起爭論的；有爭議的
（= *debatable*）

【記憶技巧】*contro* (against) + *vers*
(turn) + *ial* (*adj.*)（轉向相反的立場，
就會「引起爭論」）

【典型考題】

It is a highly ＿＿＿ plan to flood
the valley in order to build a
hydroelectric dam.
A. conventional　B. controversial
C. contagious　　D. converse　　[B]

* **convenience**[4]〔kən'vinjəns〕*n.*
方便

【片語】*at one's convenience*（在某人
　　方便的時候）

【典型考題】

It is urgent, so please call me back at
your earliest ＿＿＿.
A. custom　　　B. development
C. convenience　D. trust　　[C]

‡‡‡ **convenient**[2]〔kən'vinjənt〕*adj.*
方便的（= *handy*）

Is Friday *convenient* for you?

【衍伸詞】convenience（方便）

* **conventional**[4]〔kən'vɛnʃənḷ〕*adj.*
傳統的（= *traditional*）

【典型考題】

I think more people will like this
＿＿＿ design than the innovative one.
A. conventional　B. considerable
C. revolutionary　D. removable　　[A]

‡conversation[2] 〔͵kɑnvə'seʃən 〕 *n.*
對話（ = *talk* ）

Mark and Mike are having a
conversation over the telephone.

【典型考題】

The woman likes to show off and
criticize people. She really should
learn more about the art of _____.
A. interest   B. conversation
C. stranger   D. country   [**B**]

*convey[4] 〔 kən've 〕 *v.* 傳達
（ = *communicate* ）；運輸；傳遞；
搬運；運送

No words can *convey* my feelings.

【記憶技巧】*con* (together) + *vey* (way)

*convince[4] 〔 kən'vɪns 〕 *v.* 使相信
（ = *persuade* ）

【記憶技巧】*con* (thoroughly) + *vince*
(conquer)（完全征服對方，使對方相信）

【常考片語】*convince sb. of sth.*
（使某人相信某事）

‡cook[1] 〔 kʊk 〕 *v.* 做菜   *n.* 廚師

*cooker[2] 〔'kʊkɚ 〕 *n.* 烹調器具

‡cookie[1] 〔'kʊkɪ 〕 *n.* （甜的）餅乾

‡cool[1] 〔 kul 〕 *adj.* 涼爽的；很酷的

Please keep the medicine in a *cool*
and dry place.

‡copy[2] 〔'kɑpɪ 〕 *v.* 影印；抄寫；
模仿；複製（ = *reproduce* ）
n. 影本（ = *print* ）；複製品
（ = *reproduction* ）

Copy down the questions in your
notebook.

‡corn[1] 〔 kɔrn 〕 *n.* 玉米
（ = *maize* 〔 mez 〕）

【衍伸詞】cornflakes（玉米薄片）

‡corner[2] 〔'kɔrnɚ 〕 *n.* 角落；轉角

The post office is right on the *corner*.

corporation[5] 〔͵kɔrpə'reʃən 〕 *n.*
公司

【記憶技巧】*corpor* (body) + *ation* (*n.*)

‡correct[1] 〔 kə'rɛkt 〕 *adj.* 正確的
（ = *right* ）

All the answers are *correct*.

【記憶技巧】*cor* (wholly) + *rect* (right)

correction[1] 〔 kə'rɛkʃən 〕 *n.* 修正；
更正

I've made a few small *corrections*
to your essay.

*correspond[4] 〔͵kɔrə'spand 〕 *v.* 通信
（ = *write* ）；符合（ = *match* ）

Matt and Denise *corresponded*
regularly after leaving school.

【記憶技巧】*cor* (together) + *respond*
(answer)（相互回信，即「通信」）

【片語】*correspond with*（和…通信）
       correspond to（符合）

corrupt[5] 〔 kə'rʌpt 〕 *adj.* 貪污的
（ = *dishonest* ）；腐敗的（ = *vicious* ）
v. 使墮落；（以賄賂）收買

The *corrupt* official was found guilty
of stealing money from the state.

【記憶技巧】*cor* (together) + *rupt*
(break)（大家一起破壞，就是「貪
污的」）

C

‡**cost**[1] 〔kɔst〕 *n.* 費用（=*price*）
v. 花費；值…（=*be priced at*）
How much will it *cost* to repair this
car?

*****cosy**[5] 〔'kozɪ〕 *adj.* 溫暖而舒適的
（=*cozy*【美式用法】）

*****cottage**[4] 〔'katɪdʒ〕 *n.* 農舍（=*cabin*）

‡**cotton**[2] 〔'katn̩〕 *n.* 棉 *adj.* 棉製的
This cloth is made from *cotton*.

‡**cough**[2] 〔kɔf〕 *n.,v.* 咳嗽
The child has a bad *cough*.
【衍伸詞】*cough syrup*（止咳糖漿）

‡**count**[1] 〔kaʊnt〕 *v.* 數（=*add up*）；
重要（=*matter*）
My little sister can *count* from one
to ten.
It is quality, not quantity that *counts*.

*****counter**[4] 〔'kaʊntɚ〕 *n.* 櫃台
【衍伸詞】*over the counter*（買藥時不用
醫生處方籤）

‡**country**[1] 〔'kʌntrɪ〕 *n.* 國家
（=*nation*）；鄉下
I would like to live in the *country*.

*****countryside**[2] 〔'kʌntrɪˌsaɪd〕 *n.* 鄉間
（=*rural areas*）
The Japanese *countryside* looks its
best in October.

*****couple**[2] 〔'kʌpl̩〕 *n.* 一對男女（=*pair*）；
夫婦（=*husband and wife*）
We saw many young *couples* walking
in the park.

*****courage**[2] 〔'kɝɪdʒ〕 *n.* 勇氣
（=*bravery*）
He is a man of *courage*.

‡**course**[1] 〔kors〕 *n.* 課程（=*classes*）
She took a *course* in French literature.

‡**court**[2] 〔kort〕 *n.* 法院；（網球）球場
（=*field*）；天井；宮廷；庭院
（=*courtyard*）
Our school has a tennis *court*.

courtyard[5] 〔'kortˌjard〕 *n.* 庭院；
天井（=*yard*=*court*）

‡**cousin**[2] 〔'kʌzn̩〕 *n.* 表（堂）兄弟姊妹
I have six *cousins* on my mother's side.

‡**cover**[1] 〔'kʌvɚ〕 *v.* 覆蓋（=*mask*）；
涵蓋 *n.* 蓋子
The car is *covered* with snow.

‡**cow**[1] 〔kaʊ〕 *n.* 母牛
You can see *cows* on the farm.
【比較】bull（公牛）

*****crash**[3] 〔kræʃ〕 *v.,n.* 墜毀；撞毀
（=*smash*） *n.* 汽車相撞聲
Bobby *crashed* his car, but he was
unhurt.
【衍伸詞】*air crash*（空難）

*****crayon**[2] 〔'kreən〕 *n.* 蠟筆

‡**crazy**[2] 〔'krezɪ〕 *adj.* 瘋狂的（=*mad*）
She went *crazy* with fear.

‡**cream**[2] 〔krim〕 *n.* 奶油
Do you take *cream* in your coffee?

create[2] 〔krɪ'et〕 v. 創造（=*make*）

He *created* wonderful characters in his novels.

【記憶技巧】 *cre* (make) + *ate* (v.)

creature[3] 〔'kritʃɚ〕 n. 生物（=*living thing*）；動物（=*animal*）

credit[3] 〔'krɛdɪt〕 n. 信用（=*trust*）

【衍伸詞】 *credit card*（信用卡）

crew[3] 〔kru〕 n.（船、飛機的）全體工作人員

The sailboat has a *crew* of seven.

crime[2] 〔kraɪm〕 n. 罪（=*offense*）

He committed a serious *crime*.

criminal[3] 〔'krɪmənḷ〕 n. 罪犯（=*lawbreaker*）

criterion[6] 〔kraɪ'tɪrɪən〕 n. 標準（=*standard*）；基準

Appearance is only one *criterion* on which beauty contestants are judged.

【注意】 複數為 criteria。

crop[2] 〔krɑp〕 n. 農作物

cross[2] 〔krɔs〕 v. 越過（=*go across*）n. 十字架

We *crossed* a lake in a boat.

【衍伸詞】 *the Red Cross*（紅十字會）

crossing[5] 〔'krɔsɪŋ〕 n. 穿越處（=*path*）

【衍伸詞】 *zebra crossing*（斑馬線）

crossroads[7] 〔'krɔs,rodz〕 n. 十字路口；轉折點；重大的抉擇時刻

He was at a *crossroads* in his career.

crowd[2] 〔kraʊd〕 n. 群眾（=*group*）；人群（=*people*） v. 群集；蜂擁；使擠滿

There are *crowds* of people at the market.

【衍伸詞】 crowded（擁擠的）

cruel[2] 〔'kruəl〕 adj. 殘忍的（=*brutal*）

Don't be *cruel* to animals.

cry[1] 〔kraɪ〕 v. 哭 n. 叫聲；哭聲

The little babies always *cry*.

cube[4] 〔kjub〕 n. 立方體

【比較】 tube（管子）

cubic[7] 〔'kjubɪk〕 adj. 立方的

【比較】 square（平方的）

cuisine[5] 〔kwɪ'zin〕 n. 菜餚（=*food*）；烹飪（法）【注意發音】

【衍伸詞】 *French cuisine*（法國菜）

【重要知識】 來自法文，所以發音很特別。

culture[2] 〔'kʌltʃɚ〕 n. 文化

Every nation has its own *culture*.

【典型考題】
It is difficult for a Westerner to understand and appreciate Chinese ___.
A. situation B. comet
C. telescope D. culture [D]

cup[1] 〔kʌp〕 n. 杯子

I broke my *cup* yesterday.

cupboard[3] 〔'kʌbɚd〕 n. 碗櫥

【注意發音】

‡cure[2] 〔kjur〕 *v.* 治療（= *heal*）
   n. 治療法（= *remedy*）
This medicine will *cure* your cold.

‡curious[2] 〔'kjurɪəs〕 *adj.* 好奇的
   （= *interested*）
She is too *curious* about other
people's business.

currency[5] 〔'kɝənsɪ〕 *n.* 貨幣
   （= *money*）
【衍伸詞】 *foreign currency*（外幣）

curriculum[5] 〔kə'rɪkjələm〕 *n.*
課程（= *program*）
【記憶技巧】 這個字很長，不好背，所以要
   分音節來背，cur-ri-cu-lum。
【衍伸詞】 curricular（課程的）
           extracurricular（課外的）

‡curtain[2] 〔'kɝtṇ〕 *n.* 窗簾

＊cushion[4] 〔'kuʃən〕 *n.* 墊子（= *pad*）

‡custom[2] 〔'kʌstəm〕 *n.* 習俗
   （= *practice*）
It's a *custom* for Japanese to bow
when they meet their acquaintances.

【典型考題】
There are different _____ in different
countries. That is why the proverb
goes, "Do in Rome as the Romans do."
A. wonders   B. tourists
C. strangers   D. customs   **[D]**

‡customer[2] 〔'kʌstəmɚ〕 *n.* 顧客
   （= *guest*）
The store has a lot of *customers*.

customs[5] 〔'kʌstəmz〕 *n.* 海關

【典型考題】
When the visitors got to _____, the
officials checked their baggage.
A. elevator   B. heaven
C. sidewalk   D. customs   **[D]**

‡cut[1] 〔kʌt〕 *v.* 切；割 *n.* 切；割；
傷口；割傷
She *cut* her finger with a knife.
【注意】 三態變化：cut–cut–cut

＊cycle[3] 〔'saɪkḷ〕 *n.* 循環 *v.* 騎腳踏車
【記憶技巧】 *cycle*（circle）

cyclist[3] 〔'saɪkḷɪst〕 *n.* 騎腳踏車的人

D d

‡dad[1] 〔dæd〕 *n.* 爸爸（= *daddy*）
Dad told me a strange story.

＊daily[2] 〔'delɪ〕 *adj.* 每天的 *adv.* 每天
   n. 日報
I am paid on a *daily* basis.
【片語】 *on a daily basis*（每天）

＊dam[3] 〔dæm〕 *n.* 水壩

‡damage[2] 〔'dæmɪdʒ〕 *v.*, *n.* 損害
   （= *harm*）
When a road is *damaged*, someone
must do the necessary repairs.

＊damp[4] 〔dæmp〕 *adj.* 潮濕的（= *wet*）
   n. 濕氣；水氣
Sheila wiped the counter with a
damp cloth.

‡dance[1] 〔dæns〕 v. 跳舞   n. 舞蹈

We can *dance* at the party tomorrow.

‡danger[1] 〔'dendʒɚ〕 n. 危險 (= *risk*)

A jungle is full of *danger*.

【反義詞】 security (安全)

‡dangerous[2] 〔'dendʒərəs〕 adj. 危險的 (= *risky*)

┌─ 【典型考題】 ──────────
It is ───── to go out on a typhoon
day. The sky is dark and the wind
is strong.
A. careful   B. fashionable
C. dangerous   D. convenient   [C]
└────────────────────

*dare[3] 〔dɛr〕 v. 敢 (= *have the courage*)   aux. 敢

I have never *dared* to speak to him.
They *dared* not look me in the face.

‡dark[1] 〔dɑrk〕 adj. 黑暗的   n. 黑暗

The house is very *dark* at night.

darkness[1] 〔'dɑrknɪs〕 n. 黑暗

Sarah peered into the *darkness*, trying
to see who was crying.

*dash[3] 〔dæʃ〕 v. 猛衝 (= *rush*)
n. 破折號 (—)

He *dashed* to get the last train.

*data[2] 〔'detə〕 n. pl. 資料

Thank you for giving me the *data*.

【注意】 單數為 datum 〔'detəm〕。

database[7] 〔'detə,bes〕 n. 資料庫

【背誦技巧】 data + base (基地)。

‡date[1] 〔det〕 n. 日期；約會
v. (從…) 開始；約會

What is your *date* of birth?

【片語】 *date back* (追溯)

‡daughter[1] 〔'dɔtɚ〕 n. 女兒

Lucy is the only *daughter* of the
family.

*dawn[2] 〔dɔn〕 n. 黎明

We set out at *dawn*.

‡day[1] 〔de〕 n. 天

What *day* is today?

‡dead[1] 〔dɛd〕 adj. 死的

His father has been *dead* for nearly
ten years.

【反義詞】 alive (活的)

*deadline[4] 〔'dɛd,laɪn〕 n. 最後期限
(= *time limit*)

Setting *deadlines* is the best way to
do things efficiently.

‡deaf[2] 〔dɛf〕 adj. 聾的

He is unable to hear you because
he is *deaf*.

【記憶技巧】 仔細看 deaf 這個字，中間是
ea(r) (耳朵)，所以是「聾的」。

【比較】 blind (瞎的)；dumb (啞的)

‡deal[1] 〔dil〕 n. 交易；協議   v. 處理

We think there was a *deal* between
the CIA and the FBI.
I'm busy, and there are still a lot of
things that I have to *deal* with.

【常考片語】 *deal with* (應付；處理)

‡**dear**[1] 〔 dɪr 〕 *adj.* 親愛的

Alice is my *dear* friend.

***death**[1] 〔 dɛθ 〕 *n.* 死亡

Her *death* was a shock to him.

***debate**[2] 〔 dɪ'bet 〕 *v.,n.* 辯論

We are *debating* which was best.

【記憶技巧】*de* (down) + *bate* (beat)

（「辯論」就是要打倒對方）

***debt**[2] 〔 dɛt 〕 *n.* 債務

If they paid me their *debts*, I should be quite well off.

【注意】字中的 b 不發音。

***decade**[3] 〔 'dɛked 〕 *n.* 十年

Over the last *decade*, writer-director David Mamet has made many great films.

【記憶技巧】*deca* (ten) + *de* (n.)

‡**decide**[1] 〔 dɪ'saɪd 〕 *v.* 決定

(= *make up one's mind*)

Just as I got down to work, my friends *decided* to visit me.

【記憶技巧】*de* (off) + *cide* (cut)

（從一堆想法中把自己想要的部分割開並拿走，表示「決定」）

***decision**[2] 〔 dɪ'sɪʒən 〕 *n.* 決定

(= *conclusion*)

【片語】*make a decision* (做決定)

***declare**[4] 〔 dɪ'klɛr 〕 *v.* 宣佈

(= *announce*)

Carl was *declared* the winner of the boxing match.

【記憶技巧】*de* (fully) + *clare* (clear)

（ 向大家表示得十分清楚，也就是「宣佈」）

┌─【典型考題】──────────
│ The Olympic chairperson ————
│ the Games open.
│ A. declared　　B. departed
│ C. discovered　D. deserved　　[A]
└────────────────────

decline[6] 〔 dɪ'klaɪn 〕 *v.* 拒絕

(= *refuse*)；衰退 (= *worsen*)

Mary *declined* Tim's offer to give her a ride home.

【記憶技巧】*de* (down) + *cline* (bend)

（「拒絕」別人的請求時，會彎下身子向對方說對不起）

***decorate**[2] 〔 'dɛkə,ret 〕 *v.* 裝飾

(= *adorn*)

The hotel room was *decorated* with flowers.

【記憶技巧】*decor* (ornament) + *ate* (v.)

┌─【典型考題】──────────
│ Mr. Lin usually ———— his restaurant
│ with lights and flowers before the
│ New Year.
│ A. celebrates　　B. decorates
│ C. examines　　　D. notices　　[B]
└────────────────────

***decoration**[4] 〔 ,dɛkə'reʃən 〕 *n.* 裝飾

(= *adornment*)

***decrease**[4] 〔 dɪ'kris 〕 *v.* 減少 (= *cut*)

We should *decrease* the amount of our trash.

【反義詞】increase (增加)

***deed**[3] 〔 did 〕 *n.* 行為 (= *action*)；功績

The bystander who stopped the thief was praised for his brave *deed*.

D

* **deep**[1]〔dip〕*adj.* 深的   *adv.* 深深地

The ocean is very *deep*.

【反義詞】shallow（淺的）

* **deer**[1]〔dɪr〕*n.* 鹿【單複數同形】

A *deer* is an animal with horns.

* **defeat**[4]〔dɪˈfit〕*v.* 打敗（＝*beat*）

He *defeated* his opponents in this election.

【記憶技巧】*de* (away) + *feat*（功績）

（把別人的功績拿走，就是「打敗」）

* **defence**[4]〔dɪˈfɛns〕*n.* 防禦

（＝*protection*＝*defense*【美式用法】）

【反義詞】offence（攻擊）

【衍伸詞】*national defence*（國防）

┌【典型考題】─────────

│ Every country needs strong national
│ _____ against enemy invasions.
│ A. defence   B. balance
│ C. analysis   D. response   [A]
└────────────────────

* **defend**[4]〔dɪˈfɛnd〕*v.* 保衛（＝*protect*）

The forest ranger carries a rifle to *defend* himself against bears.

【記憶技巧】*de* (away) + *fend* (strike)

（把敵人打跑，就是「保衛」自己）

** **degree**[2]〔dɪˈgri〕*n.* 程度；度

To what *degree* are you interested in fishing?

【片語】*to ～ degree*（到～程度）

（＝*to ～ extent*）

* **delay**[2]〔dɪˈle〕*v.* 延遲（＝*put off*）；

耽誤（＝*hold up*）   *n.* 延遲；拖延

What *delayed* you so long yesterday?

【記憶技巧】*de* (away) + *lay* (leave)

（離開到較遠的地方，就會「延遲」）

delete[7]〔dɪˈlit〕*v.* 刪除

Several names had been *deleted* from the list.

deliberately[6]〔dɪˈlɪbərɪtlɪ〕*adv.*

故意地（＝*on purpose*）

【記憶技巧】可分音節背，de-li-be-rate-ly。

【比較】deliberate（故意的）

【反義詞】unintentionally（非故意地）

* **delicate**[4]〔ˈdɛləkət, -kɪt〕*adj.* 細緻的

（＝*refined*）

What a *delicate* piece of embroidery!

** **delicious**[2]〔dɪˈlɪʃəs〕*adj.* 美味的

（＝*tasty*）

What a *delicious* dinner we enjoyed tonight!

【記憶技巧】*de* (intensive) + *lic*

（entice 引誘）+ *ious* (*adj.*)

（食物有著強烈的誘惑，表示「美味的」）

* **delight**[4]〔dɪˈlaɪt〕*n.* 高興（＝*joy*）

Tina smiled in *delight* when she saw her boyfriend approach.

┌【典型考題】─────────

│ The children were so _____ to see
│ the clown appear on stage that they
│ laughed, screamed, and clapped their
│ hands happily.
│ A. admirable   B. fearful
│ C. delighted   D. intense   [C]
└────────────────────

delighted[4]〔dɪˈlaɪtɪd〕*adj.* 高興的

（＝*pleased*）

The old man seemed *deilghted* to have company.

D

‡**deliver**[2]〔dɪˈlɪvɚ〕 v. 遞送（= bring）

The postman *delivers* letters to our home every day.

【記憶技巧】背這個字要順便背 liver（肝臟）。

***demand**[4]〔dɪˈmænd〕 v. 要求
（= ask for）

The irate customers *demanded* to speak to the store manager.

【記憶技巧】 *de* (completely) + *mand* (order)（完全以下令的方式，就是「要求」）

【比較】command（命令）

‡‡**dentist**[2]〔ˈdɛntɪst〕 n. 牙醫

Dentists take care of people's teeth and treat diseases of the mouth.

‡**department**[2]〔dɪˈpɑrtmənt〕 n. 部門
（= dept. = section）；系（= division）

Eddie teaches in the literature *department*.

【衍伸詞】 *department store*（百貨公司）

***departure**[4]〔dɪˈpɑrtʃɚ〕 n. 離開
（= leaving）；出發

【典型考題】
The airport was closed because of the snowstorm, and our _____ for Paris had to be delayed until the following day.
A. movement　　B. registration
C. tendency　　D. departure　　[D]

‡**depend**[2]〔dɪˈpɛnd〕 v. 依賴；依靠
（= rely）

You cannot *depend* on your parents forever.

【記憶技巧】 *de* (down) + *pend* (hang)（懸掛東西需要「依賴」支撐物）

【常考】 *depend on*（依賴；視…而定）

***deposit**[3]〔dɪˈpɑzɪt〕 n. 存款
n. 存款；訂金；押金；保證金

We had better make a bank *deposit* before we write any more checks.

【記憶技巧】 *de* (down) + *posit* (put)（將錢放置在銀行，這筆錢就是「存款」）

***depth**[2]〔dɛpθ〕 n. 深度（= deepness）；深厚；(pl.) 深處

‡**describe**[2]〔dɪˈskraɪb〕 v. 描述
（= portray）

He was *described* as being very clever.

【記憶技巧】 *de* (fully) + *scribe* (write)（寫得很詳細，也就是「描述」）

***description**[3]〔dɪˈskrɪpʃən〕 n. 描述
（= portrayal）

‡**desert**[2]〔ˈdɛzɚt〕 n. 沙漠
〔dɪˈzɝt〕 v. 拋棄（= abandon）

There are many camels in the *desert*.
Ray *deserted* his wife and children.

【記憶技巧】 *de* (off) + *sert* (join)（脫離連結，就是「拋棄」）

【典型考題】
You can't _____ your dog in the park just because it is old and sick.
A. exercise　　B. encourage
C. divide　　　D. desert　　[D]

***deserve**[4]〔dɪˈzɝv〕 v. 應得

You've been working all morning— you *deserve* a rest.

【典型考題】
The landslide after the typhoon signals that environmental protection _____ our attention.
A. accuses　　B. stretches
C. obtains　　D. deserves　　[D]

design[2] 〔 dɪ'zaɪn 〕 v., n. 設計 (= *plan*)

Adam *designs* clothes for me.

【記憶技巧】 *de* (out) + *sign* (mark)

（把符號畫出來，就是「設計」）

desire[2] 〔 dɪ'zaɪr 〕 n. 渴望；慾望

v. 想要；希望

Paul has a *desire* to help people.

It leaves nothing to be *desired*.

【常考】 *leave nothing to be desired*

（令人滿意）；*leave much to be*

desired (缺點不少)

desk[1] 〔 dɛsk 〕 n. 書桌

My grandfather made this *desk* for

me.

desperate[4] 〔'dɛspərɪt 〕 adj. 絕望的

(= *hopeless*)；(因絕望) 不顧一切的

┌─【典型考題】─────────

│ Most of the refugees are _____

│ because life is very hard for them.

│ A. sarcastic   B. insured

│ C. decomposed   D. desperate   [D]

└──────────────────

dessert[2] 〔 dɪ'zɝt 〕 n. 甜點

"What do we have for *dessert*?"

"Ice cream."

【記憶技巧】 *des* (apart) + *sert* (serve)

（與主食分開端上的食物，就是「甜點」）

destination[5] 〔,dɛstə'neʃən 〕

n. 目的地

Can you tell me what the final

destination of this train is?

destroy[3] 〔 dɪ'strɔɪ 〕 v. 破壞 (= *ruin*)

The house was *destroyed* by fire.

【記憶技巧】 *de* (down) + *stroy* (build)

（使建築物倒下，也就是「破壞」）

detective[4] 〔 dɪ'tɛktɪv 〕 n. 偵探

determine[3] 〔 dɪ'tɝmɪn 〕 v. 決定

(= *decide*)；決心 (= *make up one's*

mind)

The judge will *determine* which

side is at fault.

【片語】 *be determined to V*. (決心…)

develop[2] 〔 dɪ'vɛləp 〕 v. 發展

(= *grow*)；研發

His company has *developed* a new

kind of battery.

【記憶技巧】 *de* (undo) + *velop* (wrap)

（解開束縛，才能「研發」出新東西）

┌─【典型考題】─────────

│ Modern technology has finally

│ succeeded in _____ a bomb that

│ destroys people but does no harm to

│ buildings.

│ A. rearing   B. raising

│ C. discovering   D. developing   [D]

└──────────────────

development[2] 〔 dɪ'vɛləpmənt 〕

n. 發展 (= *growth*)

devote[4] 〔 dɪ'vot 〕 v. 使致力於

(= *dedicate*)

The students are *devoted* to their

studies.

【記憶技巧】 *de* (from) + *vote* (vow)

（發誓要做某件事，就是「致力於」）

【常考片語】 *be devoted to* (致力於)

devotion[5] 〔 dɪ'voʃən 〕 n. 致力

(= *dedication*)；熱愛 (= *love*)

D

diagram[6] 〔'daɪə,græm 〕 *n.* 圖表
(= *drawing*);圖解;示意圖
【記憶技巧】*dia* (out) + *gram* (draw)
(把東西畫出來,就是用「圖表」來表達)

***dial**[2] 〔'daɪəl 〕 *v.* 撥 (號)
The first step in making a phone call
is *dialing* the number.

***dialogue**[3] 〔'daɪə,lɔg 〕 *n.* 對話
(= *conversation* = *dialog*【美式用法】)
The story contains an interesting
dialogue between the main
characters.
【記憶技巧】*dia* (between) + *logue*
(speak) (兩人之間的言語,就是「對話」)

***diamond**[2] 〔'daɪəmənd 〕 *n.* 鑽石
Diamonds are a girl's best friend.

***diary**[2] 〔'daɪərɪ 〕 *n.* 日記 (= *journal*)
I always write in my *diary* at night.
【比較】dairy 〔'dɛrɪ 〕*adj.* 乳製品的

dictation[6] 〔 dɪk'teʃən 〕 *n.* 聽寫

***dictionary**[2] 〔'dɪkʃən,ɛrɪ 〕 *n.* 字典
Cindy looks up every word in the
dictionary.

┌─【典型考題】────────┐
John is an active language learner.
He always takes a _____ with him.
A. story   B. determination
C. dictionary   D. sentence   [C]
└────────────────┘

***die**[1] 〔 daɪ 〕 *v.* 死 (= *pass away*)
My grandmother *died* in 1998.

***diet**[3] 〔'daɪət 〕 *n.* 飲食
He eats a well-balanced *diet*.

【片語】*go on a diet* (節食)

***differ**[4] 〔'dɪfə 〕 *v.* 不同
(= *be dissimilar*)
【記憶技巧】*dif* (apart) + *fer* (carry)

***difference**[2] 〔'dɪfərəns 〕 *n.* 不同
(= *dissimilarity*)
What is the *difference* between a
lemon and a lime?

┌─【典型考題】────────┐
There is a big _____ between
understanding a language and
speaking it.
A. business   B. prescription
C. difference   D. dessert   [C]
└────────────────┘

***different**[1] 〔'dɪfərənt 〕 *adj.* 不同的
(= *dissimilar*)

***difficult**[1] 〔'dɪfə,kʌlt 〕 *adj.* 困難的
(= *hard*)
English is not too *difficult* to learn.

***difficulty**[2] 〔'dɪfə,kʌltɪ 〕 *n.* 困難
(= *trouble*)
【片語】*have difficulty* (*in*) + *V-ing*
(很難…)

***dig**[1] 〔 dɪg 〕 *v.* 挖 (= *hollow out*)
The gardener has to *dig* a hole to
plant a tree.
【注意】三態變化:dig–dug–dug

┌─【典型考題】────────┐
Our dog always hides food in the
ground. She _____ it out when
she needs it.
A. digs   B. hands
C. knocks   D. packs   [A]
└────────────────┘

D

* **digest**[4] 〔 daɪˈdʒɛst 〕 v. 消化 (= *absorb*)

【記憶技巧】 *di* (apart) + *gest* (carry)
（吃下去的東西要分開，才能「消化」）

* **digital**[4] 〔ˈdɪdʒətḷ 〕 adj. 數位的

A *digital* thermometer will give you an accurate measure of the temperature.

* **dignity**[4] 〔ˈdɪgnətɪ 〕 n. 尊嚴 (= *pride*)

She maintained her *dignity* throughout the trial.

【記憶技巧】 *dign* (worthy) + *ity* (n.)
（「尊嚴」是有價值的東西）

【典型考題】
A man's ＿＿＿＿ depends not upon his wealth or rank but upon his character.
A. dignity　　　B. personal
C. intellect　　D. eloquence　　[A]

dilemma[6] 〔 dəˈlɛmə 〕 n. 困境

Henry is in a dreadful *dilemma*. He loves his wife, but he can't stand his wife's parents.

【記憶技巧】 *di* (double) + *lemma* (assumption)（在兩項假設之間，表示陷入「困境」）

dimension[6] 〔 dəˈmɛnʃən , daɪ- 〕
n. 尺寸 (= *size*)；(…度) 空間
(= *length*, *height or width*)

We need to know the *dimensions* of the windows so that we can buy curtains that are the right size.

【記憶技巧】 *di* (加重語氣的字首) + *mension* (measure)

【衍伸詞】 *three-dimensional space*
（三度空間）

※ **dinner**[1] 〔ˈdɪnɚ 〕 n. 晚餐

I would like to eat noodles for *dinner*.

* **dinosaur**[2] 〔ˈdaɪnəˌsɔr 〕 n. 恐龍

He is interested in *dinosaurs*.

【記憶技巧】 *dino* (terrible) + *saur* (lizard)（「恐龍」的形狀就像大型蜥蜴）

dioxide[7] 〔 daɪˈɑksaɪd 〕 n. 二氧化物

【衍伸詞】 *carbon dioxide* (二氧化碳)

* **dip**[3] 〔 dɪp 〕 v. 沾；浸 (= *immerse*)

The candy maker *dipped* the strawberries in chocolate.

* **diploma**[4] 〔 dɪˈplomə 〕 n. 畢業證書

The principal will hand you your *diplomas* as you cross the stage.

【記憶技巧】 *di* (double) + *ploma* (folded)

【典型考題】
Most young people in Taiwan are not satisfied with a high school ＿＿＿＿ and pursue further education in college.
A. maturity　　　B. diploma
C. foundation　　D. guarantee　　[B]

※ **direct**[1] 〔 dəˈrɛkt 〕 adj. 直接的
(= *straight*)　　v. 指導；指示

He is in *direct* contact with the mayor.

【反義詞】 indirect (間接的)

【典型考題】
Eyes are sensitive to light. Looking at the sun ＿＿＿＿ could damage our eyes.
A. hardly　　　B. specially
C. totally　　　D. directly　　[D]

‡ **direction**[2] 〔dəˈrɛkʃən〕 n. 方向
（= *way* ）

【片語】 *in all directions* （ 向四面八方 ）

【典型考題】

He has a very good sense of _____.
When he arrives in a new city, he
doesn't have to depend too much on
a map.
A. education   B. element
C. direction   D. department   [C]

* **director**[2] 〔dəˈrɛktə〕 n. 導演；主任

directory[6] 〔dəˈrɛktərɪ〕 n. 電話簿
（= *phone book* ）

You'll find his number in the
telephone *directory*.

‡‡ **dirty**[1] 〔ˈdɝtɪ〕 adj. 髒的 （= *filthy* ）

disability[6] 〔ˌdɪsəˈbɪlətɪ〕 n. 無能力
（= *incapacity* ）

disabled[6] 〔dɪsˈebḷd〕 adj. 殘障的

A motorcycling accident had left her
severely *disabled*.

【衍伸詞】 *the disabled* （ 殘障人士 ）

* **disadvantage**[4] 〔ˌdɪsədˈvæntɪdʒ〕
n. 缺點 （= *weakness* ）；不利的條件

Not having finished high school
turned out to be a great *disadvantage*
when he tried to find a job.

【記憶技巧】 *dis* (negative) +
advantage （ 負面的利益，就是「不利
的條件」）

【片語】 *to one's disadvantage* （ 對某
人不利 ）

* **disagree**[2] 〔ˌdɪsəˈgri〕 v. 不同意

We *disagree* on what the best place
to spend our vacation would be.

* **disagreement**[2] 〔ˌdɪsəˈgrimənt〕
n. 意見不合 （= *argument* ）

‡ **disappear**[2] 〔ˌdɪsəˈpɪr〕 v. 消失
（= *vanish* ）

The cat *disappeared* in the dark.

【反義詞】 appear （ 出現 ）

* **disappoint**[3] 〔ˌdɪsəˈpɔɪnt〕 v. 使失望
（= *let down* ）

The children expect presents at
Christmas and we can't *disappoint*
them.

【記憶技巧】 *dis* (undo) + *appoint* （ 沒
有達成指派的任務，就是「使失望」）

disappointed[3] 〔ˌdɪsəˈpɔɪntɪd〕 adj.
失望的

She was *disappointed* that he never
replied to her letter.

* **disaster**[4] 〔dɪzˈæstə〕 n. 災難
（= *catastrophe* ）

The bad harvest is a *disaster* for
this poor country.

【記憶技巧】 *dis* (away) + *aster* (star)
（ 這個字源自占星學，當星星不在正確的
位置上時，會造成「災難」）

【衍伸詞】 *natural disaster* （ 天災 ）

* **discount**[3] 〔ˈdɪskaʊnt〕 n. 折扣
（= *cut price* ）

To celebrate its 20th anniversary,
this department store is selling
everything at a *discount*.

【記憶技巧】 *dis* (away) + *count* （ 計算 ）
（ 要減掉計算出來的數字，就是「折扣」）

*__discourage__[4] 〔 dɪsˈkɝɪdʒ 〕 v. 使氣餒
(= *dishearten*)

Don't let the failure *discourage* you.

【記憶技巧】 *dis* (deprive of) +

     courage (剝奪勇氣，會「使人氣餒」)

【典型考題】────────

John's poor math score must have

────── him a lot because he is not

attending the class any more.

A. expelled   B. discouraged

C. impressed   D. finished   [B]

‡discover[1] 〔 dɪˈskʌvɚ 〕 v. 發現
(= *find out*)

In the last hundred years, we have
discovered how to use natural gas
for cooking and heating.

【記憶技巧】 *dis* (deprive of) + *cover*

     (遮蓋)(使失去掩蓋，也就是「發現」)

*__discovery__[3] 〔 dɪˈskʌvərɪ 〕 n. 發現
(= *finding*)

discrimination[6] 〔 dɪˌskrɪməˈneʃən 〕
n. 歧視 (= *bias*)

【典型考題】────────

The 70-year-old professor sued the

university for age ────── because

his teaching contract had not been

renewed.

A. possession   B. discrimination

C. commitment   D. employment   [B]

*__discuss__[2] 〔 dɪˈskʌs 〕 v. 討論
(= *talk about*)

Let's sit down to *discuss* this matter,
OK?

【記憶技巧】 *dis* (apart) + *cuss* (beat)

     (把事情攤開來說，就是「討論」)

*__discussion__[2] 〔 dɪˈskʌʃən 〕 n. 討論
(= *talk*)

*__disease__[3] 〔 dɪˈziz 〕 n. 疾病 (= *illness*
= *complaint* = *disorder* = *ailment*)

The mosquito is a common carrier of
disease.

【記憶技巧】 *dis* (apart) + *ease* (輕鬆)

     (感染「疾病」，就無法輕鬆)

disgusting[4] 〔 dɪsˈɡʌstɪŋ 〕 adj. 令人
作嘔的；很討厭的 (= *sickening*)

The smell of rotten meat is *disgusting*.

‡dish[1] 〔 dɪʃ 〕 n. 盤子 (= *plate*)；菜餚

Used *dishes* are put in the sink.

*__disk__[3] 〔 dɪsk 〕 n. 光碟 (= *disc*)

*__dislike__[3] 〔 dɪsˈlaɪk 〕 v. 不喜歡

Nick *dislikes* vegetables but loves
junk food.

【比較】 unlike (不像)

*__dismiss__[4] 〔 dɪsˈmɪs 〕 v. 解散 (= *free*)；
下 (課)；不予考慮；解雇

The teacher *dismissed* his class
when the bell rang.
Class *dismissed*.

【記憶技巧】 *dis* (away) + *miss* (send)

     (把學生送走，就是讓他們「下課」)

‡distance[2] 〔 ˈdɪstəns 〕 n. 距離
(= *space*)

When you make a long-*distance* call,
you have to dial the area code first.

【重要知識】 *at a distance* 是指「在稍遠
的地方」，而 *in the distance* 則指「在遠
方」。

D

‡**distant**[2] (ˈdɪstənt) *adj.* 遙遠的
(= *remote*)

The sun is *distant* from the earth.

【記憶技巧】*di* (apart) + *st* (stand) +
ant (*adj.*) (分開站著，即「遙遠的」)

***distinction**[5] (dɪˈstɪŋkʃən) *n.* 差別
(= *difference*)

***distinguish**[4] (dɪˈstɪŋgwɪʃ) *v.* 分辨
(= *differentiate*)；區分；看出

The twins were so much alike that
it was impossible to *distinguish*
one from the other.

【記憶技巧】*dis* (apart) + *tingu*
(prick) + *ish* (*v.*) (以戳穿的方式來
「分辨」)

┌─【典型考題】─────────┐
To avoid being misled by news
reports, we should learn to _____
between facts and opinions.
A. distinguish   B. complicate
C. reinforce   D. speculate   [A]
└────────────────────┘

***distribute**[4] (dɪˈstrɪbjut) *v.* 分配
(= *hand out*)；分發；配送；分佈

We will *distribute* the new product to
as many drugstores as possible.

【記憶技巧】*dis* (apart) + *tribute*
(give) (將東西分送給出去，表示
「分配」)

┌─【典型考題】─────────┐
The candidate found every way to
_____ her election materials to
the voters.
A. operate   B. recognize
C. distribute   D. cultivate   [C]
└────────────────────┘

***district**[4] (ˈdɪstrɪkt) *n.* 地區
(= *area*)；行政區

The schools in this *district* are among
the best in the country.

***disturb**[4] (dɪˈstɝb) *v.* 打擾
(= *bother*)

Sorry to *disturb* you, but I need to
ask you an important question.

┌─【典型考題】─────────┐
Mr. Smith won't tolerate talking
during class; he says it _____ others.
A. disturbs   B. deserves
C. destroys   D. dismisses   [A]
└────────────────────┘

disturbing[4] (dɪˈstɝbɪŋ) *adj.*
令人不安的

It is very *disturbing* that we haven't
heard from him.

***dive**[3] (daɪv) *v.* 潛水

Our swimming teacher says that we
will learn how to *dive* next week.

diverse[6] (dəˈvɝs , daɪ-) *adj.* 各種的
(= *various*)；多元的

The aquarium is filled with *diverse*
fish from all over the world.

【記憶技巧】*di* (apart) + *verse* (turn)

‡**divide**[2] (dəˈvaɪd) *v.* 劃分
(= *separate*)；分割

Mom *divided* the pizza into four
pieces for us to share.

【片語】*divide…into* ~ (把…分成~)

【記憶技巧】*di* (apart) + *vide*
(separate) (把東西分開，就是「分割」)

* **division**[2] 〔dəˈvɪʒən〕 n. 劃分
(= *separation*)；分配

【典型考題】

Kate shared the cake with her sisters, but her ＿＿＿＿ was not equal.

A. gratitude B. removal
C. division   D. contribution [C]

* **divorce**[4] 〔dəˈvɔrs〕 v., n. 離婚
The Petersons are said to be getting a *divorce*.

‡dizzy[2] 〔ˈdɪzɪ〕 adj. 頭暈的
When he got up, he felt *dizzy*.

‡do[1] 〔du〕 v. 做
I *do* my homework every day.
【注意】三態變化：do–did–done

‡doctor[1] 〔ˈdɑktɚ〕 n. 醫生 (= *Dr.*
= *doc* = *physician*)；博士
She went to see the *doctor* at two o'clock.

* **document**[5] 〔ˈdɑkjəmənt〕 n. 文件
My father is writing out a *document*.

‡dog[1] 〔dɔg〕 n. 狗
We keep two *dogs* at home.

‡doll[1] 〔dɑl〕 n. 洋娃娃
Most girls like to play with *dolls*.

【典型考題】

Victoria's little daughter has beautiful big eyes. Everyone says she is just like a pretty ＿＿＿.

A. ball   B. doll
C. pair   D. poster [B]

‡dollar[1] 〔ˈdɑlɚ〕 n. 元
One *dollar* is the same as 100 cents.

donate[6] 〔ˈdonet〕 v. 捐贈 (= *give*)
【衍伸詞】 *donate blood* (捐血)

‡door[1] 〔dɔr〕 n. 門
Please lock the *door* when you come in.

* **dormitory**[4,5] 〔ˈdɔrməˌtorɪ〕 n. 宿舍
(= *dorm*)
Students have a choice of living in the *dormitory* or finding an apartment off campus.
【記憶技巧】 *dormit* (sleep) + *ory* (place) (睡覺的地方，也就是「宿舍」)

‡dot[2] 〔dɑt〕 n. 點
Her skirt is green with red *dots*.
【片語】 *polka dot* (衣料的圓點花樣)

* **double**[2] 〔ˈdʌbl̩〕 adj. 兩倍的
n. 兩倍
His income is *double* what it was last year.
【記憶技巧】 *dou* (two) + *ble* (fold) (twofold 就是「兩倍的」)

* **doubt**[2] 〔daʊt〕 v., n. 懷疑；不相信
(= *distrust*)
I *doubt* that he will succeed.
【注意】字中的 b 不發音。
【常考】 *no doubt* (無疑地)

‡down[1] 〔daʊn〕 adv. 向下
prep. (從高處) 下來；沿著

* **download**[4] ('daʊn,lod) v., n. 下載

You can *download* this program from our website.

【記憶技巧】 *down* (向下) + *load* (carry)

【反義詞】 upload (上傳)

‡‡ **downstairs**[1] ('daʊn'stɛrz)

adv. 到樓下

He fell *downstairs* and broke his leg.

‡‡ **downtown**[2] ('daʊn'taʊn)

adv. 到市中心　*adj.* 市中心的

n. 商業區;鬧區

We went *downtown* to buy some new clothes.

‡‡ **dozen**[1] ('dʌzn̩) *n.* 一打

Karen has a *dozen* roses.

【記憶技巧】 *do* (two) + *zen* (ten)

‡‡ **Dr.**[2] ('daktɚ) *n.* 醫生;博士

(= *Doctor*)

* **draft**[4] (dræft) *n.* 草稿 (= *outline*);

匯票;徵兵　*v.* 草擬;徵召…入伍

* **drag**[2] (dræg) *v.* 拖 (= *pull*)

Not able to lift the suitcase, he *dragged* it down the hall.

‡‡ **draw**[1] (drɔ) *v.* 拉 (= *pull*);吸引

(= *attract*);畫 (= *make a picture*)

Amy is *drawing* a tree with a pencil.

【注意】 三態變化:draw–drew–drawn

【片語】 *draw one's attention to* (吸引某人注意)

drawback[6] ('drɔ,bæk) *n.* 缺點

(= *disadvantage*)

Many pure metals are too soft, rust too easily, or have some other *drawbacks*.

【記憶技巧】 *draw* (拉) + *back* (往後)

(把人往後拉,讓人退步的,就是「缺點」)

┌─【典型考題】────────

One _____ to living in Singapore is that it's always hot there.

A. advantage　　B. curiosity

C. fantasy　　　D. drawback　　 [D]

└────────────────

‡‡ **drawer**[2] (drɔr) *n.* 抽屜;製圖者

I put the book in the left-hand *drawer*.

‡‡ **dream**[1] (drim) *n.* 夢　*v.* 做夢

【注意】 三態變化:dream–dreamt–dreamt 或 dream–dreamed–dreamed

‡‡ **dress**[2] (drɛs) *n.* 衣服 (= *clothing*);

洋裝　*v.* 穿衣服

Linda ironed her *dress* before wearing it.

* **drill**[4] (drɪl) *n.* 鑽孔機 (= *borer*);

練習 (= *practice*);演習　*v.* 鑽孔

‡‡ **drink**[1] (drɪŋk) *v.* 喝;喝酒

I *drink* water when I am thirsty.

【注意】 三態變化:drink–drank–drunk

‡‡ **drive**[1] (draɪv) *v.* 開車;驅使 (= *force*)

She *drives* very cautiously.

【注意】 三態變化:drive–drove–driven

‡‡ **driver**[1] ('draɪvɚ) *n.* 駕駛人

‡‡ **drop**[2] (drap) *v.* 落下 (= *fall*)

n. 一滴

The book *dropped* from the desk to the floor.

*‡**drug**² 〔 drʌg 〕 *n.* 藥
Scientists are always developing
new *drugs* for a variety of diseases.

‡**drum**² 〔 drʌm 〕 *n.* 鼓

*‡**drunk**³ 〔 drʌŋk 〕 *adj.* 喝醉的
After four glasses of wine, he was
clearly *drunk*.
【衍伸詞】 drunk driving (酒醉駕車)

‡**dry**¹ 〔 draɪ 〕 *adj.* 乾的　 *v.* 使乾燥
When Joan arrived, her umbrella
was wet but her clothes were *dry*.
【反義詞】 wet (濕的)

‡**duck**¹ 〔 dʌk 〕 *n.* 鴨子
Alice is feeding the *ducks* in the pond.

*‡**due**³ 〔 dju 〕 *adj.* 到期的 (= *payable*)；
預定的；應得的；適當的
The gas bill is *due*, so you had better
pay it right away.
【衍伸詞】 *due reward* (應得的報酬)
【片語】 *due to* (由於)

*‡**dull**² 〔 dʌl 〕 *adj.* 笨的 (= *stupid*)；
遲鈍的 (= *insensitive*)
Jake thinks he is too *dull* to succeed
in math, but I think he just needs to
study harder.

‡**dumpling**² 〔'dʌmplɪŋ 〕 *n.* 水餃

‡**during**¹ 〔'djʊrɪŋ 〕 *prep.* 在…期間
Albert always sleeps *during* class.

dusk⁵ 〔 dʌsk 〕 *n.* 黃昏 (= *sunset*)

*‡**dust**³ 〔 dʌst 〕 *n.* 灰塵

dustbin⁷ 〔'dʌst,bɪn 〕 *n.* 垃圾桶
(= *garbage can*【美式用法】)

dusty⁴ 〔'dʌstɪ 〕 *adj.* 滿是灰塵的

*‡**duty**² 〔'djutɪ 〕 *n.* 責任；關稅
The *duty* of a student is to study.
【衍伸詞】 duty-free (免稅的)

*‡**DVD**⁴ *n.* 數位影音光碟
(= *digital versatile disk*)

*‡**dynamic**⁴ 〔 daɪ'næmɪk 〕 *adj.* 充滿活
力的 (= *energetic*)；不斷變化的；
動力的
We need an experienced and
dynamic man for this job.
【記憶技巧】 *dynam* (power) + *ic* (*adj.*)

*‡**dynasty**⁴ 〔'daɪnəstɪ 〕 *n.* 朝代；王朝
Under the Ming *dynasty* China had
a prosperous economy.

E e

‡**each**¹ 〔 itʃ 〕 *adj.* 每個　 *pron.* 各個；
各人
Each student in the class got a
present.

*‡**eager**³ 〔'igɚ 〕 *adj.* 渴望的
The birthday boy was so *eager* to
open his present that he even forgot
to say thank you.

D

‡**eagle**[1] 〔ˈigl̩〕 *n.* 老鷹

‡**ear**[1] 〔ɪr〕 *n.* 耳朵

‡**early**[1] 〔ˈɝlɪ〕 *adj.* 早的 *adv.* 早

‡**earn**[2] 〔ɝn〕 *v.* 賺 (= *be paid*)
How much do you *earn* a week?

‡**earth**[1] 〔ɝθ〕 *n.* 地球
We live on *earth*.

* **earthquake**[2] 〔ˈɝθˌkwek〕 *n.* 地震
In those island nations, *earthquakes* happen once in a while.

‡**east**[1] 〔ist〕 *n.* 東方 *adj.* 東方的 *adv.* 在東方；向東方

Easter 〔ˈistɚ〕 *n.* 復活節

* **eastern**[2] 〔ˈistɚn〕 *adj.* 東方的

‡**easy**[1] 〔ˈizɪ〕 *adj.* 容易的

‡**eat**[1] 〔it〕 *v.* 吃
【注意】三態變化：eat–ate–eaten

ecology[6] 〔ɪˈkɑlədʒɪ〕 *n.* 生態學；生態環境
【記憶技巧】*eco* (house) + *logy* (study)
（研究生活環境的學問，就是「生態學」）

* **edge**[1] 〔ɛdʒ〕 *n.* 邊緣 (= *brink*)；優勢 (= *advantage*)
The *edge* of the plate was broken.

* **edition**[3] 〔ɪˈdɪʃən〕 *n.* (發行物的) 版 (= *version*)
【衍伸詞】*limited edition* (限定版)

* **editor**[3] 〔ˈɛdɪtɚ〕 *n.* 編輯 (= *compiler*)
The *editor* made a few changes to the reporter's story.

* **educate**[3] 〔ˈɛdʒəˌket〕 *v.* 教育 (= *teach*)
Their son was *educated* in Switzerland and only recently returned home.
【記憶技巧】*e* (out) + *ducate* (lead)
（引導出才能，也就是「教育」）

‡**education**[2] 〔ˌɛdʒəˈkeʃən〕 *n.* 教育 (= *teaching*)

educator[2] 〔ˈɛdʒəˌketɚ〕 *n.* 教育家

* **effect**[2] 〔ɪˈfɛkt〕 *n.* 影響 (= *influence* = *impact*)
The accident had a direct *effect* on us.
【記憶技巧】*ef* (out) + *fect* (make)
（產生出來的結果，表示「影響」）
【片語】*have an effect on* (對…有影響)

* **effort**[2] 〔ˈɛfɚt〕 *n.* 努力
We can do nothing without *effort*.
【記憶技巧】*ef* (out) + *fort* (strong)
（使出力量，就是「努力」）
【典型考題】
Actually it takes everyone's _____ to reduce noise in the neighborhood.
A. effort B. improvement
C. information D. connection [A]

‡**egg**[1] 〔ɛg〕 *n.* 蛋

eggplant[7] 〔ˈɛgˌplænt〕 *n.* 茄子

‡ **either** [1] [ˈiðɚ] adv. …或～；也（不）
　adj. 兩者之一的
　I don't have *either* a cat or a dog.
　If you do not go, I shall not, *either*.
　【片語】*either* A *or* B（A或B）

‡ **elder** [2] [ˈɛldɚ] n. 年長的
　She is my *elder* sister.

‡ **elect** [2] [ɪˈlɛkt] v. 選舉
　We *elected* him as our mayor.
　【記憶技巧】*e*（out）+ *lect*（choose）
　　（選出想要的，就是「選舉」）

‡ **electric** [3] [ɪˈlɛktrɪk] adj. 電的
　The *electric* light went out.

* **electrical** [3] [ɪˈlɛktrɪkl̩] adj. 與電
　有關的

* **electricity** [3] [ˌɪlɛkˈtrɪsətɪ] n. 電
　（= *power*）
　The air-conditioner is run by
　electricity.

* **electronic** [3] [ˌɪlɛkˈtrɑnɪk]
　adj. 電子的

* **elegant** [4] [ˈɛləgənt] adj. 優雅的
　（= *graceful*）
　Her *elegant* manners impressed
　everyone at the party.

‡ **elephant** [1] [ˈɛləfənt] n. 大象
　Elephants are found in Asia and
　Africa.

‡ **else** [1] [ɛls] adv. 其他

‡ **e-mail** [4] [ˈiˌmel] n. 電子郵件
　（= *electronic mail*）
　v. 寄電子郵件給…

* **embarrass** [4] [ɪmˈbærəs] v. 使尷尬
　（= *abash*）
　Your question did *embarrass* me.
　I don't want to answer it.
　【記憶技巧】這個字很容易拼錯，最好分段
　　背：emb-arr-ass。

* **embassy** [4] [ˈɛmbəsɪ] n. 大使館
　There is tight security at most
　foreign *embassies*.
　【衍伸詞】<u>a</u>mbassador（大使）

* **emergency** [3] [ɪˈmɝdʒənsɪ] n. 緊急
　情況（= *crisis*）
　It is important to remain calm in an
　emergency.

* **emperor** [3] [ˈɛmpərɚ] n. 皇帝
　【比較】empress（皇后；女皇）

* **employ** [3] [ɪmˈplɔɪ] v. 雇用（= *hire*）
　The company *employs* 500 workers.

‡ **empty** [3] [ˈɛmptɪ] adj. 空的
　The box was *empty*.
　【反義詞】full（滿的）

* **encourage** [2] [ɪnˈkɝɪdʒ] v. 鼓勵
　（= *inspire*）
　Many people worry that the
　computerized Taiwan Lottery will
　encourage gambling.

* **encouragement** [2] [ɪnˈkɝɪdʒmənt]
　n. 鼓勵（= *inspiration*）

E

E

‡**end**[1] 〔 ɛnd 〕 *n., v.* 結束

***ending**[2] 〔'ɛndɪŋ 〕 *n.* 結局

endless[1] 〔'ɛndlɪs 〕 *adj.* 無窮盡的；
無止境的
The possibilities are *endless*.

‡**enemy**[2] 〔'ɛnəmɪ 〕 *n.* 敵人 (= *rival*)
He has many *enemies* in the
political world.
【記憶技巧】*en* (not) + *emy* (friend)
(不是朋友，也就是「敵人」)

‡**energetic**[3] 〔,ɛnə'dʒɛtɪk 〕 *adj.* 充滿
活力的 (= *active*)
He is young and *energetic*.

‡**energy**[2] 〔'ɛnədʒɪ 〕 *n.* 活力
(= *power*)
【記憶技巧】*en* (at) + *erg* (work) +
y (*n.*) (工作時，最需要的就是「活力」)

【典型考題】
Let's have some ice cream, so we
may have more _____ to do the
shopping.
A. cookies　　B. money
C. energy　　D. time　　[C]

***engine**[3] 〔'ɛndʒən 〕 *n.* 引擎
(= *motor*)
This car has a new *engine*.

‡**engineer**[3] 〔,ɛndʒə'nɪr 〕 *n.* 工程師
The car was designed by *engineers*.

‡**enjoy**[2] 〔 ɪn'dʒɔɪ 〕 *v.* 享受；喜歡
(= *take pleasure in*)
How did you *enjoy* your trip?

***enjoyable**[3] 〔 ɪn'dʒɔɪəbl 〕 *adj.* 令人
愉快的 (= *pleasant*)

***enlarge**[4] 〔 ɪn'lɑrdʒ 〕 *v.* 擴大；放大
She *enlarged* her restaurant.
【典型考題】
These two photographs are too small.
Let's have them _____.
A. increased　　B. formalized
C. enlarged　　D. enclosed　　[C]

‡‡**enough**[1] 〔 ɪ'nʌf , ə'nʌf 〕 *adj.* 足夠的
adv. 足夠地　*pron.* 足夠的量
Have you got *enough* money to pay
for this meal?

enquiry[6] 〔 ɪn'kwaɪərɪ 〕 *n.* 詢問
(= *inquiry*【美式用法】)
I made *enquires* at the desk.

‡‡**enter**[1] 〔'ɛntə 〕 *v.* 進入 (= *go into*)

enterprise[5] 〔'ɛntə,praɪz 〕 *n.* 企業
(= *company*)
His successful *enterprise* has netted
him millions of dollars a year.
【記憶技巧】*enter* (among) + *prise*
(take in hand)

***entertainment**[4] 〔,ɛntə'tenmənt 〕
n. 娛樂 (= *amusement*)
【典型考題】
Movies, sports, and reading are forms
of _____. They help us relax.
A. tournament　　B. entertainment
C. asset　　D. contest　　[B]

***enthusiastic**[5] 〔 ɪn,θjuzɪ'æstɪk 〕
adj. 熱心的 (= *earnest*)

* **entire**[2] 〔 ɪn'taɪr 〕 *adj.* 整個的
(= *whole*)

【典型考題】

She spent the _____ day shopping
with her friends.
A. entire   B. classic
C. central   D. broad   [A]

* **entrance**[2] 〔'ɛntrəns 〕 *n.* 入口
(= *way in*)；入學資格
(= *admission*)

We used the back *entrance* to the
building.

【反義詞】 exit (出口)

* **entry**[3] 〔'ɛntrɪ 〕 *n.* 進入 (= *entering*)

* **envelope**[2] 〔'ɛnvə,lop 〕 *n.* 信封

Nancy forgot to write the address on
the *envelope*.

【記憶技巧】 「信封」是把信件從頭到尾包
起來，所以是 e 開頭 e 結尾。

* **environment**[2] 〔 ɪn'vaɪrənmənt 〕
n. 環境 (= *surroundings*)

The *environment* here is good.

【記憶技巧】 *en* (in) + *viron* (circuit)
+ *ment* (*n.*) (環繞在周圍，也就是
「環境」)

* **envy**[3] 〔'ɛnvɪ 〕 *n.* 羨慕；嫉妒
(= *jealousy*)   *v.* 羨慕；嫉妒

* **equal**[1] 〔'ikwəl 〕 *adj.* 平等的
(= *fair*)；相等的 (= *the same*)
v. 等於

Men and women have *equal* rights.

【片語】 *be equal to* (和~相等)

* **equality**[4] 〔 ɪ'kwɑlətɪ 〕 *n.* 相等
(= *sameness*)；平等 (= *fairness*)

* **equip**[4] 〔 ɪ'kwɪp 〕 *v.* 裝備；使配備
(= *supply*)

A vehicle *equipped* for transporting
sick or injured people is an
ambulance.

* **equipment**[4] 〔 ɪ'kwɪpmənt 〕 *n.* 設備
(= *supplies*)

* **eraser**[2] 〔 ɪ'resɚ 〕 *n.* 橡皮擦

* **error**[2] 〔'ɛrɚ 〕 *n.* 錯誤 (= *mistake*)

There are too many *errors* in his
report.

【衍伸詞】 err 〔 ɛɚ 〕 *v.* 犯錯

【典型考題】

Be careful. One _____ in the data
you record will destroy all our efforts.
A. corner   B. error
C. clown   D. display   [B]

erupt[5] 〔 ɪ'rʌpt 〕 *v.* 爆發 (= *explode*)；
突然發生 (= *break out*)

【典型考題】

Last year in Italy, an active volcano
_____, sending a slow moving
river of hot lava through the town.
A. explored   B. exposed
C. erupted   D. distributed   [C]

* **escape**[3] 〔 ə'skep 〕 *v.* 逃走 (= *get
away*)   *n.* 逃脫

He *escaped* from jail by climbing
over a wall.

【記憶技巧】 *es* (out of) + *cape* (無袖的
短外套) (迅速脫掉外套，表示「逃走」)

E

‡ **especially** [2] 〔 ə'spɛʃəlɪ 〕 *adv.* 特別地

It's *especially* cold today.

【典型考題】

The teacher loved to teach young students, _____ those who were smart.
A. officially   B. especially
C. popularly   D. similarly   [B]

* **essay** [4] 〔 'ɛse 〕 *n.* 論說文；文章
(= *composition*)

Our teacher asked us to write an *essay* on an important invention of the twentieth century.

Europe 〔 'jurəp 〕 *n.* 歐洲

European 〔 ,jurə'piən 〕 *adj.* 歐洲的
n. 歐洲人

* **evaluate** [4] 〔 ɪ'vælju,et 〕 *v.* 評估
(= *assess*)

Speech contestants will be *evaluated* on the basis of fluency and speech content.

【記憶技巧】 *e* (out) + *valu(e)* (價值) + *ate* (*v.*) (算出價值，即「評估」)

‡ **even** [1] 〔 'ivən 〕 *adv.* 甚至

‡ **evening** [1] 〔 'ivnɪŋ 〕 *n.* 傍晚

‡ **event** [2] 〔 ɪ'vɛnt 〕 *n.* 事件
(= *occurrence*)；大型活動

His visit was quite an *event*.

eventually [4] 〔 ɪ'vɛntʃuəlɪ 〕 *adv.* 最後
(= *finally*)

"Did they ever pay you?"
"*Eventually*, yes."

【比較】eventual (最後的)

‡ **ever** [1] 〔 'ɛvɚ 〕 *adv.* 曾經

Have you *ever* seen a lion?

‡ **every** [1] 〔 'ɛvrɪ, 'ɛvərɪ 〕 *adj.* 每一個

* **evidence** [4] 〔 'ɛvədəns 〕 *n.* 證據
(= *proof*)

The judge said that there was not enough *evidence* to prove that the man was guilty.

【典型考題】

There isn't enough _____ to prove that the woman stole the vase.
A. evidence   B. convenience
C. influence   D. obedience   [A]

* **evident** [4] 〔 'ɛvədənt 〕 *adj.* 明顯的
(= *obvious*)

【記憶技巧】 *e* (out) + *vid* (see) + *ent* (*adj.*) (可以看到外面的，表示「明顯的」)

evolution [6] 〔 ,ɛvə'luʃən 〕 *n.* 進化
(= *development*)；發展；演變

Brain size increased dramatically during human *evolution*.

【記憶技巧】 *e* (out) + *volut* (roll) + *ion* (*n.*) (向外滾動，求發展，就是「進化」)

* **exact** [2] 〔 ɪg'zækt 〕 *adj.* 精確的
(= *accurate*)

Your description is not very *exact*.

【典型考題】

Can you tell me the _____ number of the people who will attend the meeting?
A. dull   B. exact
C. dizzy   D. cruel   [B]

E

***exam**[1] 〔 ɪg'zæm 〕 *n.* 考試
  (= *examination*)
  Students have to take a lot of *exams*.
  【片語】*take an exam* (參加考試)
  ┌─【典型考題】─────────
  │ Sally worries that she can't pass the
  │ final _____.
  │ A. exam   B. colour
  │ C. dessert   D. housework   [**A**]
  └────────────────────

***examine**[1] 〔 ɪg'zæmɪn 〕 *v.* 檢查
  (= *inspect*)；仔細研究；測驗 (= *test*)
  He *examined* the room.
  ┌─【典型考題】─────────
  │ Jason's car broke down twice
  │ yesterday. I think he had better have
  │ it _____.
  │ A. examined   B. expressed
  │ C. accepted   D. emptied   [**A**]
  └────────────────────

‡**example**[1] 〔 ɪg'zæmpḷ 〕 *n.* 例子
  Here is another *example*.
  【片語】*for example* (例如)

‡**excellent**[2] 〔 'ɛksḷənt 〕 *adj.* 優秀的
  (= *outstanding*)

‡**except**[1] 〔 ɪk'sɛpt 〕 *prep.* 除了
  (= *other than*)
  I like all animals *except* snakes.
  【記憶技巧】*ex* (out) + *cept* (take)
    (把東西拿掉，即「除了」)
  【比較】besides *prep.* 除了…之外 (還有)

***exchange**[3] 〔 ɪks'tʃendʒ 〕 *v., n.* 交換
  Can we *exchange* seats?
  【記憶技巧】*ex* (fully) + *change*
    (完全變換，就是「交換」)

***excite**[2] 〔 ɪk'saɪt 〕 *v.* 使興奮
  (= *thrill*)
  【衍伸詞】 excited (興奮的)
        exciting (令人興奮的；刺激的)

‡**excuse**[2] 〔 ɪk'skjuz 〕 *v.* 原諒
  〔 ɪk'skjus 〕 *n.* 藉口
  Excuse me for what I said to you
  yesterday.

‡**exercise**[2] 〔 'ɛksɚˌsaɪz 〕 *v.* 運動
  (= *work out*)   *n.* 運動；練習
  They *exercise* every day so they are
  healthy.

***exhibition**[3] 〔 ˌɛksə'bɪʃən 〕 *n.* 展覽會
  (= *display*)

***exist**[2] 〔 ɪg'zɪst 〕 *v.* 存在 (= *be*)
  The city library has *existed* since
  1947.
  【記憶技巧】*ex* (forth) + *ist* (stand)
    (繼續站在世界上，表示「存在」)

***existence**[3] 〔 ɪg'zɪstəns 〕 *n.* 存在
  (= *being*)
  【片語】*come into existence* (產生)

***exit**[3] 〔 'ɛgzɪt , 'ɛksɪt 〕 *n.* 出口
  (= *way out*)
  When there is a fire, you can run out
  through the emergency *exit*.
  ┌─【典型考題】─────────
  │ When you stay at a hotel, to be on the
  │ safe side, you must look for its _____
  │ first.
  │ A. exits   B. restrooms
  │ C. bathrooms   D. entries   [**A**]
  └────────────────────

E

* **expand**[4] 〔 ɪk'spænd 〕 *v.* 擴大
(= *increase*)

He is trying to *expand* his business.

【記憶技巧】 *ex* (out) + *pand* (spread)
（向外擴展，也就是「擴大」）

┌─【典型考題】────────
We are trying to ＿＿＿＿ our market
by appealing to teenagers.
A. please　　　 B. expand
C. trade　　　　 D. inflate　　 [B]
└──────────────

E

* **expect**[2] 〔 ɪk'spɛkt 〕 *v.* 期待
(= *anticipate*)

We did not *expect* the performance
to be as excellent as it was.

【記憶技巧】 *ex* (out) + *pect* (look)
（因為「期待」，就會不停向外張望）

【比較】 inspect（檢查）; respect（尊敬）

┌─【典型考題】────────
I'd rather not go out because I'm
＿＿＿＿ my sister to stop by.
A. assuming　　 B. expecting
C. hesitating　　 D. arriving　 [B]
└──────────────

* **expectation**[3] 〔,ɛkspɛk'teʃən 〕
n. 期望；期待 (= *anticipation*)

【片語】 *live up to one's expectations*
（不辜負某人的期望）

┌─【典型考題】────────
We are positive that his son must
have lived up to his ＿＿＿＿.
A. examinations B. examples
C. expressions　 D. expectations [D]
└──────────────

* **expense**[3] 〔 ɪk'spɛns 〕 *n.* 費用 (= *cost*)

* **expensive**[2] 〔 ɪk'spɛnsɪv 〕 *adj.* 昂貴的
(= *costly*)

* **experience**[2] 〔 ɪk'spɪrɪəns 〕 *n.* 經驗

* **experiment**[3] 〔 ɪk'spɛrəmənt 〕
n. 實驗 (= *test*)

We usually perform chemistry
experiments in the science lab.

* **expert**[2] 〔'ɛkspɝt 〕 *n.* 專家

Mechanical engineers are *experts* in
machinery.

* **explain**[2] 〔 ɪk'splen 〕 *v.* 解釋
(= *make clear*)

I don't understand what you're
talking about. Would you *explain*
yourself a little?

【記憶技巧】 *ex* (fully) + *plain* (flatten)
（使所有人的想法一樣平整，就要「解釋」）

* **explanation**[4] 〔,ɛksplə'neʃən 〕 *n.*
解釋

explicit[6] 〔 ɪk'splɪsɪt 〕 *adj.* 明確的
(= *clear*)；清楚的；露骨的

Our instructions were quite *explicit*.

【記憶技巧】 *ex* (out) + *plicit* (fold)
（向外摺疊，讓人一目了然，表示「明確的」）

┌─【典型考題】────────
He made his explanation ＿＿＿＿ and
direct so that everyone could follow it
easily.
A. tentative　　 B. explicit
C. complex　　　 D. incorrect　 [B]
└──────────────

* **explode**[3] 〔 ɪk'splod 〕 *v.* 爆炸
(= *blow up*)

Police were able to defuse the bomb
before it *exploded*.

* **explore**[4]〔ɪkˈsplor〕*v.* 在…探險；
探測；探討；研究（= *research*）
The children loved *exploring* the old
castles in England.

【典型考題】
Travelling is a good way for us to
_____ different cultures and broaden
our horizons.
A. assume   B. explore
C. occupy   D. inspire   [B]

* **export**[3]〔ɪksˈport〕*v.* 出口
〔ˈɛksport〕*n.*
We now *export* all kinds of industrial
products.
【反義詞】import（進口）

* **expose**[4]〔ɪkˈspoz〕*v.* 暴露
（= *uncover*）；使接觸（= *lay open to*）
Don't *expose* yourself to the sun too
long. It may do harm to your skin.
【記憶技巧】*ex*（out）+ *pose*（put）
（放在外面，就是「暴露」）

【典型考題】
This plant does well in the shade so
don't _____ it to too much sun.
A. expose   B. reveal
C. show   D. place   [A]

* **express**[2]〔ɪkˈsprɛs〕*v.* 表達
（= *communicate*） *adj.* 快遞的；
快速的（= *speedy*）   *n.* 快遞；快車
I'd like to *express* my deepest
gratitude to you.
【記憶技巧】*ex*（out）+ *press*（壓）
（將想法從腦子裡壓出去，即「表達」）
【衍伸詞】*an express train*（快車）

【典型考題】
In a democratic country, people can
_____ their opinions freely.
A. express   B. prefer
C. insist   D. recover   [A]

* **expression**[3]〔ɪkˈsprɛʃən〕*n.* 說法；
表達（= *explanation*）；表情（= *face*）

* **extension**[5]〔ɪkˈstɛnʃən〕*n.* 延伸；
（電話）分機
May I have *extension* 601, please?

* **extra**[2]〔ˈɛkstrə〕*adj.* 額外的
I don't need any *extra* help.

【典型考題】
They were behind schedule and had
to apply for _____ manpower to
complete their project in time.
A. basic   B. extra
C. introductory   D. profound   [B]

* **extraordinary**[4]〔ɪkˈstrɔrdn͵ɛrɪ〕
adj. 不尋常的（= *unusual*）；非常奇
怪的；特別的
The job in Japan was an *extraordinary*
opportunity for a recent graduate.
【記憶技巧】*extra* + *ordinary*（普通的）
（超出普通的範圍，即「特別的」）

* **extreme**[3]〔ɪkˈstrim〕*adj.* 極端的；
偏激的；罕見的
Alan was in such *extreme* despair
when his girlfriend left him.
【衍伸詞】extremely（極度地；非常地）

* **eye**[1]〔aɪ〕*n.* 眼睛

eyesight[6]〔ˈaɪ͵saɪt〕*n.* 視力

E

F f

‡**face**[1] 〔 fes 〕 *n.* 臉　*v.* 面對；使面對
　【片語】*be faced with*（面對）

facial[4] 〔'feʃəl〕 *adj.* 臉部的
　The judge's *facial* expression didn't change at all.

‡**fact**[1] 〔 fækt 〕 *n.* 事實（= *truth*）
　A *fact* is something that is true.

‡**factory**[1] 〔'fæktrɪ〕 *n.* 工廠
　（= *workshop*）
　The children are going to visit a car *factory*.

*****fade**[3] 〔 fed 〕 *v.* 褪色（= *lose colour*）；逐漸消失
　My orange T-shirt *faded* when I washed it.

　┌─【典型考題】────────
　│ His dark brown jacket had holes in
　│ the elbows, and had _____ to light
　│ brown, but he continued to wear it.
　│ A. cycled　　　B. faded
　│ C. loosened　　D. divided　　　**[B]**
　└────────────────

‡**fail**[2] 〔 fel 〕 *v.* 失敗（= *be unsuccessful*）　*n.*（考試）不及格
　Our plan has *failed*.
　【片語】*without fail*（一定；必定）

*****failure**[2] 〔'feljɚ〕 *n.* 失敗；失敗的人

*****fair**[2] 〔 fɛr 〕 *adj.* 公平的（= *impartial*）
　n. 博覽會；展示會；定期市集
　The judge made a *fair* decision.

　【反義詞】 unfair（不公平的）
　【衍伸詞】 a book fair（書展）

*****faith**[3] 〔 feθ 〕 *n.* 信念（= *belief*）；信任（= *trust*）
　I have no *faith* in Lisa's ability to do the job.

‡**fall**[1] 〔 fɔl 〕 *v.* 落下（= *drop down*）
　n. 秋天【美式用法】（= *autumn*）
　The rain is *falling* from the sky.
　I got married in the *fall* of 2007.
　【注意】三態變化：fall–fell–fallen

　┌─────────────────
　│【重要知識】秋天落葉，所以 fall 有「落下」
　│ 和「秋天」兩個意思，也象徵著一年的結
　│ 束。注意美國人的季節序是「冬春夏秋」，
　│ 因為 1 月份新年是冬天。
　└─────────────────

*****false**[1] 〔 fɔls 〕 *adj.* 錯誤的（= *wrong*）；偽造的；假的
　It was *false* news.　Don't believe it.
　【反義詞】 true（正確的；真的）

*****familiar**[3] 〔 fə'mɪljɚ 〕 *adj.* 熟悉的
　（= *well-known*）
　I am not *familiar* with this song.
　Do you know who the singer is?
　【記憶技巧】*famili*（family）+ *ar*（adj.）

　┌─【典型考題】────────
　│ Although Martha had been away
　│ from home for a long time, when she
　│ came near her house, everything
　│ suddenly became _____.
　│ A. functional　　B. impulsive
　│ C. emotional　　D. familiar　　**[D]**
　└────────────────

‡**family**[1] 〔'fæməlɪ〕*n.* 家庭
（＝*home*）；家人（＝*kin*）

‡**famous**[2] 〔'feməs〕*adj.* 有名的
（＝*notable* ＝ *well-known*）

【典型考題】

Glen is a very ＿＿＿＿＿ TV star; even
children know his name.
A. famous　　　B. hungry
C. serious　　　D. weak　　　　[A]

‡**fan**[3,1] 〔fæn〕*n.*（影、歌、球）迷；
風扇（＝*wind blower*）

***fancy**[3] 〔'fænsɪ〕*adj.* 花俏的
（＝*extravagant*）；昂貴的
n. 幻想；喜愛　*v.* 幻想
My boyfriend invited me to a *fancy*
restaurant on Valentine's Day.

‡**fantastic**[4] 〔fæn'tæstɪk〕*adj.* 極好的
（＝*amazing*）
She's really a *fantastic* girl.

***fantasy**[4] 〔'fæntəsɪ〕*n.* 幻想
（＝*dream*）

‡**far**[1] 〔fɑr〕*adj.* 遠的　*adv.* 在遠處
【注意】比較級和最高級為：farther–
farthest 或 further-furthest。

***fare**[3] 〔fɛr〕*n.* 車資
Can you tell me what the *fare* from
London to Manchester is?
【比較】fee（學費；會費；入場費）

‡**farm**[1] 〔fɑrm〕*n.* 農田

‡**farmer**[1] 〔'fɑrmɚ〕*n.* 農夫
（＝*peasant*）

‡**fast**[1] 〔fæst〕*adj.* 快的　*adv.* 快速地

***fasten**[3] 〔'fæsn̩〕*v.* 繫上
You must *fasten* your seat belt if you
want to sit in the front of the car.
【記憶技巧】*fast*（牢固的）＋ *en*（*v.*）

‡**fat**[1] 〔fæt〕*adj.* 胖的　*n.* 脂肪；油脂

‡**father**[1] 〔'fɑðɚ〕*n.* 父親

***fault**[2] 〔fɔlt〕*n.* 過錯（＝*mistake*）
It was his *fault* that the window broke.

【典型考題】

I'm sorry for breaking your window.
It's all my ＿＿＿＿＿.
A. fault　　　B. idea
C. joke　　　D. question　　　[A]

***favour**[2] 〔'fevɚ〕*n.* 恩惠（＝*favor*
【美式用法】＝ *benefit*）；幫忙（＝*help*）
Please do me the *favour* of turning
off your cell phone.
【片語】*do sb. a favour*（幫某人的忙）

‡**favourite**[2] 〔'fevərɪt〕*adj.* 最喜愛的
（＝*favorite*【美式用法】＝ *preferred*）
n. 最喜愛的人或物
【記憶技巧】*favour*（偏愛）＋ *ite*（*adj.*）
（特別偏愛的，就是「最喜愛的」）

【典型考題】

He likes A-mei. She's his ＿＿＿＿＿
singer.
A. facial　　　B. exciting
C. favourite　　　D. false　　　[C]

***fax**[3] 〔fæks〕*v., n.* 傳眞（＝*facsimile*）

***fear**[1] 〔fɪr〕*n., v.* 害怕；恐懼（＝*dread*）

F

F

* **feast**[4] 〔 fist 〕 *n.* 盛宴
（ = *banquet* 〔'bæŋkwɪt 〕）
It is traditional to enjoy a *feast* after
a wedding.
【記憶技巧】 *f* + *east* (東方)

* **feather**[3] 〔'fɛðɚ 〕 *n.* 羽毛
Birds of a *feather* flock together.

federal[5] 〔'fɛdərəl 〕 *adj.* 聯邦的
（ = *confederate* ）
【記憶技巧】 *feder* (treaty) + *al* (*adj.*)
（ 由盟約束縛的，就是「聯邦的」）

‡ **fee**[2] 〔 fi 〕 *n.* 費用 (= *charge*)；
服務費；入場費
The entrance *fee* to the exhibition is
20 dollars.

‡ **feed**[1] 〔 fid 〕 *v.* 餵
We *feed* the birds every day.
【注意】 三態變化：feed–fed–fed

‡ **feel**[1] 〔 fil 〕 *v.* 覺得
I *feel* happy because I am playing
with friends.
【注意】 三態變化：fell–felt–felt

‡ **feeling**[1] 〔'filɪŋ 〕 *n.* 感覺

* **fellow**[2] 〔'fɛlo 〕 *n.* 傢伙；同伴
We were *fellows* at school.
【片語】 *fellow at school* (同學)

‡ **female**[2] 〔'fimel 〕 *n.* 女性 (= *woman*)
adj. 女性的 (= *feminine*)
【反義詞】 male (男性；男性的)

‡ **fence**[2] 〔 fɛns 〕 *n.* 籬笆；圍牆

That small house doesn't have a *fence*.

* **ferry**[4] 〔'fɛrɪ 〕 *n.* 渡輪
（ = *transportation boat* ）

‡ **festival**[2] 〔'fɛstəvḷ 〕 *n.* 節日
（ = *holiday* ）　　*adj.* 慶典的；節日的
Christmas is an important church
festival.

┌─【典型考題】──────
│ Easter is one of the biggest ＿＿＿＿
│ for Christians.　It is a day to celebrate
│ the rebirth of Jesus.
│ A. festivals　　　B. funerals
│ C. fields　　　　 D. fortresses　　[A]
└──────────────

* **fetch**[4] 〔 fɛtʃ 〕 *v.* 拿來；去拿
We taught our dog to *fetch* the
newspaper from the front yard.

‡ **fever**[2] 〔'fivɚ 〕 *n.* 發燒
He has a little *fever*.

‡ **few**[1] 〔 fju 〕 *adj.* 很少的
pron. 少數的人或物

fibre[5] 〔'faɪbɚ 〕 *n.* 纖維
（ = *fiber*【美式用法】）

* **fiction**[4] 〔'fɪkʃən 〕 *n.* 小說 (= *novel*)；
虛構的事 (= *made-up story*)
As a proverb goes, "Truth is stranger
than *fiction*."
【記憶技巧】 *fict* (feign) + *ion* (*n.*)
（「小說」的內容是不真實的）
【衍伸詞】 fictional (虛構的；小說的)

* **field**[2] 〔 fild 〕 *n.* 田野 (= *land*)
The children are playing in the *field*.

F

* **fierce**[4] 〔 fɪrs 〕 *adj.* 兇猛的
  (= *ferocious*)；激烈的 (= *intense*)
  The house is guarded by a *fierce* dog.

【典型考題】

Since the contestants were all very
good, the competition for the first
prize was _____.
A. sincere   B. fierce
C. radiant   D. efficient   [B]

‡ **fight**[1] 〔 faɪt 〕 *v., n.* 打架；打仗
  Dogs always *fight* with cats.
  【注意】三態變化：fight–fought–fought

* **figure**[2] 〔 'fɪgjɚ 〕 *n.* 數字 (= *number*)；
  人物 (= *famous person*)   *v.* 認為
  He wrote the date in *figures*.
  He became a familiar *figure* to the
  townspeople.
  【片語】 *figure out* (了解；算出)

* **file**[3] 〔 faɪl 〕 *n.* 檔案 (= *documents*)；
  文件夾；縱隊

‡ **fill**[1] 〔 fɪl 〕 *v.* 使充滿；填補；修補
  【片語】 *be filled with* (充滿)(= *be full of*)

【典型考題】

Newspapers are _____ with
advertisements for all kinds of
consumer goods.
A. full   B. filled
C. fitted   D. fixed   [B]

‡ **film**[2] 〔 fɪlm 〕 *n.* 影片 (= *movie*)；
  底片；薄層   *v.* 拍攝

‡ **final**[1] 〔 'faɪnḷ 〕 *adj.* 最後的 (= *last*)
  This is your *final* chance.
  【記憶技巧】 *fin* (end) + *al* (adj.)
  【衍伸詞】 finally (最後；終於)

* **finance**[4] 〔 'faɪnæns , fə'næns 〕 *n.*
  財務 (= *economic affairs*)
  The city's *finances* are bad.
  【記憶技巧】 *fin* (end) + *ance* (n.)
  (結束債務，即「財務」健全)
  【重要知識】現在 87% 美國人唸成〔'faɪnæns 〕，
  13% 的人唸成〔 fə'næns 〕。

‡ **find**[1] 〔 faɪnd 〕 *v.* 找到
  【注意】三態變化：find–found–found

‡ **fine**[1] 〔 faɪn 〕 *adj.* 晴朗的；美麗的；
  好的 (= *good*)   *n.* 罰款
  v. 對⋯處以罰款
  The weather is *fine*, isn't it?

‡ **finger**[1] 〔 'fɪŋgɚ 〕 *n.* 手指

 fingernail[2] 〔 'fɪŋgɚ‚nel 〕 *n.* 指甲
  (= *nail*)

‡ **finish**[1] 〔 'fɪnɪʃ 〕 *v.* 結束；完成
  (= *accomplish* = *complete*)
  n. 結束；終結；(光滑或粗糙的) 表面
  I'll *finish* this work at nine o'clock.

‡ **fire**[1] 〔 faɪr 〕 *n.* 火 (= *burning*)
  v. 解僱
  Are you afraid of *fire*?

* **fireworks**[3] 〔 'faɪr‚wɝks 〕 *n. pl.* 煙火
  Fireworks lit up the sky on the
  Fourth of July.

* **firm**[2] 〔 fɝm 〕 *adj.* 堅定的   *n.* 公司
  Tom was *firm* in his refusal to help
  us, so there is no point in talking to
  him again.
  【比較】 confirm (證實)；affirm (斷言)

F

‡**fish**[1] 〔 fɪʃ 〕 n. 魚   v. 釣魚

‡**fisherman**[2] 〔'fɪʃəmən 〕 n. 漁夫

***fist**[3] 〔 fɪst 〕 n. 拳頭
The angry man shook his *fist* at them.

‡**fit**[2] 〔 fɪt 〕 v. 適合   adj. 適當的；適合的；健康的
The skirt *fits* you well.

‡**fix**[2] 〔 fɪks 〕 v. 修理 (= *repair*)
The machine needs to be *fixed*.

‡**flag**[2] 〔 flæg 〕 n. 旗子 (= *banner*)
There are three colours on our national *flag*.

***flame**[3] 〔 flem 〕 n. 火焰 (= *fire*)
The *flame* of the candle was our only light when the electricity was cut off.
【注意】火舌亂竄，就如同 fl 字群一樣搖擺不定。flame 是指閃動的「火焰」部分。

***flash**[2] 〔 flæʃ 〕 n. 閃光；(光的) 閃爍 (= *shimmer*)
We were startled by a *flash* of light and then realized that it was lightning.

***flashlight**[2] 〔'flæʃˌlaɪt 〕 n. 閃光燈 (= *spotlight*)；手電筒

***flat**[2] 〔 flæt 〕 adj. 平的 (= *level and smooth*)   n. 平面；公寓
The floor is quite *flat*.

***flee**[4] 〔 fli 〕 v. 逃走 (= *run away*)；逃離 (= *escape*)

The bank robbers *fled* the scene in a green car.
【注意】三態變化：flee–fled–fled

***flesh**[3] 〔 flɛʃ 〕 n. 肉 (= *body tissue*)
The doctor said it was just a *flesh* wound and not to worry too much.
【片語】*flesh wound* (皮肉傷；輕傷)
【注意】活的動物 (身體) 的肉是 flesh；而死的動物 (食用) 的肉則是 meat。

***flexible**[4] 〔'flɛksəbḷ 〕 adj. 有彈性的 (= *pliable*)
We like *flexible* working hours.
【記憶技巧】*flex* (bend) + *ible* (adj.)
(可彎曲的，就是「有彈性的」)

┌─【典型考題】────────
Nowadays many companies adopt a _____ work schedule which allows their employees to decide when to arrive at work—from as early as 6 a.m. to as late as 11 a.m.
A. relative   B. severe
C. primitive   D. flexible   [D]
└────────────────────

***flight**[2] 〔 flaɪt 〕 n. 班機
He took the five o'clock *flight* to Tokyo.

***float**[3] 〔 flot 〕 v. 飄浮；漂浮 (= *drift*)
When he became tired, the swimmer turned over and *floated* on his back.

***flood**[2] 〔 flʌd 〕 n. 水災   v. 氾濫；如潮水般湧入
There was a bad *flood* after the typhoon.
Fan letters *flooded* in.

‡**floor**¹ 〔 flɔr 〕 *n.* 地板；樓層
This elevator stops at every *floor*.

***flour**² 〔 flaʊr 〕 *n.* 麵粉【注意發音】
(= *wheat powder*)

***flow**² 〔 flo 〕 *v.* 流；暢通；飄拂
The water was *flowing* out.

‡**flower**¹ 〔 ˈflaʊɚ 〕 *n.* 花 (= *bloom*)

***flu**² 〔 flu 〕 *n.* 流行性感冒 (= *influenza*)
He is in bed with the *flu*.

fluency⁵ 〔 ˈfluənsɪ 〕 *n.* 流利

***fluent**⁴ 〔 ˈfluənt 〕 *adj.* 流利的
(= *smooth and articulate*)
Margaret hopes to become a *fluent*
Japanese speaker so that she can
work as a translator.
【記憶技巧】*flu* (flow) + *ent* (adj.)
（說話像水流一樣順暢，表示「流利的」）

‡**fly**¹ 〔 flaɪ 〕 *v.* 飛   *n.* 蒼蠅
【注意】三態變化：fly–flew–flown

***focus**² 〔 ˈfokəs 〕 *n.* 焦點
v. 對準焦點；集中
She always wants to be the *focus* of
attention.
【片語】*focus on* (把焦點對準於；集中於)

***fog**¹ 〔 fɔg , fag 〕 *n.* 霧 (= *heavy mist*)
Fog is a cloud near the ground.

‡**foggy**² 〔 ˈfagɪ 〕 *adj.* 多霧的

***fold**³ 〔 fold 〕 *v.* 摺疊 (= *lay in creases*)

Please don't *fold* this paper; put it in
a folder to keep it flat.

***folk**³ 〔 fok 〕 *n.* 人們 (= *people*)
adj. 民間的

‡**follow**¹ 〔 ˈfalo 〕 *v.* 跟隨 (= *pursue*)；
遵守 (= *observe*)
Follow me.
We should *follow* the rules.

***fond**³ 〔 fand 〕 *adj.* 喜歡的
Uncle Henry is *fond* of gardening.
【片語】*be fond of* (喜歡)

‡**food**¹ 〔 fud 〕 *n.* 食物

***fool**² 〔 ful 〕 *n.* 傻瓜   *v.* 愚弄；欺騙
He is such a *fool* that he doesn't know
what to do.

***foolish**² 〔 ˈfulɪʃ 〕 *adj.* 愚蠢的
【記憶技巧】*ish* 結尾表「帶有～性質」。

‡**foot**¹ 〔 fʊt 〕 *n.* 腳；英呎
Wendy hurt her left *foot*.
【注意】複數是 feet。

***football**² 〔 ˈfʊtˌbɔl 〕 *n.* 橄欖球；足球
Football is an exciting game.

‡**for**¹ 〔 fɔr 〕 *prep.* 為了；給 *conj.* 因為
This apple is *for* Anne.

***forbid**⁴ 〔 fɚˈbɪd 〕 *v.* 禁止
(= *prohibit* = *ban*)
My parents *forbid* me to go to Internet
cafés at night.
【注意】三態變化：forbid–forbade–
forbidden

F

F

* **force**[1] 〔 fors 〕 *n.* 力量　 *v.* 強迫

I had to use *force* in opening the door. They *forced* him to sign the document.

* **forecast**[4] 〔'for,kæst 〕 *n.* 預測 (= *prediction*)　 *v.* 預測 (= *predict*)

The weather bureau has *forecast* freezing temperatures for next week.

【記憶技巧】 *fore* (before) + *cast* (throw) (事先放出消息，就是「預測」)

* **forehead**[3] 〔'for,hɛd 〕 *n.* 額頭

John is rubbing his *forehead*; maybe he has a headache.

【重要知識】88% 的美國人唸成〔'for,hɛd 〕，老一輩的人唸成〔'forɪd 〕。

‡ **foreign**[1] 〔'forɪn 〕 *adj.* 外國的 (= *alien*)；外來的

Our new classmate has a *foreign* accent.

┌─【典型考題】──────────
│ English is studied by us as a _____ language.
│ A. polite　　　 B. foreign
│ C. science　　 D. strange　　 [B]
└──────────────────

‡ **foreigner**[2] 〔'forɪnə 〕 *n.* 外國人 (= *alien person*)

foresee[6] 〔 for'si 〕 *v.* 預料 (= *predict*)

I *foresee* that there will be problems.

【注意】三態變化：foresee–foresaw– foreseen

【記憶技巧】 *fore* (before) + *see*

‡ **forest**[1] 〔'forɪst 〕 *n.* 森林 (= *woods*)

Monkeys live in a *forest*.

【衍伸詞】 *tropical rain forest* (熱帶雨林)

* **forever**[3] 〔 fə'ɛvə 〕 *adv.* 永遠 (= *eternally*)

No one can live *forever*.

‡ **forget**[1] 〔 fə'gɛt 〕 *v.* 忘記

Robert *forgot* to bring his book to school.

【注意】三態變化：forget–forgot–forgot 或 forget–forgot–forgotten

* **forgetful**[5] 〔 fə'gɛtfəl 〕 *adj.* 健忘的

‡ **forgive**[2] 〔 fə'gɪv 〕 *v.* 原諒 (= *pardon*)

Mom *forgave* me for stealing her money.

【注意】三態變化：forgive–forgave– forgiven

【衍伸詞】 *forgive and forget* (既往不咎)

┌─【典型考題】──────────
│ I will _____ you, but you will have to say you are sorry.
│ A. return　　　 B. avoid
│ C. forgive　　 D. regret　　 [C]
└──────────────────

‡ **fork**[1] 〔 fork 〕 *n.* 叉子

When we eat, we use *forks* and knives.

* **form**[2] 〔 form 〕 *v.* 形成 (= *shape*) *n.* 形式 (= *accepted procedure*)

format[5] 〔'formæt 〕 *n.* 格式 (= *layout*)

*__former__² 〔ˋfɔrmɚ 〕 adj. 前任的；
前者的　 pron. 前者
The ceremony honoured all the
former presidents who are still living.
The *former* is better than the latter.
【反義詞】latter（後者）

__fortnight__⁷ 〔ˋfɔrtnaɪt 〕
n. 兩週；兩星期（= *two weeks* ）
I see her once a *fortnight*.

*__fortunate__⁴ 〔ˋfɔrtʃənɪt 〕 adj. 幸運的
（= *lucky* ）
Alan was *fortunate* to find a job so
quickly.

*__fortune__³ 〔ˋfɔrtʃən 〕 n. 運氣
（= *fate* ）；財富（= *wealth* ）

*__forward__² 〔ˋfɔrwɚd 〕 adv. 向前
（= *forth* = *forwards* 【英式用法】）
Go *forward* and you can see the
bookstore on the corner.

__foster__⁶ 〔ˋfastɚ , ˋfɔstɚ 〕 v. 培養；
助長；收養　 adj. 收養的
（= *adopted* ）
The club's aim is to *foster* a better
relations within the community.
Jeff was Mr. Lee's *foster* child.
【重要知識】一般字典唸成〔ˋfɔstɚ 〕，但
現在美國人唸成〔ˋfastɚ 〕。

*__found__³ 〔 faʊnd 〕 v. 建立
Mr. Lee *founded* the company in
1954.

*__fountain__³ 〔ˋfaʊntn̩ 〕 n. 噴泉
（= *spring* ）；泉源（= *source* ）

【記憶技巧】*foun* (spring 泉) + *tain*
(hold)（裝湧泉的地方，即「噴泉」）

*__fox__² 〔 faks 〕 n. 狐狸

__fragile__⁶ 〔ˋfrædʒəl , ˋfrædʒaɪl 〕
adj. 易碎的（= *breakable* ）；脆弱的
With age, human bones become more
fragile.
【記憶技巧】*frag* (break) + *ile* (adj.)
（容易損壞的，也就是「脆弱的」）

__fragrant__⁴ 〔ˋfregrənt 〕 adj. 芳香的
The flower smells *fragrant*.

__framework__⁵ 〔ˋfrem͵wɝk 〕 n. 骨架
（= *skeleton* ）；框架；結構

__franc__⁷ 〔 fræŋk 〕 n. 法郎

*__free__¹ 〔 fri 〕 adj. 自由的
（= *unrestrained* ）；免費的

*__freedom__² 〔ˋfridəm 〕 n. 自由
（= *liberty* ）
He has *freedom* to do what he likes.

*__freeway__⁴ 〔ˋfri͵we 〕 n. 高速公路
（= *expressway* ）
【注意】freeway 比 highway（公路）速限
更高，開起來更接近 free 的狀態。

*__freeze__³ 〔 friz 〕 v. 結冰
【注意】三態變化：freeze–froze–frozen

__freezing__³ 〔ˋfrizɪŋ 〕 adj. 冰凍的；
嚴寒的；極冷的
Hurry up! I'm *freezing*.
Your hands are *freezing* cold.
【片語】*freezing cold*（冰凍般地寒冷）

F

*__frequent__[3] 〔'frikwənt〕*adj.* 經常的；
習慣的；屢次的

‡__fresh__[1] 〔frɛʃ〕*adj.* 新鮮的（= *new*)；
新進的；涼爽的；生氣蓬勃的；
沒鹽分的

The cake is very *fresh*.

【反義詞】 stale（不新鮮的）

【衍伸詞】 *fresh water*（淡水）

__friction__[6] 〔'frɪkʃən〕*n.* 摩擦
（= *rubbing*)；不合；分歧

Mary and Jane are both tidy, so they
share the room without any *friction*.

【記憶技巧】 *frict* (rub) + *ion* (n.)

__fridge__[7] 〔frɪdʒ〕*n.* 冰箱
（= *refrigerator*)

Chill the wine in the *fridge* first.

‡__friend__[1] 〔frɛnd〕*n.* 朋友
（= *companion*)

Everyone needs a *friend* to share
his feelings with.

‡__friendly__[2] 〔'frɛndlɪ〕*adj.* 友善的
（= *amiable*)

【典型考題】

People in this small town are quite
_____ to strangers; they always try
to help strangers.
A. careful   B. friendly
C. honest   D. successful   [B]

‡__friendship__[3] 〔'frɛndʃɪp〕*n.* 友誼

【記憶技巧】 *friend* + *ship*（抽象名詞字尾）

‡__frighten__[2] 〔'fraɪtn̩〕*v.* 使驚嚇
（= *horrify*)

I'm sorry I *frightened* you.

‡‡__frog__[1] 〔frɑg〕*n.* 青蛙

Frogs are jumping in the rain.

‡‡__front__[1] 〔frʌnt〕*n.* 前面　*adj.* 前面的

Don't park your car in *front* of the
building.

I've broken one of my *front* teeth.

【片語】 *in front of*（在…前面）

__frontier__[5] 〔frʌn'tɪr〕*n.* 邊境；邊界
（= *boundary* = *border*)

Because the country is on good
terms with its neighbor, it does not
guard the *frontier*.

【記憶技巧】 *front* (front) + *ier*
（位於國家比較前面的地方，即「邊境」）

*__frost__[4] 〔frɔst〕*n.* 霜；嚴寒（期）

‡‡__fruit__[1] 〔frut〕*n.* 水果；果實；成果

‡__fry__[3] 〔fraɪ〕*v.* 油炸；油炒；油煎

She *fried* a fish.

*__fuel__[4] 〔'fjuəl〕*n.* 燃料

A car usually uses gasoline as *fuel*.

‡‡__full__[1] 〔fʊl〕*adj.* 充滿的

This river is *full* of fish.

【片語】 *be full of*（充滿）（= *be filled with*)

‡‡__fun__[1] 〔fʌn〕*n.* 樂趣（= *amusement*)
adj. 有趣的；令人愉快的

I had so much *fun* at the party last
night.

Scuba diving is a *fun* thing to do.

【片語】 *have fun*（玩得愉快）

* **function**[2] 〔ˈfʌŋkʃən 〕 *n.* 功能
(= *use*)   *v.* 起作用；擔任
What is the *function* of the heart?
【記憶技巧】*funct* (perform) + *ion* (*n.*)
（能執行某件事，就是有某種「功能」）

* **fundamental**[4] 〔ˌfʌndəˈmɛntl̩ 〕
adj. 基本的 (= *basic*)
Good health care is one of the
fundamental needs of our society.
【記憶技巧】*funda* (base) + *ment* (*n.*)
+ *al* (*adj.*)

* **funeral**[4] 〔ˈfjunərəl 〕 *n.* 葬禮

‡ **funny**[1] 〔ˈfʌnɪ 〕 *adj.* 好笑的
(= *comical*)；有趣的

* **fur**[3] 〔fɝ 〕 *n.* 毛皮

furnished[4] 〔ˈfɝnɪʃt 〕 *adj.* 配備家具的
He rent a *furnished* house.
【比較】furnish（裝置家具）

‡ **furniture**[3] 〔ˈfɝnɪtʃɚ〕 *n.* 傢俱
(= *household property*)
【片語】*a piece of furniture*（一件傢俱）

‡ **future**[2] 〔ˈfjutʃɚ〕 *n.* 未來
【片語】*in the future*（將來）

F

G g

‡ **gain**[2] 〔 gen 〕 *v.* 獲得 (= *get*
= *obtain*)；增加
He *gained* a bad reputation.
I've *gained* weight recently.

* **gallery**[4] 〔ˈgælərɪ 〕 *n.* 畫廊
The *gallery* is showing the work of
several local artists.

* **gallon**[3] 〔ˈgælən 〕 *n.* 加侖【容量單位】

‡ **game**[1] 〔 gem 〕 *n.* 遊戲

‡ **garage**[2] 〔 gəˈrɑʒ 〕 *n.* 車庫
Tom's parents park their car in the
garage.
【記憶技巧】*gar* (cover) + *age*（表地點）
（「車庫」就是提供車子遮蔽的地方）

‡ **garbage**[2] 〔ˈgɑrbɪdʒ 〕 *n.* 垃圾
(= *trash*)

We must take out the *garbage* at
9:00.

‡ **garden**[1] 〔ˈgɑrdn̩ 〕 *n.* 花園；庭園
Grandpa usually spends his free
time in the *garden*.

* **garlic**[3] 〔ˈgɑrlɪk 〕 *n.* 大蒜

garment[5] 〔ˈgɑrmənt 〕 *n.*【正式】
衣服；服裝 (= *dress*)
This *garment* needs to be dry-cleaned.

‡ **gas**[1] 〔 gæs 〕 *n.* 瓦斯；汽油；氣體
【衍伸詞】*gas station*（加油站）
【重要知識】「瓦斯」就是 gas 的音譯，
指「汽油」時，則是 gasoline 的簡稱。

* **gate**[2] 〔 get 〕 *n.* 大門
The castle's *gate* is very high.

G

‡**gather**[2] 〔'gæðɚ 〕 *v.* 聚集
  (= *assemble*)
  A lot of people *gathered* to see the
  parade.

gay[5] 〔 ge 〕 *adj.* 男同性戀的
  n. 男同性戀者；男同志
  【比較】 lesbian（女同性戀的；
    女同性戀者）

‡**general**[1,2] 〔'dʒɛnərəl 〕 *adj.* 一般的
  (= *common*) *n.* 將軍
  (= *commander*)
  The book is intended for the *general*
  reader.

***generation**[4] 〔,dʒɛnə'reʃən 〕 *n.*
  世代
  【片語】 *from generation to generation*
    （一代接一代）

‡**generous**[2] 〔'dʒɛnərəs 〕 *adj.* 慷慨的；
  大方的 (= *liberal*)
  【反義詞】 stingy（吝嗇的；小氣的）

‡**gentle**[2] 〔'dʒɛntḷ 〕 *adj.* 溫柔的
  (= *mild and benign*)
  Ricky is very *gentle*.

‡**gentleman**[2] 〔'dʒɛntḷmən 〕 *n.* 紳士
  This *gentleman* wishes to see the
  manager.
  【記憶技巧】 *gentle* + *man*

‡**geography**[2] 〔 dʒi'ɑgrəfɪ 〕 *n.*
  地理學
  I am going to have an exam in
  geography tomorrow.

【記憶技巧】 *geo* (earth) + *graph*
  (write) + *y* (*n.*) (「地理學」記錄有關土
  地的事情)

geometry[5] 〔 dʒi'ɑmətrɪ 〕 *n.* 幾何學
  【記憶技巧】 *geo* (earth) + *metry*
  (measurement)（測量土地要用到「幾
  何學」）

***gesture**[3] 〔'dʒɛstʃɚ 〕 *n.* 手勢
  The police officer indicated that we
  should proceed with a *gesture*.
  【記憶技巧】 *gest* (carry) + *ure* (*n.*)
    （用「手勢」帶出自己想要表達的意思）
  【比較】 con*gest*（阻塞；擁擠）
        di*gest*（消化）

‡**get**[1] 〔 gɛt 〕 *v.* 得到
  【注意】 三態變化：get–got–got

‡**gift**[1] 〔 gɪft 〕 *n.* 禮物

***gifted**[4] 〔'gɪftɪd 〕 *adj.* 有天份的
  (= *talented*)
  Rachel is a *gifted* pianist and it is a
  pleasure to listen to her.
  【記憶技巧】「天份」是上天所賦予的禮物
  （gift），所以 gifted 就是「有天份的」。

***giraffe**[2] 〔 dʒə'ræf 〕 *n.* 長頸鹿

‡**girl**[1] 〔 gɝl 〕 *n.* 女孩

‡**give**[1] 〔 gɪv 〕 *v.* 給
  【注意】 三態變化：give–gave–given

‡**glad**[1] 〔 glæd 〕 *adj.* 高興的
  (= *delightful*)
  I'm *glad* to see you again.

*__glance__[3] 〔 glæns 〕 *v.,n.* 看一眼
(= *glimpse*)

I just *glanced* at the paper because I didn't have time to sit down and read it.

【片語】 *take a glance* (看一眼)

__glare__[5] 〔 glɛr 〕 *v.* 怒視；發出強光

The woman *glared* at me after I accidentally stepped on her foot.

【記憶技巧】 字首 *gl* 表「光」之意，glare 就是目露兇光。

【比較】 g<u>l</u>immer (發微光；閃爍不定)
　　　　 g<u>l</u>ory (光輝；榮耀)

‡__glass__[1] 〔 glæs 〕 *n.* 玻璃；玻璃杯

*__globe__[4] 〔 glob 〕 *n.* 地球 (= *earth*)

*__glory__[3] 〔 'glorɪ 〕 *n.* 光榮 (= *honor*)；榮譽；輝煌

‡__glove__[2] 〔 glʌv 〕 *n.* 手套

Baseball players need to wear *gloves*.

【記憶技巧】 *g* + *love*

‡__glue__[2] 〔 glu 〕 *n.* 膠水

‡__go__[1] 〔 go 〕 *v.* 去

【注意】 三態變化：go–went–gone

‡__goal__[2] 〔 gol 〕 *n.* 目標 (= *aim*)

Getting into university is my *goal*.

┌─【典型考題】──────────
The government's _____ is to raise fifty million dollars for the hurricane victims in one month.
A. treatment　　B. goal
C. bargain　　　D. ability　　　**[B]**
└────────────────────

‡__goat__[2] 〔 got 〕 *n.* 山羊

Goats make funny sounds.

【比較】 sheep (綿羊)

*__god__[1] 〔 gɑd 〕 *n.* 神 (= *deity*)

【比較】 God (上帝)

*__gold__[1] 〔 gold 〕 *n.* 黃金
adj. 金的；金製的

Gold is a shiny, yellow metal.

__golden__[2] 〔 'goldn̩ 〕 *adj.* 金色的 (= *gold colour*)；金製的 (= *made of gold*)

【記憶技巧】 *gold* + *en* (由～做成)

【比較】 wooden (木製的)
　　　　 woolen (羊毛製的)

*__golf__[2] 〔 gɑlf , gɔlf 〕 *n.* 高爾夫球

Everyone in my family plays *golf*.

【衍伸詞】 *golf course* (高爾夫球場)

‡__good__[1] 〔 gʊd 〕 *adj.* 好的 (= *great*)；擅長的；有效的

【注意】 比較級為 better，最高級為 best。

*__goods__[4] 〔 gʊdz 〕 *n. pl.* 商品 (= *commodity* = *merchandise*)；貨物；財物；動產

In a stationery store, one can easily find writing *goods*, such as paper, pens, pencils, ink, envelopes, etc.

‡__goose__[1] 〔 gus 〕 *n.* 鵝

The farmer is running after the *goose*.

【注意】 複數是 geese 〔 gis 〕。

*__govern__[2] 〔 'gʌvɚn 〕 *v.* 統治 (= *rule*)

After *governing* the country for twenty years, the ruler decided to retire.

G

‡**government**[2] 〔ˈɡʌvɚnmənt 〕 *n.*
政府 (= *administrative authority*)

‡**grade**[2] 〔 ɡred 〕 *n.* 成績
(= *score* = *mark*)
Mary always got high *grades* in school.

【典型考題】
We're so surprised that Tom always gets very good _____ in math.
A. grades　　　　B. graduate
C. great　　　　　D. produce　　　[A]

* **gradual**[3] 〔ˈɡrædʒuəl 〕 *adj.* 逐漸的
No one noticed the *gradual* rise of the river until it was too late.
【記憶技巧】*gradu* (step) + *al* (adj.)
(一步一步來，即「逐漸的」)
【衍伸詞】 gradually (逐漸地)

* **graduate**[3] 〔ˈɡrædʒuˌet 〕 *v.* 畢業
We will all *graduate* from high school in June.
【記憶技巧】*gradu* (grade) + *ate* (v.)
(不斷升級，最後「畢業」)

* **graduation**[4] 〔ˌɡrædʒuˈeʃn 〕 *n.*
畢業

* **grain**[3] 〔 ɡren 〕 *n.* 穀物
These farmers grow *grains*, such as wheat, barley, and so on.

‡**gram**[3] 〔 ɡræm 〕 *n.* 公克
Mom asked me to buy 200 *grams* of sugar.

* **grammar**[4] 〔ˈɡræmɚ 〕 *n.* 文法

* **grand**[1] 〔 ɡrænd 〕 *adj.* 雄偉的
(= *magnificent*)；壯麗的
I was deeply impressed by the *grand* building.

* **grandchild**[1] 〔ˈɡrændˌtʃaɪld 〕
n. 孫子；孫女
【記憶技巧】*grand-* 表較年長或較年幼
的字首。

‡**granddaughter**[1] 〔ˈɡrænˌdɔtɚ 〕
n. 孫女
My father has five *granddaughters*.

‡**grandma**[1] 〔ˈɡrændmɑ 〕
n. 祖母；奶奶 (= *grandmother*)
My *grandma* is still alive.

‡**grandpa**[1] 〔ˈɡrændpɑ 〕 *n.* 祖父
(= *grandfather*)
My *grandpa* died when I was young.

grandparents[1] 〔ˈɡrændˌpɛrənts 〕
n. pl. 祖父母
The children are staying with their *grandparents*.

* **grandson**[1] 〔ˈɡrænˌsʌn 〕 *n.* 孫子
My mother wants to have a *grandson*.

granny[1] 〔ˈɡrænɪ 〕 *n.* 奶奶；祖母
(= *grandmother*)

‡**grape**[2] 〔 ɡrep 〕 *n.* 葡萄
Wine is made from *grapes*.
【比較】 raisin (葡萄乾)

graph[6] 〔 ɡræf 〕 *n.* 圖表 (= *diagram*)

G

* **grasp**[3] 〔 græsp 〕 v. 抓住 (= grip)
Timmy *grasped* my hand tightly
during the scary part of the movie.

‡ **grass**[1] 〔 græs 〕 n. 草

* **grateful**[4] 〔'gretfəl 〕 adj. 感激的
(= appreciative)
I am *grateful* for all your help and
support.

* **gravity**[5] 〔'grævətɪ 〕 n. 重力；地心
引力 (= gravitation)
Astronauts can float freely in space
because they are not subject to the
force of *gravity*.
【記憶技巧】 *grav* (heavy) + *ity* (n.)

‡ **great**[1] 〔 gret 〕 adj. 很棒的；重大的
(= important)　　adv. 很好
You're doing *great*.

‡ **greedy**[2] 〔'gridɪ 〕 adj. 貪心的；
貪婪的 (= eager)

‡ **green**[1] 〔 grin 〕 adj. 綠色的；環保的
n. 綠色；草地；(高爾夫球的) 果嶺

greengrocer[7] 〔'grin͵grosɚ 〕 n.
蔬菜水果商
【比較】 grocer (雜貨商)

* **greet**[2] 〔 grit 〕 v. 問候 (= hail)；迎接
Juniors should *greet* seniors.

* **greeting**[4] 〔'gritɪŋ 〕 n. 問候
【衍伸詞】 greetings (問候語；祝賀)

* **grey**[1] 〔 gre 〕 adj. 灰色的
(= gray 【美式用法】)
The colour of an elephant is *grey*.

grill[6] 〔 grɪl 〕 n. 烤架；燒烤店；燒烤
的肉類食物

grocer[6] 〔'grosɚ 〕 n. 雜貨商

* **grocery**[3] 〔'grosɚɪ 〕 n. 雜貨店
(= grocer's shop)
You can buy some vegetables at the
grocery store.
【記憶技巧】 *grocer* (雜貨商) + *y* (place)

‡ **ground**[1] 〔 graʊnd 〕 n. 地面
(= land)；理由 (= reason)
She lay on the *ground*.
【衍伸詞】 ***on the ground**(s) of* (因為)

‡ **group**[1] 〔 grup 〕 n. 群；團體；小組
In class, we form *groups* to do
different things.

┌─【典型考題】─────────────
│ It was still too early to enter the
│ dining room, and the guests, hanging
│ about in _____ of two or three,
│ exchanged pleasantries.
│ A. teams　　　　B. gangs
│ C. groups　　　　D. herds　　　[C]
└──────────────────────

‡ **grow**[1] 〔 gro 〕 v. 成長；變得
(= become)
【注意】三態變化：grow–grew–grown

* **growth**[2] 〔 groθ 〕 n. 成長 (= increase)

* **guarantee**[4] 〔͵gærən'ti 〕 v. 保證
(= promise = warrant)
They *guarantee* this clock for a year.

‡ **guard**[2] 〔 gɑrd 〕 n. 警戒 (= caution)；
警衛 (= watchman)
【比較】 bodyguard (保鑣)

G

‡**guess**[1] 〔gɛs〕*v.* 猜

Can you *guess* my age?

‡**guest**[1] 〔gɛst〕*n.* 客人

‡**guidance**[3] 〔'gaɪdn̩s〕*n.* 指導
(= *advice*)；方針

‡**guide**[1] 〔gaɪd〕*v.* 引導　*n.* 導遊；
指標；指南

She *guided* the visitors around the city.

‡**guilty**[4] 〔'gɪltɪ〕*adj.* 有罪的

Proved *guilty* of bribery, the official
was soon sent to jail.

【反義詞】 innocent (無罪的；清白的)

‡**guitar**[2] 〔gɪ'tɑr〕*n.* 吉他

John plays the *guitar* very well.

‡**gun**[1] 〔gʌn〕*n.* 槍

He taught Helen how to shoot a *gun*.

‡**gym**[3] 〔dʒɪm〕*n.* 體育館；健身房
(= *gymnasium*)

We play basketball in a *gym*.

gymnastics[7] 〔dʒɪm'næstɪks〕*n.*
體操

【衍伸詞】 *practice gymnastics* (做體操)

H h

‡**habit**[2] 〔'hæbɪt〕*n.* 習慣

The boy has very good *habits*.

【片語】 *acquire a habit* (養成習慣)
　　　 give up a habit (改掉習慣)

‡**hair**[1] 〔hɛr〕*n.* 頭髮

Rose has long black *hair*.

‡**haircut**[1] 〔'hɛr,kʌt〕*n.* 理髮

I had a *haircut* yesterday.

‡**half**[1] 〔hæf〕*n.* 一半　*adj.* 一半的
【注意發音】

Half of the boys in this room are my
friends.

‡**hall**[2] 〔hɔl〕*n.* 大廳

Your father is waiting for you across
the *hall*.

‡**ham**[1] 〔hæm〕*n.* 火腿

I had *ham* and eggs for my breakfast.

‡**hamburger**[2] 〔'hæmbɝgɚ〕*n.* 漢堡
(= *burger*)

I think I'll have a *hamburger*.

【重要知識】「漢堡」是沒有火腿的，它的名稱
是源自德國城市「漢堡」(Hamburg)。

‡**hammer**[2] 〔'hæmɚ〕*n.* 鐵鎚

‡**hand**[1] 〔hænd〕*n.* 手　*v.* 拿給

handbag[2] 〔'hænd,bæg〕*n.* 手提包

‡**handful**[3] 〔'hænd,ful〕*n.* 一把

Alice picked up a *handful* of dirt
and put it in the pot.

【片語】 *a handful of* (一把；一些)

‡handkerchief[2] 〔'hæŋkɚtʃɪf 〕*n.* 手帕

She dropped her *handkerchief*.

【記憶技巧】*hand* + *ker* (cover) + *chief* (head)（手帕可以拿來蓋住頭）

‡handle[2] 〔'hændḷ 〕*v.* 處理   *n.* 把手

The court has many cases to *handle*.
She turned the *handle* and pushed the door open.

‡handsome[2] 〔'hænsəm 〕*adj.* 英俊的

Todd is a *handsome* man.

┌─【典型考題】─────────┐
I think Brad Pitt is very _____.
He is my favourite movie star.
A. black   B. crazy
C. handsome   D. interest   **[C]**
└──────────────────┘

*handwriting[4] 〔'hænd,raɪtɪŋ 〕*n.* 筆跡

The doctor's *handwriting* is so difficult to read that I'm not sure what medicine he prescribed.

*handy[3] 〔'hændɪ 〕*adj.* 便利的 (= *convenient*)；手邊的 (= *accessible*)；附近的

It's very *handy* to live next door to a convenience store.

┌─【典型考題】─────────┐
Everything is cheaper in the market, but 7-Eleven is so _____ that I usually go there.
A. various   B. ridiculous
C. usable   D. handy   **[D]**
└──────────────────┘

‡hang[2] 〔 hæŋ 〕*v.* 懸掛 (= *suspend*)；吊死 (= *kill with rope*)

She *hung* the picture on the wall.

【三態變化爲：hang–hung–hung】

【注意】hang 如作「吊死」解，三態變化爲 hang–hanged–hanged。

‡‡happen[1] 〔'hæpən 〕*v.* 發生

happiness[1] 〔'hæpɪnɪs 〕*n.* 快樂；幸福

She had already found *happiness* with another man.

‡‡happy[1] 〔'hæpɪ 〕*adj.* 快樂的

*harbour[3] 〔'hɑrbɚ 〕*n.* 港口 (= *harbor*【美式用法】= *port*)

Kaohsiung has a *harbour* and wide roads, so transportation is good.

‡‡hard[1] 〔hɑrd 〕*adj.* 困難的 (= *difficult*)；硬的   *adv.* 努力地 (= *diligently*)

It is a *hard* question to answer.

*hardly[2] 〔'hɑrdlɪ 〕*adv.* 幾乎不

I can *hardly* believe it.

┌─【典型考題】─────────┐
The old man could _____ swallow because his throat was too dry.
A. actually   B. strictly
C. exactly   D. hardly   **[D]**
└──────────────────┘

*hardship[4] 〔'hɑrdʃɪp 〕*n.* 艱難 (= *difficulty*)

【記憶技巧】*-ship* 表「樣子」的字尾。

hardworking[7] 〔,hɑrd'wɝkɪŋ 〕*adj.* 工作努力的；勤勉的

She was very *hardworking* and reliable.

*harm[3] 〔 hɑrm 〕*v., n.* 傷害 (= *damage*)

H

* **harmful**[3] (ˈhɑrmfəl) *adj.* 有害的
(= *damaging*)

* **harmony**[4] (ˈhɑrmənɪ) *n.* 和諧
(= *accord*)
The choir sang in perfect *harmony*.

* **harvest**[3] (ˈhɑrvɪst) *n.* 成果;收穫
(= *reaping*) *v.* 收穫 (= *reap*)
Farmers are predicting a record *harvest* this year.
【記憶技巧】 *har* + *vest* (背心)

‡ **hat**[1] (hæt) *n.* 帽子

* **hatch**[3] (hætʃ) *v.* 孵化 (= *breed*);孵出
Some birds have built a nest outside my window, and I expect the eggs to *hatch* very soon.
【典型考題】
Baby whales are not _____ from eggs but are born alive.
A. hatched　　B. drowned
C. trapped　　D. blown　　[A]

‡ **hate**[1] (het) *v.* 恨;討厭
n. 憎恨;討厭
My brother *hates* snakes.
She looked at him with eyes full of *hate*.

‡ **have**[1] (hæv) *v.* 有;吃;喝

‡ **head**[1] (hɛd) *n.* 頭　*v.* (朝…) 前進
The plane is *heading* south.

headache[1] (ˈhɛd,ek) *n.* 頭痛
I've got a splitting *headache*.

* **headline**[3] (ˈhɛd,laɪn) *n.* (報紙的) 標題
Did you see the *headlines* about the murder?

headmaster[7] (,hɛdˈmæstɚ)
n. 男校長 (= *principal*【美式用法】)
【記憶技巧】 *head* + *master*
【比較】 *master* (主人;男教師)

headmistress[7] (,hɛdˈmɪstrɪs)
n. 女校長 (= *principal*【美式用法】)
【比較】 *mistress* (女主人;女教師)

‡ **health**[1] (hɛlθ) *n.* 健康 (= *fitness*)
Nothing is better than having good *health*.

‡ **healthy**[2] (ˈhɛlθɪ) *adj.* 健康的
(= *fit*);有益健康的

‡ **hear**[1] (hɪr) *v.* 聽到
【注意】三態變化: hear–heard–heard

hearing[1] (ˈhɪrɪŋ) *n.* 聽力
His *hearing* is poor.

‡ **heart**[1] (hɑrt) *n.* 心;心地

‡ **heat**[1] (hit) *n.* 熱 (= *hotness*)
The sun gives us *heat* and light.

* **heaven**[3] (ˈhɛvən) *n.* 天堂
(= *paradise*)

‡ **heavy**[1] (ˈhɛvɪ) *adj.* 重的 (= *weighty*);大量的 (= *considerable*);嚴重的
(= *severe*)
This box is very *heavy*.
【衍伸詞】 *heavy rain* (大雨)

* **heel**³〔hil〕*n.* 腳跟

The shoes look nice, but they are too tight in the *heel*.

【衍伸詞】*Achilles*⁽ʼ⁾ *heel*（致命傷）

* **height**²〔haɪt〕*n.* 高度（= *tallness*）；身高；海拔；高峰；(*pl.*) 高處

The tree grows to a *height* of 20 feet.

* **helicopter**⁴〔ˈhɛlɪ͵kɑptɚ〕*n.* 直昇機（= *chopper*）

A *helicopter* is an aircraft that can go straight up into the air.

【記憶技巧】分音節背 he-li-cop-ter。

* **hello**¹〔həˈlo〕*int.* 哈囉

"*Hello*" is a word of greeting.

* **helmet**³〔ˈhɛlmɪt〕*n.* 安全帽

All motorcyclists are required to wear *helmets* on the city streets.

‡ **help**¹〔hɛlp〕*v.* 幫助；幫忙（= *aid*）*n.* 有幫助的人或物；幫手

‡ **helpful**²〔ˈhɛlpfəl〕*adj.* 有幫助的

‡ **hen**²〔hɛn〕*n.* 母雞

My grandfather raises *hens* in the country.

【比較】cock（公雞）

herb⁵〔ɝb , hɝb〕*n.* 草藥

【記憶技巧】*her* + *b*

‡ **hero**²〔ˈhɪro〕*n.* 英雄（= *great man*）；偶像（= *idol*）；男主角

My father is my *hero*.

* **hesitate**³〔ˈhɛzə͵tet〕*v.* 猶豫

When you see a good opportunity, don't *hesitate* to take advantage of it.

【記憶技巧】*hesit*（stick 黏住）+ *ate* (*v.*)（「猶豫」不決，就像被黏住）

┌─【典型考題】──────────
If I can help you with the project, don't _____ to call me.
A. concern   B. hesitate
C. notify   D. submit   **[B]**
└────────────────────

hi¹〔haɪ〕*int.* 嗨

"*Hi*, I'm Tom."
"*Hi*, how's it going?"

‡ **hide**²〔haɪd〕*v.* 隱藏（= *conceal*）；遮掩；躲藏；隱瞞（真相等）

The girl *hides* herself from her mother.

【注意】三態變化：hide–hid–hidden

‡ **high**¹〔haɪ〕*adj.* 高的（= *tall*）*adv.* 高高地

* **highway**²〔ˈhaɪ͵we〕*n.* 公路

We're driving on the *highway*.

‡ **hill**¹〔hɪl〕*n.* 山丘

We climbed a *hill* last Sunday.

* **hire**²〔haɪr〕*v.* 雇用（= *employ*）；租用；出租

He *hired* a workman to paint the wall.

‡ **history**¹〔ˈhɪstrɪ〕*n.* 歷史（= *the past*）

History is my favourite subject.

H

‡**hit**[1] 〔 hɪt 〕 v. 打 (= strike)；達到
(= reach)   n. 成功的事物
(= success)

He was *hit* by the teacher because
he didn't do his homework.

【注意】三態變化：hit–hit–hit

‡**hobby**[2] 〔'habɪ〕 n. 嗜好 (= pastime)

My favourite *hobby* is collecting
stamps.

‡**hold**[1] 〔 hold 〕 v. 握住

He *held* my hand softly.

【注意】三態變化：hold–held–held

***hole**[1] 〔 hol 〕 n. 洞

There is a *hole* in this bowl.

‡**holiday**[1] 〔'halə‚de〕 n. 假日

People don't work or go to school
on a *holiday*.

***holy**[3] 〔'holɪ〕 adj. 神聖的 (= sacred)

Easter is one of the *holy* days of the
Catholic church.

‡**home**[1] 〔 hom 〕 n. 家
adv. (回) 家；在家裡

***homeland**[4] 〔'hom‚lænd〕 n. 祖國
(= mother country)

Although they liked their new
country, the immigrants still missed
their *homeland*.

hometown[3] 〔'hom'taʊn〕 n. 家鄉

‡**homework**[1] 〔'hom‚wɝk〕 n. 功課
(= schoolwork)；準備作業

‡**honest**[2] 〔'anɪst〕 adj. 誠實的
(= frank)

You need to be *honest* with yourself.

【反義詞】dishonest (不誠實的)

‡**honey**[2] 〔'hʌnɪ〕 n. 蜂蜜

***honour**[3] 〔'anɚ〕 n. 光榮
(= honor【美式用法】= high respect)
v. 表揚 (= treat with honor)

It is an *honour* for me to meet such
a respected scientist.

***hook**[4] 〔 hʊk 〕 n. 鉤子 v. 鉤住

Ben hung his jacket on a *hook*
behind the door.

‡**hope**[1] 〔 hop 〕 v., n. 希望

I *hope* I will pass the exam.

***hopeful**[4] 〔'hopfəl〕 adj. 充滿希望的

hopeless[4] 〔'hoplɪs〕 adj. 絕望的；
沒希望的

The lawyers said it was a *hopeless*
case.

***horrible**[3] 〔'hɔrəbḷ, 'harəbḷ〕 adj.
可怕的 (= terrible)

The food at the school was *horrible*.

‡**horse**[1] 〔 hɔrs 〕 n. 馬

【片語】*eat like a horse* 食量很大
eat like a bird 食量很小

‡**hospital**[2] 〔'haspɪtḷ〕 n. 醫院

Hospitals, doctors, and nurses
provide medical care.

H

host[2,4] 〔 host 〕 *n.* 主人；主持人
　v. 擔任⋯的主人；主辦
　He was the *host* of the party.

┌─【典型考題】─────────┐
Many students like to watch that talk
show because the ＿＿＿＿ is brilliant
at entertaining young people.
A. guest　　　　B. owner
C. player　　　　D. host　　　**[D]**
└──────────────────┘

hostess[2] 〔 'hostɪs 〕 *n.* 女主人

hot[1] 〔 hɑt 〕 *adj.* 熱的（ = *heated* ）；
　辣的；熱情的；最新的；活躍的

hot dog[2] *n.* 熱狗
　I love to eat *hot dogs* while watching
　TV.

hotel[2] 〔 ho'tɛl 〕 *n.* 旅館；飯店
　He stayed in a *hotel* while he was in
　Spain.

hour[1] 〔 aʊr 〕 *n.* 小時
　【注意】複數 hours 有時作「時間」解。

house[1] 〔 haʊs 〕 *n.* 房子

housewife[4] 〔 'haʊsˌwaɪf 〕 *n.* 家庭
　主婦（ = *housekeeper* = *homemaker* ）
　My mother is a *housewife*.

housework[4] 〔 'haʊsˌwɝk 〕 *n.* 家事
　（ = *household chores* ）
　My brother and I shared the
　housework.
　【比較】homework（家庭作業）

however[2] 〔 haʊ'ɛvɚ 〕 *adv.* 然而
　conj. 無論如何⋯；不管怎麼⋯

This, *however*, is not your fault.
You can arrange the furniture
however you want.

howl[5] 〔 haʊl 〕 *v.* 嗥叫；哀嚎；吼叫；
　大聲叫；咆哮；號啕大哭
　The lonely dog began to *howl* as soon
　as his owner left the house.
　The boy *howled* with pain.
　【記憶技巧】 *how* + *l*

hug[3] 〔 hʌg 〕 *v.* 擁抱（ = *embrace* ）
　Nancy *hugged* her daughter
　goodbye when she dropped her off
　at kindergarten.

huge[1] 〔 hjudʒ 〕 *adj.* 巨大的
　（ = *enormous* ）
　There is a *huge* rock on the road.

human[1] 〔 'hjumən 〕 *n.* 人（ = *human*
　being ）　*adj.* 人（類）的
　Wolves won't usually attack *humans*.

human being[3] 〔 'hjumən 'biɪŋ 〕
　n. 人類

humorous[3] 〔 'hjumərəs 〕 *adj.* 幽默的
　（ = *funny* ）

humour[2] 〔 'hjumɚ 〕 *n.* 幽默
　（ = *humor* 【美式用法】）
　I don't see the *humour* of it.

hunger[2] 〔 'hʌŋgɚ 〕 *n.* 飢餓
　（ = *starvation* ）；渴望（ = *desire* ）
　He died of *hunger*.

hungry[1] 〔 'hʌŋgrɪ 〕 *adj.* 飢餓的
　（ = *starving* ）；渴望的（ = *eager* ）

H

‡**hunt**[2] 〔hʌnt〕*v.* 打獵；獵捕

The hunters are *hunting* rabbits.

***hunter**[2] 〔'hʌntɚ〕*n.* 獵人

***hurricane**[4] 〔'hɝɪˌken〕*n.* 颶風；
暴風雨

Every year *hurricanes* cause
thousands of dollars worth of
damage to property.

【注意】在太平洋地區形成的稱為 typhoon；
在大西洋地區形成的稱作 hurricane。

‡**hurry**[2] 〔'hɝɪ〕*v.* 趕快（= *rush*）

Hurry up, or you'll be late.

【片語】*hurry up*（趕快）

‡‡**hurt**[1] 〔hɝt〕*v.* 傷害（= *injure*）；
使痛苦；疼痛

My back was *hurt* in the accident.

【注意】三態變化：hurt–hurt–hurt

‡‡**husband**[1] 〔'hʌzbənd〕*n.* 丈夫

Her *husband* has been working in
France.

***hydrogen**[4] 〔'haɪdrədʒən〕*n.* 氫

【記憶技巧】*hydro*（water）+ *gen*
（produce）（水由氫和氧兩種元素組成）

【比較】<u>hydro</u>electric（水力發電的）

I i

‡**ice**[1] 〔aɪs〕*n.* 冰

Nancy put some *ice* in the drink.

ice cream[1] 〔'aɪs'krim〕*n.* 冰淇淋

Julia likes chocolate *ice cream*.

‡‡**idea**[1] 〔aɪ'diə〕*n.* 想法（= *opinion*）；
主意（= *plan*）

***identification**[4] 〔aɪˌdɛntəfə'keʃən〕
n. 確認身分；身分證明（文件）

***identity**[3] 〔aɪ'dɛntətɪ〕*n.* 身分；
身分證件

【衍伸詞】*identity card*（身分證）

***idiom**[4] 〔'ɪdɪəm〕*n.* 成語（= *phrase*）；
慣用語

‡‡**if**[1] 〔ɪf〕*conj.* 如果；是否

***ignore**[2] 〔ɪg'nor〕*v.* 忽視（= *neglect*）

He *ignored* the traffic light and
caused an accident.

【記憶技巧】*i*（not）+ *gnore*（know）
（裝作不知道，就是「忽視」）

【典型考題】
Mr. Chang never _____ any
questions from his students even if
they sound stupid.
A. reforms   B. depresses
C. ignores   D. confirms   [C]

***ill**[2] 〔ɪl〕*adj.* 生病的（= *sick*）；壞的

illegal[2] 〔ɪ'ligl̩〕*adj.* 非法的

It is *illegal* to sell alcohol to children.

【反義詞】*legal*（合法的）

illness[2] 〔'ɪlnɪs〕*n.* 疾病

He missed five days of school
because of *illness*.

*__imagine__[2] 〔 ɪˋmædʒɪn 〕 v. 想像

You can *imagine* how nice the new car is.

┌─【典型考題】─────────────┐
There is serious pollution here. I cannot ＿＿＿＿ that there were fish in the water before.
A. imagine　　　B. examine
C. link　　　　　D. criticize　　[A]
└──────────────────────┘

__immediately__[3] 〔 ɪˋmidɪɪtlɪ 〕 adv. 立刻 (= *instantly*)

I wrote him an answer *immediately*.

【記憶技巧】 *im* (not) + *medi* (middle) + *ate* (adj.) + *ly* (adv.) (事情立刻做完，不中斷)

*__immigration__[4] 〔͵ɪməˋgreʃən 〕 n. 移入；出入境管理

*__import__[3] 〔 ɪmˋport 〕 v. 進口 (= *bring in*)　〔ˋɪmport 〕 n. 進口

Europe *imports* coal from America.

【反義詞】 export (出口)

*__importance__[2] 〔 ɪmˋpɔrtn̩s 〕 n. 重要性 (= *significance*)

The *importance* of using your time well is quite clear.

*__important__[1] 〔 ɪmˋpɔrtn̩t 〕 adj. 重要的 (= *significant*)

__impossible__[1] 〔 ɪmˋpɑsəbl̩ 〕 adj. 不可能的

It's *impossible* for me to answer the question.

【反義詞】 possible (可能的)

*__impress__[3] 〔 ɪmˋprɛs 〕 v. 使印象深刻

We were greatly *impressed* by his speech.

【記憶技巧】 *im* (in) + *press* (壓)
　(壓進腦海裡，表示「使印象深刻」)

*__impression__[4] 〔 ɪmˋprɛʃən 〕 n. 印象 (= *idea*)

*__improve__[2] 〔 ɪmˋpruv 〕 v. 改善

To make something better is to *improve* it.

【記憶技巧】 *im* (表「引起」的字首) + *prove* (profit) (「改善」會帶來好處)

*__inch__[1] 〔 ɪntʃ 〕 n. 吋 (= *2.54 centimeters*)

She is three *inches* taller than me.

*__incident__[4] 〔ˋɪnsədənt 〕 n. 事件 (= *event*)

There were 17 reported *incidents* of high radiation exposure at nuclear plants between 1957 and 1988.

【比較】 accident (意外)

*__include__[2] 〔 ɪnˋklud 〕 v. 包括 (= *contain*)

The price *includes* the service charge.

【記憶技巧】 *in* (in) + *clude* (shut)
　(把東西關在裡面，就是「包括」)
【反義詞】 exclude (排除)

*__income__[2] 〔ˋɪn͵kʌm 〕 n. 收入

She has an *income* of 2,000 dollars a week.

‡**increase** [2] 〔 ɪn'kris 〕 v. 增加 (= *rise*)
〔'ɪnkris 〕 n. 增加

My weight has *increased* by ten pounds.

【典型考題】
New schools have to be set up because the number of students is _____.
A. increasing　　B. clapping
C. condemning　D. expressing　[A]

***indeed** [3] 〔 ɪn'did 〕 adv. 的確
(= *certainly*)；眞正地 (= *really*)

A friend in need is a friend *indeed*.

【記憶技巧】 *in* + *deed* (行爲)

***independence** [2] 〔,ɪndɪ'pɛndəns 〕
n. 獨立 (= *self-reliance*)

‡**independent** [2] 〔,ɪndɪ'pɛndənt 〕 adj.
獨立的 (= *self-reliant*)

He is *independent* of his parents.

【片語】 *be independent of* (不依賴)

‡**indicate** [2] 〔'ɪndə,ket 〕 v. 指出；顯示
(= *show*)

The flashing light *indicates* that there is some road construction ahead.

【記憶技巧】 *in* (towards) + *dic*
(proclaim 宣稱) + *ate* (v.)

***industry** [2] 〔'ɪndəstrɪ 〕 n. 產業；
工業 (= *production*)；勤勉
(= *diligence*)

【注意】 industry 這個字有兩種形容詞的變化：
① industrious 勤勉的　② industrial 工業的

‡**influence** [2] 〔'ɪnfluəns 〕 n. 影響
(= *impact*)　　v. 影響 (= *affect*)

Television has had a great *influence* on young people.

【常考】 *have an influence on* (對…有影響)

***inform** [3] 〔 ɪn'fɔrm 〕 v. 通知
(= *notify*)

We should *inform* the committee of the change of plans.

【記憶技巧】 *in* (into) + *form* (form)
(事先的「通知」就是讓人心中有個底)

【片語】 *inform* sb. *of* sth. (通知某人某事)

‡**information** [4] 〔,ɪnfə'meʃən 〕 n.
資訊 (= *news*)；情報；消息

***initial** [4] 〔 ɪ'nɪʃəl 〕 adj. 最初的
(= *beginning*)

The *initial* response to the proposal surprised the government officials.

***injure** [3] 〔'ɪndʒɚ 〕 v. 傷害 (= *harm*)

Don't hold the knife like that or you may *injure* yourself.

【記憶技巧】 *in* (not) + *jure* (right)
(「傷害」別人是不正當的行爲)

injury [3] 〔'ɪndʒərɪ 〕 n. 傷 (= *wound*)；
受傷 (= *harm*)

‡‡**ink** [2] 〔 ɪŋk 〕 n. 墨水

My pen is running out of *ink*.

***inn** [3] 〔 ɪn 〕 n. 小旅館 (= *hostel*)；
小酒館 (= *bar*)

We stayed at a small *inn* just outside the town.

*innocent[3] 〔'ɪnəsn̩t〕 *adj.* 清白的；
天眞的
　【記憶技巧】 *in* (not) + *noc* (harm) +
　ent (adj.)（沒有傷害別人，表示這個人
　是「清白的」）
　【反義詞】 guilty（有罪的）

‡insect[2] 〔'ɪnsɛkt〕 *n.* 昆蟲
　A mosquito is an *insect*.
　【記憶技巧】 *in* (into) + *sect* (cut)
　（「昆蟲」的身體看起來像是一節一節的）

*insert[4] 〔ɪn'sɝt〕 *v.* 插入（= *put in*）
　Mindy *inserted* the phone card and
　made a call.
　【記憶技巧】 *in* (into) + *sert* (join)
　（加在裡面，就是「插入」）

‡inside[1] 〔ɪn'saɪd〕 *prep.* 在…裡面
　adv. 在內部；在屋內；在心中
　No one is *inside* the school.
　I opened the box and looked *inside*.

*insist[2] 〔ɪn'sɪst〕 *v.* 堅持（= *persist*）；
堅持認爲（= *claim*）
　I *insist* that he stay at home.
　【記憶技巧】 *in* (on) + *sist* (stand)（一直
　站在自己的立場，就是「堅持」自己的想法）
　┌【典型考題】────────────
　│ I didn't want to mow the lawn but my
　│ brother ＿＿＿＿ that it was my turn.
　│ A. offered　　　B. allowed
　│ C. conceded　　D. insisted　　　**[D]**
　└──────────────────

*inspect[3] 〔ɪn'spɛkt〕 *v.* 檢查
　（= *examine*）
　The factory employs someone to
　inspect the finished products for flaws.
　【記憶技巧】 *in* (into) + *spect* (look)
　（窺視內部，進行「檢查」）

*inspire[4] 〔ɪn'spaɪr〕 *v.* 激勵
　（= *encourage*）；給予靈感
　┌【典型考題】────────────
　│ The story of his success ＿＿＿＿ us
　│ to make more effort.
　│ A. socialized　　B. demonstrated
　│ C. inspired　　　D. punished　　　**[C]**
　└──────────────────

*instant[2] 〔'ɪnstənt〕 *adj.* 立即的
　The book was an *instant* best-seller,
　and the author became famous
　overnight.
　【衍伸詞】 *instant noodles*（速食麵）

*instead[3] 〔ɪn'stɛd〕 *adv.* 作爲代替
　There was no Coke, so I had orange
　juice *instead*.
　【衍伸詞】 *instead of*（而不是）

*institute[5] 〔'ɪnstə,tjut〕 *n.* 協會；
機構；學院
　The millionaire founded an *institute*
　dedicated to helping the poor.
　【記憶技巧】 *in* (up) + *stitute* (stand)
　【比較】 constitute（組成）
　　　　　　 substitute（代替）

*institution[6] 〔,ɪnstə'tjuʃən〕 *n.* 機構
　【衍伸詞】 *a charitable institution*
　（慈善機構）

instruct[4] 〔ɪn'strʌkt〕 *v.* 教導
　（= *teach*）
　My brother has promised to *instruct*
　me in how to use the machine.
　【記憶技巧】 *in* (in) + *struct* (build)
　（透過「教導」，把所學的內容建構在心中）
　【比較】 con<u>struct</u>（建造）
　　　　　　 ob<u>struct</u>（阻礙）

instruction[3] 〔ɪn'strʌkʃən〕 n. 教導
(= *teaching*)

instrument[2] 〔'ɪnstrəmənt〕
n. 儀器；樂器
Pianos and violins are musical
instruments.

insurance[4] 〔ɪn'ʃurəns〕 n. 保險
(= *coverage*)
After the house burned down, we
were very happy that we had fire
insurance.

insure[5] 〔ɪn'ʃur〕 v. 為⋯投保
(= *protect by insurance*)
【記憶技巧】*in* (into) + *sure* (secure)
(表示希望被保險人能有安全的保障)
【比較】assure (向~保證)
　　　　ensure (確保)

intelligence[4] 〔ɪn'tɛlədʒəns〕
n. 聰明才智 (= *cleverness*)；情報
(= *information*)
The students were given an
intelligence test.
【記憶技巧】*intel* (between) + *ligence*
(read) (read between the lines 有智
慧的人，才能讀出字裡行間的意思)

intend[4] 〔ɪn'tɛnd〕 v. 打算 (= *plan*)；
意圖；打算作為⋯之用 <*for*>
I had *intended* to stay there for a
week, but due to an accident, I
stayed there more than a month.
【記憶技巧】*in* (towards) + *tend*
(stretch) (把手伸過去，就是「打算」
做某事)

intention[4] 〔ɪn'tɛnʃən〕 n. 意圖
(= *plan*)

【典型考題】
The driver signaled his _____ to
turn right at the corner.
A. passion　　　B. intention
C. destination　D. affection　　[B]

interest[1] 〔'ɪntrɪst〕 n. 興趣；利息；
利益　v. 使感興趣 (= *fascinate*)
He takes a great *interest* in sports.
The story didn't *interest* me.
【片語】*be interested in* (對⋯感興趣)

interesting[1] 〔'ɪntrɪstɪŋ〕 adj. 有趣的
It's *interesting* that she suddenly
changed her attitude.

international[2] 〔ˌɪntɚ'næʃənḷ〕
adj. 國際的
English has become a very
important *international* language.

Internet[4] 〔'ɪntɚˌnɛt〕 n. 網際網路
(= *the Net* = *the Web*)
If you have a computer, you can use
the *Internet* to find information.

interpreter[5] 〔ɪn'tɝprɪtɚ〕 n. 口譯者
(= *translator*)

interrupt[3] 〔ˌɪntə'rʌpt〕 v. 打斷
(= *disrupt*)
I don't want to be *interrupted*.
【記憶技巧】*inter* (between) + *rupt*
(break) (從中間破壞，就是「打斷」)

【典型考題】
A polite person never _____ others
while they are discussing important
matters.
A. initiates　　B. instills
C. inhabits　　D. interrupts　　[D]

interval[6] 〔ˈɪntəvḷ〕 *n.* (時間的)
間隔 (= *period*)；間隔的空間
You should go see a doctor for a
checkup at regular *intervals*.
【記憶技巧】 *inter* (between) + *val*
(wall) (牆與牆之間的空間就是「間隔」)

interview[2] 〔ˈɪntəˌvju〕 *n.,v.* 面試
Jim is going to ABC Company for
a job *interview*.
【記憶技巧】 *inter* (between) + *view*
(看)(「面試」的時候要互相看)

into[1] 〔ˈɪntu〕 *prep.* 到…之內

introduce[2] 〔ˌɪntrəˈdjus〕 *v.* 介紹；
引進
The teacher *introduced* Ted to the
class.
【記憶技巧】 *intro* (inward) + *duce*
(lead) (「介紹」別人的時候，通常會把
他帶領到人群中讓大家看清楚)

┌─【典型考題】────────
│ It is the host's duty to _____
│ strangers to each other at a party.
│ A. introduce   B. inform
│ C. immigrate   D. inspire   [A]
└────────────────────

introduction[3] 〔ˌɪntrəˈdʌkʃən〕
n. 介紹 (= *presentation*)；引進；
入門；序言

invent[2] 〔ɪnˈvɛnt〕 *v.* 發明
(= *create*)
He *invented* the first electric clock.
【記憶技巧】 *in* (upon) + *vent* (come)
(「發明」東西，就是靈感突然跑來腦中)

invention[4] 〔ɪnˈvɛnʃən〕 *n.* 發明
(= *creation*)

invitation[2] 〔ˌɪnvəˈteʃən〕 *n.* 邀請

invite[2] 〔ɪnˈvaɪt〕 *v.* 邀請
I *invited* her to dinner.

iron[1] 〔ˈaɪən〕 *n.* 鐵；熨斗   *v.* 熨燙
This gun is made of *iron*.

irrigation[7] 〔ˌɪrəˈgeʃən〕 *n.* 灌溉
Irrigation is needed to make crops
grow in dry regions.
【比較】 *irrigate* (灌溉)

island[2] 〔ˈaɪlənd〕 *n.* 島 (= *isle*)
An *island* is a piece of land with
water all around it.
【記憶技巧】 *is* (是) + *land* (土地)
(「島」就是一塊地)

J j

jacket[2] 〔ˈdʒækɪt〕 *n.* 夾克 (= *coat*)
The waiter in the white *jacket* is
very polite.

jam[1,2] 〔dʒæm〕 *n.* 果醬；阻塞
(= *congestion*)

Cathy loves toast with strawberry
jam.
I got caught in a traffic *jam*.
【注意】 jam 作「阻塞」解時，是可數
名詞。

***jar**³〔 dʒɑr 〕*n.* 廣口瓶；一罐的量
There is a *jar* of peanut butter on the shelf.

***jaw**³〔 dʒɔ 〕*n.* 顎
【比較】jaws（動物的）嘴

‡**jazz**²〔 dʒæz 〕*n.* 爵士樂
We went to a *jazz* concert last night.

‡**jeans**²〔 dʒinz 〕*n. pl.* 牛仔褲
Most teenagers like to wear *jeans*.

***jeep**²〔 dʒip 〕*n.* 吉普車
A *jeep* is good as a family car.

***jet**³〔 dʒɛt 〕*n.* 噴射機
【衍伸詞】*jet lag*（時差）

***jewellery**³〔 'dʒuəlrɪ 〕*n.* 珠寶
【集合名詞】（ = *jewelry*【美式用法】
= *jewels* ）

‡**job**¹〔 dʒɑb 〕*n.* 工作（ = *work* ）

‡**jog**²〔 dʒɑg 〕*v.* 慢跑
I like to *jog* in the morning.

‡**join**¹〔 dʒɔɪn 〕*v.* 加入
Scott *joined* the army last year.

‡**joke**¹〔 dʒok 〕*n.* 笑話；玩笑
Mr. Black told a *joke* to his children.

‡**journalist**⁵〔 'dʒɝnḷɪst 〕*n.* 記者
（ = *reporter* ）
Stuart wants to be a *journalist*.
【記憶技巧】-*ist* 表「從事～的專家」的
字尾。

***journey**³〔 'dʒɝnɪ 〕*n.* 旅程（ = *travel* ）

‡**joy**¹〔 dʒɔɪ 〕*n.* 喜悅（ = *pleasure* ）

***judge**²〔 dʒʌdʒ 〕*v.* 判斷　*n.* 法官
You can't *judge* a person by his appearance.

***judgement**²〔 'dʒʌdʒmənt 〕*n.* 判斷
（ = *judgment*【美式用法】）

---【典型考題】---
In order to make no mistake, be sure to think twice before you make a(n)
————.
A. sentiment　　B. equipment
C. achievement　D. judgement　[D]
---

‡**juice**¹〔 dʒus 〕*n.* 果汁
I drink a glass of orange *juice* every morning.

‡**jump**¹〔 dʒʌmp 〕*v., n.* 跳（ = *leap* ）
That big dog *jumped* over the fence.

***jungle**³〔 'dʒʌŋgḷ 〕*n.* 叢林
It's not a good idea to venture into the *jungle* alone because you might get lost.

***junior**⁴〔 'dʒunjɚ 〕*adj.* 年少的
（ = *young* ）
【反義詞】senior（年長的）

‡**just**¹〔 dʒʌst 〕*adv.* 剛剛；僅
（ = *merely* = *only* ）　*adj.* 公正的

***justice**³〔 'dʒʌstɪs 〕*n.* 正義
（ = *justness* ）；公正；公平
When people go to court they hope to find *justice*.

J

K k

‡kangaroo³ 〔ˌkæŋgə'ru〕 *n.* 袋鼠
The *kangaroo* is a symbol of Australia.
【比較】koala（無尾熊）

‡keep¹ 〔kip〕 *v.* 保存（= *preserve*）；
保持；持續；飼養
【注意】三態變化：keep–kept–kept

*kettle³ 〔'kɛtl̩〕 *n.* 茶壺

‡key¹ 〔ki〕 *n.* 鑰匙 *adj.* 非常重要的
I put the *key* under the door.
He held a *key* position in the firm.

*keyboard³ 〔'ki,bord〕 *n.* 鍵盤
Ken is typing on the computer
keyboard.

*kick¹ 〔kɪk〕 *v.,n.* 踢
The children *kicked* the ball for fun.

‡kid¹ 〔kɪd〕 *n.* 小孩（= *child*）
They've got three *kids.*

‡kill¹ 〔kɪl〕 *v.* 殺死（= *murder*）；
止（痛）；打發（時間）
Lions *kill* small animals for food.

kilo³ 〔'kɪlo〕 *n.* 公斤（= *kilogram*）
How many *kilos* do you weigh?

‡kilogram³ 〔'kɪlə,græm〕 *n.* 公斤
We measure weight in *kilograms.*
【記憶技巧】*kilo* (thousand) + *gram*
（公克）（一千公克，也就是一「公斤」）

*kilometre³ 〔kə'lɑmətə〕 *n.* 公里
（= *km* = *kilometer*【美式用法】）

Kaohsiung is about 400 *kilometres*
away from Taipei.

【重要知識】現在美國知識份子只有16%的人唸
〔'kɪlə,mitə〕，84%的人都唸〔kə'lɑmətə〕。
另外，常用 kilo 代替 kilogram（公斤），而
不用來代替 kilometre（公里）。

‡kind¹ 〔kaɪnd〕 *adj.* 親切的
（= *friendly*）；仁慈的 *n.* 種類
It's very *kind* of you.

*kindergarten² 〔'kɪndə,gɑrtn̩〕 *n.*
幼稚園
My younger sister is studying in the
kindergarten.
【記憶技巧】*kinder*（小孩）+ *garten*
(garden)（注意是 ten，不要背錯）

kindness¹ 〔'kaɪndnɪs〕 *n.* 親切；
仁慈；善良
Thank you for your *kindness.*

‡king¹ 〔kɪŋ〕 *n.* 國王
They made him *King* of England.

*kingdom² 〔'kɪŋdəm〕 *n.* 王國
Holland is a *kingdom.*
【記憶技巧】*king*（國王）+ *dom*
(domain 領域)（「王國」是國王的領域）

‡kiss¹ 〔kɪs〕 *v.,n.* 親吻
She *kissed* the baby on the face.

‡kitchen¹ 〔'kɪtʃɪn〕 *n.* 廚房
（= *cookhouse*）

‡kite¹ 〔kaɪt〕 *n.* 風箏
【反義詞】*fly a kite*（放風箏）

‡**knee**[1]〔 ni 〕*n.* 膝蓋
Tony fell and hurt his *knees*.

‡**knife**[1]〔 naɪf 〕*n.* 刀子（ = *blade* ）
Michelle used a *knife* to cut the apple.
【注意】複數為 knives。

‡**knock**[2]〔 nak 〕*v.* 敲（ = *strike* ）
n. 敲打；敲門

The kid *knocked* on the door.
There was a *knock* at the door.

‡**know**[1]〔 no 〕*v.* 知道
【注意】三態變化：know–knew–known

‡**knowledge**[2]〔'nɑlɪdʒ 〕*n.* 知識
Knowledge is power.

L l

***lab**[4]〔 læb 〕*n.* 實驗室（ = *laboratory* ）
The students performed the
experiment in the *lab*.

***labour**[4]〔'lebɚ 〕*n.* 勞動；勞工；勞力
（ = *labor*【美式用法】= *workforce* ）
Labour has the right to strike.

‡**lack**[1]〔 læk 〕*v.,n.* 缺乏
I don't seem to *lack* anything.

***lady**[1]〔'ledɪ 〕*n.* 女士（ = *madam* ）
You are quite a young *lady*.

‡**lake**[1]〔 lek 〕*n.* 湖
Jim lives near a *lake*.

‡**lamb**[1]〔 læm 〕*n.* 羔羊
A *lamb* is a young sheep.
【記憶技巧】lamb 就是羊 baby，而 lame
（跛的）就是腳（ feet ）有問題。

lame[5]〔 lem 〕*adj.* 跛的（ = *disabled* ）；
殘廢的；（ 藉口等 ）不充分的

‡**lamp**[1]〔 læmp 〕*n.* 燈；檯燈

Turn on the *lamp*, please.

‡**land**[1]〔 lænd 〕*n.* 陸地（ = *earth* ）
v. 降落
He travelled over *land* and sea.

‡**language**[2]〔'læŋgwɪdʒ 〕*n.* 語言
He can speak five *languages*.

‡**lantern**[2]〔'læntən 〕*n.* 燈籠
【衍伸詞】*Lantern Festival*（ 元宵節 ）

***lap**[2]〔 læp 〕*n.* 膝上
The boy held the dog on his *lap*.
【衍伸詞】laptop（ 膝上型電腦 ）

‡**large**[1]〔 lardʒ 〕*adj.* 大的（ = *big* ）

‡**last**[1]〔 læst 〕*adj.* 最後的；最不可能的
v. 持續
He is the *last* person to betray you.
How long will the performance *last*?

‡**late**[1]〔 let 〕*adj.* 遲到的；已故的
adv. 遲；晚；到很晚；到深夜
Jimmy was *late* for school this morning.
The train arrived two hours *late*.

*latter[3] 〔'lætɚ〕 *n.* 後者

I can speak English and Chinese, and the *latter* is my mother tongue.

【比較】former（前者）

‡laugh[1] 〔læf〕 *v., n.* 笑（= *chuckle*）

【片語】*laugh at*（嘲笑）

*laughter[3] 〔'læftɚ〕 *n.* 笑（= *chuckling*）

Laughter is the best medicine.

*laundry[3] 〔'lɔndrɪ〕 *n.* 洗衣服；待洗的衣物

We always do the *laundry* on Tuesday and the shopping on Wednesday.

【記憶技巧】*laun*（wash）+ *dry*（烘乾）

【片語】*do the laundry*（洗衣服）

*law[1] 〔lɔ〕 *n.* 法律；定律

‡lawyer[2] 〔'lɔjɚ〕 *n.* 律師（= *attorney*〔ə'tɝnɪ〕）

*lay[1] 〔le〕 *v.* 放置（= *put*）；下（蛋）；奠定

This hen *lays* an egg every day.

【片語】*lay emphasis on*（重視）
　　　　lay the foundation（奠定基礎）

【比較】lay-laid-laid（下蛋；放置；奠定）
　　　　lie-lay-lain（躺）
　　　　lie-lied-lied（說謊）

‡lazy[1] 〔'lezɪ〕 *adj.* 懶惰的

My brother is very *lazy*.

【反義詞】diligent（勤勉的）

‡lead[1,4] 〔lid〕 *v.* 帶領　*n.* 率先
〔lɛd〕 *n.* 鉛

The teacher *leads* students to the playground.

【注意】三態變化：lead–led–led

【片語】*lead to*（導致）

‡leader[1] 〔'lidɚ〕 *n.* 領導者

*leaf[1] 〔lif〕 *n.* 葉子

It's fall, and the *leaves* on the trees are falling.

【注意】複數為 leaves。

league[5] 〔lig〕 *n.* 聯盟（= *association*）

We were all thrilled when our team won the *league* championship.

【衍伸詞】*major league*（美國職棒大聯盟）

*leak[3] 〔lik〕 *v.* 漏出

There was a hole in my cup and the coffee *leaked* all over the table.

‡learn[1] 〔lɝn〕 *v.* 學習（= *pick up*）；知道；熟記

【注意】三態變化：learn–learnt–learnt
　　　　或 learn–learned–learned

‡least[1] 〔list〕 *adj.* 最少的

He has the *least* experience of them all.

【衍伸詞】*at least*（至少）

*leather[3] 〔'lɛðɚ〕 *n.* 皮革

【衍伸詞】*genuine leather*（真皮）

‡leave[1] 〔liv〕 *v.* 遺留；使處於（某種狀態）；離開（= *go away from*）

The bus will *leave* the station in ten minutes.

【注意】三態變化：leave–left–left

L

***lecture**[4] 〔'lɛktʃɚ〕 *n.* 講課;說教;
教訓;演講(= *speech*)

Please turn your cell phones off
before the *lecture* begins.

【記憶技巧】 *lect* (read) + *ure* (*n.*)
（準備「演講」都會先讀自己寫的稿子）

‡‡**left**[1] 〔lɛft〕 *n.* 左邊 *adj.* 左邊的
adv. 在左邊;向左邊

Turn *left* at the end of the street.

【反義詞】 right (右邊)

‡‡**leg**[1] 〔lɛg〕 *n.* 腿(= *limb*)

【衍伸詞】 *pull one's leg* (開某人玩笑)

***legal**[2] 〔'ligl̩〕 *adj.* 合法的;法律的
(= *lawful* = *legitimate*)

Mr. Chen owns a company. All his
legal business is handled by a law
firm in Taipei.

【反義詞】 illegal (非法的)

‡‡**lemon**[2] 〔'lɛmən〕 *n.* 檸檬
adj. 加檸檬的

Add the juice of half a *lemon*.

***lemonade**[2] 〔ˌlɛmən'ed〕 *n.* 檸檬水

‡‡**lend**[2] 〔lɛnd〕 *v.* 借(出)

Can you *lend* me your car?

【注意】三態變化:lend–lent–lent
【反義詞】 borrow 借(入)

***length**[2] 〔lɛŋθ〕 *n.* 長度(= *distance*)

The river has a *length* of 100
kilometers.

【記憶技巧】 *leng* (long) + *th* (抽象名詞
字尾)

【片語】 *at length* (最後;終於)

***lesson**[1] 〔'lɛsn̩〕 *n.* 課(= *class*);
教訓;訓誡

‡‡**let**[1] 〔lɛt〕 *v.* 讓

My father won't *let* me go to the
concert.

【注意】三態變化:let–let–let

‡‡**letter**[1] 〔'lɛtɚ〕 *n.* 信;字母

***level**[1] 〔'lɛvl̩〕 *n.* 水平線;水平面;
水準;地位;層級;程度(= *degree*)

Robert is a man with a high *level* of
education.

liberation[6] 〔ˌlɪbə'reʃən〕 *n.*
解放運動

【衍伸詞】 *Women's Liberation
Movement* (婦女解放運動)

***liberty**[3] 〔'lɪbɚtɪ〕 *n.* 自由(= *freedom*)

【衍伸詞】 *the Statue of Liberty* (自由
女神像)

***librarian**[3] 〔laɪ'brɛrɪən〕 *n.* 圖書館員

‡‡**library**[2] 〔'laɪˌbrɛrɪ〕 *n.* 圖書館

A *library* has a collection of books.

***license**[4] 〔'laɪsn̩s〕 *n.* 執照

Don't drive without a *license* or
you could get a big ticket.

【記憶技巧】 *lic* (be permitted) + *ense*
(表動作的名詞字尾)(擁有「執照」,就
是被允許做某件事)

【衍伸詞】 *driver's license* (駕照)

‡‡**lid**[2] 〔lɪd〕 *n.* 蓋子

Take the *lid* off the pot.

‡lie[1] 〔 laɪ 〕 *v.* 躺；說謊；位於；在於
n. 謊言

He went to *lie* down on the bed.

【比較】 lie-lied-lied (說謊)
　　　　lie-lay-lain (躺)
　　　　lay-laid-laid (下蛋；放置；奠定)

‡life[1] 〔 laɪf 〕 *n.* 生活；生命 (*pl.* lives)

Life is full of surprises.

‡lift[1] 〔 lɪft 〕 *v.* 舉起；抱起 (= *raise*)
n. 舉起；抬；搭車；電梯 (= *elevator*)

The mother *lifts* her baby up gently.

I took the *lift* to the top floor.

┌─【典型考題】─
│ I _____ the chairs carefully and
│ placed them in order.
│ A. rose　　　　B. left
│ C. handed　　　D. lifted　　　[D]
└─

‡light[1] 〔 laɪt 〕 *n.* 燈；光　*v.* 點燃；
照亮；變亮　*adj.* 輕的；淡的

When it's dark, we cannot see without
light.

Only *light* vehicles are allowed over
the old bridge.

‡lightning[2] 〔 'laɪtnɪŋ 〕 *n.* 閃電

During the storm, we saw *lightning*
in the sky.

‡like[1] 〔 laɪk 〕 *v.* 喜歡　*prep.* 像

I *like* this bag very much.

【注意】 dislike 是「不喜歡」，unlike
是「不像」。

‡likely[1] 〔 'laɪklɪ 〕 *adj.* 可能的
(= *probable*)

It is *likely* to rain soon.

【注意】 likely 可用於「人」和「非人」，
而 possible 原則上只可用於「非人」。

┌─【典型考題】─
│ Since we are short of manpower in
│ the factory, it is very _____ we will
│ hire some people next month.
│ A. badly　　　　B. nearly
│ C. mostly　　　　D. likely　　　[D]
└─

‡limit[2] 〔 'lɪmɪt 〕 *v.* 限制 (= *restrict*
= *confine*)　*n.* 限制

Limit your answer to yes or no.

‡line[1] 〔 laɪn 〕 *n.* 線；行；一排；
(貨品) 種類　*v.* 給 (衣服或容器)
安襯裡；沿…排列

‡link[2] 〔 lɪŋk 〕 *v.* 連結 (= *connect*)
n. 連結；關聯 (= *connection*)

The new canal will *link* the two rivers.

‡lion[1] 〔 'laɪən 〕 *n.* 獅子

‡lip[1] 〔 lɪp 〕 *n.* 嘴唇

We move our *lips* when we speak.

‡liquid[2] 〔 'lɪkwɪd 〕 *n.* 液體
adj. 液體的；液態的

Oil, milk, and water are all *liquids*.

The detergent comes in powder or
liquid form.

【衍伸詞】 *liquid paper* (立可白)
【比較】 solid (固體)；fluid (流體)

‡list[1] 〔 lɪst 〕 *n.* 名單　*v.* 列表

There were ten names on the *list*.

We were asked to *list* our ten favorite
songs.

【衍伸詞】 *waiting list* (候補名單)

L

‡listen[1] (ˈlɪsn̩) v. 聽

literary[4] (ˈlɪtə,rɛrɪ) adj. 文學的
Our professor is a *literary* authority.

*literature[4] (ˈlɪtərətʃə) n. 文學

‡litre[6] (ˈlitə) n. 公升
(= *liter*【美式用法】)
He drank a *litre* of milk.

*litter[3] (ˈlɪtə) v. 亂丟垃圾
(= *discard rubbish*)
The sign said, "No *littering* in the park."

‡little[1] (ˈlɪtl̩) adj. 小的 (= *small*);
很少的;幾乎沒有的
【注意】比較級為 less,最高級為 least。

‡live[1] (lɪv) v. 住　(laɪv) adj. 活的;
現場的
We found a bar that has *live* music on Friday nights.

*lively[3] (ˈlaɪvlɪ) adj. 活潑的
(= *active*);有活力的;熱烈的
My daughter is a *lively* girl.

*load[3] (lod) n.,v. 裝載;負擔
Finishing the report is a heavy *load* for her.

‡loaf[2] (lof) n. 一條 (麵包)
(*pl.* loaves)
My mother puts a *loaf* in the basket.

‡local[2] (ˈlokl̩) adj. 當地的
I'm not used to the *local* customs yet.
【記憶技巧】 *loc* (place) + *al* (adj.)
(地方性的,也就是「當地的」)

*lock[2] (lak) v. 鎖　 *n.* 鎖
Don't forget to *lock* the door.

‡lonely[2] (ˈlonlɪ) adj. 寂寞的
(= *lonesome*)
Jimmy is a *lonely* boy.

┌─【典型考題】─────────┐
Did you feel ＿＿＿ while your
parents were away from home?
A. outstanding 　B. missing
C. lonely 　　　　D. disgusted 　[C]
└───────────────────┘

‡long[1] (lɔŋ) adj. 長的
adv. 長時間地　v. 渴望

‡look[1] (lʊk) v.,n. 看
I'm *looking* at a small dog.
Can I have a *look* at your new skateboard?

*loose[3] (lus) adj. 鬆的
Please make the belt tighter; it is too *loose* for comfort.
【反義詞】 tight (緊的)

lorry[7] (ˈlɔrɪ) n. 卡車
(= *truck*【美式用法】)
Emergency food supplies were brought in by *lorry*.

‡lose[2] (luz) v. 遺失
Nancy *loses* her pens very often.
【注意】 三態變化:lose–lost–lost

*loss[2] (lɔs) n. 損失
It's a great *loss* to me.

*lot[1] (lat) n. 很多
We always have a *lot* of rain in May.

L

‡**loud**[1] 〔laʊd〕 *adj.* 大聲的

The man speaks in a *loud* voice.

lounge[6] 〔laʊndʒ〕 *n.* 交誼廳；休息室；（機場等的）等候室

【衍伸詞】 *lounge bar*（高級酒吧）

‡**love**[1] 〔lʌv〕 *n., v.* 愛

‡**lovely**[2] 〔'lʌvlɪ〕 *adj.* 可愛的

‡**low**[1] 〔lo〕 *adj.* 低的
adv. 低；低聲地

This chair is too *low* for Rose.

*⁎**luck**[2] 〔lʌk〕 *n.* 運氣；幸運

‡**lucky**[1] 〔'lʌkɪ〕 *adj.* 幸運的
（= *fortunate*）

You are a *lucky* girl to have so many good friends.

*⁎**luggage**[3] 〔'lʌgɪdʒ〕 *n.* 行李【集合名詞】
（= *baggage*）

【重要知識】美國人多用 bag 代替 luggage。

┌─【典型考題】─────────
Remember to bring all your _____ with you when you get off the train.
A. booth　　　　B. laboratory
C. beam　　　　D. luggage　　[D]
└────────────────────

‡**lunch**[1] 〔lʌntʃ〕 *n.* 午餐

*⁎**lung**[3] 〔lʌŋ〕 *n.* 肺

Smoking causes air pollution and harms our *lungs*.

【衍伸詞】 *lung cancer*（肺癌）

M m

‡**machine**[1] 〔mə'ʃin〕 *n.* 機器

Machines help us to do things more easily.

‡**mad**[1] 〔mæd〕 *adj.* 發瘋的（= *crazy*）

He behaves as if he were *mad*.

*⁎**madam**[4] 〔'mædəm〕 *n.* 女士
（= *madame*）

"*Madam*, would you care for tea or coffee?"

‡**magazine**[2] 〔'mægə,zin〕 *n.* 雜誌

Children's *magazines* are full of interesting pictures.

【比較】 journal（期刊）

【重要知識】現在，新一代的美國人多唸〔'mægə,zin〕，較少人唸〔,mægə'zin〕。

‡**magic**[2] 〔'mædʒɪk〕 *n.* 魔術；魔法
adj. 魔術的；神奇的；有魔力的

The girl was turned by *magic* into a swan.

There is no *magic* formula for passing exams—only hard work.

*⁎**maid**[3] 〔med〕 *n.* 女傭

‡**mail**[1] 〔mel〕 *v.* 郵寄　*n.* 信件

mailbox[7] 〔'mel,bɑks〕 *n.* 郵筒；電子郵件信箱；（房子外的）信箱

L

‡ **main**² 〔 men 〕 *adj.* 主要的
（ = *primary* ）
This is the *main* building of our college.

* **mainland**⁵ 〔'men,lænd 〕 *n.* 大陸
Four hours after leaving the island, they finally saw the *mainland*.
【衍伸詞】 *mainland China* (中國大陸)

‡ **major**³ 〔'medʒɚ 〕 *adj.* 主要的
（ = *main* ）
The *major* problem of this artist is a lack of creativity.

* **majority**³ 〔 mə'dʒɔrətɪ 〕 *n.* 大多數
A *majority* of the voters approved of the candidate and he won the election.
【反義詞】 minority (少數)

‡ **make**¹ 〔 mek 〕 *v.* 製作；製造
n. …製；型式
【注意】三態變化：make–made–made

‡ **male**² 〔 mel 〕 *n.* 男性 (= *man*)
adj. 男性的 (= *masculine*)
Boys are *males* and girls are females.
【反義詞】 female (女性；女性的)

‡ **man**¹ 〔 mæn 〕 *n.* 男人 (= *male*)；
人類 (= *mankind*) (*pl.* men)

* **manage**³ 〔'mænɪdʒ 〕 *v.* 管理
（ = *control*)；設法
Mr. Wang has *managed* this apartment for two years.

‡ **manager**³ 〔'mænɪdʒɚ 〕 *n.* 經理

* **mankind**³ 〔 mæn'kaɪnd 〕 *n.* 人類
（ = *human beings* ）

Mankind did not exist ten million years ago.

* **manner**² 〔'mænɚ 〕 *n.* 方式；樣子
（ = *way*)；(*pl.*) 禮儀
Fold the paper in this *manner*.

‡ **map**¹ 〔 mæp 〕 *n.* 地圖
Have you got the *map* of Paris?

maple⁵ 〔'mepḷ 〕 *n.* 楓樹

* **marathon**⁴ 〔'mærə,θɑn 〕 *n.* 馬拉松
Thousands of runners participated in the *marathon*.

* **marble**³ 〔'mɑrbḷ 〕 *n.* 大理石；彈珠
There is a *marble* statue of the general in the park.

* **march**³ 〔 mɑrtʃ 〕 *v.* 行軍；行進
n. 行進；行軍；進行曲
The soldiers had to *march* twenty kilometers to the next camp.

‡ **mark**² 〔 mɑrk 〕 *n.* 記號；分數
v. 作記號；標示

‡ **market**¹ 〔'mɑrkɪt 〕 *n.* 市場
She sold vegetables in the *market*.

* **marriage**² 〔'mærɪdʒ 〕 *n.* 婚姻
Her first *marriage* was not very happy.

‡ **marry**¹ 〔'mærɪ 〕 *v.* 結婚

‡ **mask**² 〔 mæsk 〕 *n.* 面具
v. 用假面具掩飾；隱藏 (感情等)
Tom has to wear a *mask* in the school play.
She *masked* her sorrow with a smile.

‡mass[2] 〔 mæs 〕 *adj.* 大量的；大眾的

The assembly line allowed *mass* production to develop.

Paul is studying *mass* communication.

【重要知識】我們熟悉的捷運（*MRT*）全名是 Mass Rapid Transit。

‡master[1] 〔ˈmæstɚ 〕 *v.* 精通（= *become skilled in*）　*n.* 主人；大師；碩士

If you study hard, you can *master* English.

‡mat[2] 〔 mæt 〕 *n.* 墊子

‡match[2,1] 〔 mætʃ 〕 *v.* 搭配（= *go with*）；與⋯匹敵　*n.* 火柴；配偶

This tie doesn't *match* your suit.

*material[2,6] 〔 məˈtɪrɪəl 〕 *n.* 物質（= *substance*）；材料

Plastic is a widely used *material*.

‡mathematics[3] 〔ˌmæθəˈmætɪks 〕 *n.* 數學（= *math* = *maths*【英式用法】）

‡matter[1] 〔ˈmætɚ 〕 *n.* 事情（= *affair*）；物質（= *substance*）　*v.* 重要（= *count*）

That's another *matter*.

It doesn't *matter* how you do it.

*mature[3] 〔 məˈtʃur 〕 *adj.* 成熟的

Years later, May has grown up to be a *mature* and elegant lady.

【反義詞】 childish（幼稚的）

【典型考題】
According to recent research, children under the age of 12 are generally not ＿＿＿ enough to recognize risk and deal with dangerous situations.
A. diligent　　 B. mature
C. familiar　　 D. sincere　　 [B]

‡maximum[4] 〔ˈmæksəməm 〕 *n.* 最大量　*adj.* 最大的

She types a *maximum* of seventy words per minute.

【反義詞】 minimum（最小量）

【典型考題】
The ＿＿＿ capacity of this elevator is 400 kilograms. For safety reasons, it shouldn't be overloaded.
A. delicate　　 B. automatic
C. essential　　 D. maximum　　 [D]

‡maybe[1] 〔ˈmebɪ 〕 *adv.* 也許

Maybe my mother will come here next month.

‡meal[2] 〔 mil 〕 *n.* 一餐

Breakfast is our morning *meal*.

‡mean[1] 〔 min 〕 *v.* 意思是

What do you *mean*?

【注意】三態變化：mean–meant–meant

‡meaning[2] 〔ˈminɪŋ 〕 *n.* 意義

*means[2] 〔 minz 〕 *n.* 方法；手段

【單複數同形】

Do you know of any *means* to get there?

【典型考題】
A search engine is a new ＿＿＿ of getting information.
A. merchandise　 B. university
C. revolution　　 D. means　　 [D]

*meanwhile[3] 〔ˈminˌhwaɪl 〕 *adv.* 同時（= *at the same time*）

You look in the shoe store and *meanwhile* I'll find the book I want in the bookstore.

***measure**[2,4]〔ˈmɛʒɚ〕*v.* 測量
（= *quantify*）　*n.* 措施（= *means*）
Harvey *measured* the window
carefully before buying new curtains.
【片語】*take measures*（採取措施）

‡**meat**[1]〔mit〕*n.* 肉
【比較】flesh（活的動物的）肉

***medal**[3]〔ˈmɛdl̩〕*n.* 獎牌
The swimmer won a gold *medal* in
the Olympics.
【記憶技巧】背 med<u>al</u> 想到 award（頒發）。

‡**media**[3]〔ˈmidɪə〕*n. pl.* 媒體
You can know the news through the
mass *media*.
【常考】*the mass media*（大眾傳播媒體）

***medical**[3]〔ˈmɛdɪkl̩〕*adj.* 醫學的；
醫療的
Dr. Peterson has a Ph.D. in history;
he is not a *medical* doctor.
【記憶技巧】*med*（heal）+ *ical*（*adj.*）
（醫學就是在教導大家如何治療疾病）

‡**medicine**[2]〔ˈmɛdəsn̩〕*n.* 藥
（= *drug*）；醫學

┌─【典型考題】────────────┐
Mary was sick. She had to take some
_____.
A. time   B. money
C. medicine   D. drink   [C]
└──────────────────────┘

‡**medium**[3]〔ˈmidɪəm〕*n.* 媒介；媒體
adj. 中等的（= *middle*）
Is water a *medium* of sound?
The man is of *medium* height.

‡**meet**[1]〔mit〕*v.* 遇見；認識

n. 體育比賽；運動會
It's nice to *meet* you.
【注意】三態變化：meet–met–met

‡**meeting**[2]〔ˈmitɪŋ〕*n.* 會議
（= *conference*）

***melon**[2]〔ˈmɛlən〕*n.* 甜瓜；（各種的）
瓜【尤指西瓜、香瓜】
Would you like a slice of *melon*?
【比較】watermelon（西瓜）

‡**member**[2]〔ˈmɛmbɚ〕*n.* 成員
Jack is a *member* of a football team.

***memorial**[4]〔məˈmorɪəl〕*adj.*
紀念的　*n.* 紀念館；紀念碑
【衍伸詞】*memorial hall*（紀念堂）

***memory**[2]〔ˈmɛmərɪ〕*n.* 回憶
The picture brings back many
memories.
【記憶技巧】*memor*（remember）+ *y*

***mend**[3]〔mɛnd〕*v.* 修補；改正
（= *correct*）
It is never too late to *mend*.

┌─【典型考題】────────────┐
When we were poor, my mother used
to _____ my clothes for me when
they were worn out.
A. merge   B. memorize
C. mend   D. wore   [C]
└──────────────────────┘

***mental**[3]〔ˈmɛntl̩〕*adj.* 心理的；精神的
Although he is not strong physically,
Ned has amazing *mental* powers.
【記憶技巧】*ment*（mind）+ *al*（*adj.*）
【衍伸詞】*mental and physical health*
（身心健康）

* **mention**[3] (ˈmɛnʃən) *v.* 提到
(= *refer to*) *n.* 提到；說到
Did you *mention* the party to Jill?
He made no *mention* of her work.

* **menu**[2] (ˈmɛnju) *n.* 菜單

* **merchant**[3] (ˈmɝtʃənt) *n.* 商人
(= *trader*) *adj.* 商業的；商人的

merciful[4] (ˈmɝsɪfəl) *adj.* 慈悲的；
仁慈的 (= *compassionate*)
He is *merciful* to others.

* **mercy**[4] (ˈmɝsɪ) *n.* 慈悲；仁慈
(= *compassion*)
The convicted robber begged the
judge for *mercy* because he did not
want to go to jail.
【重要知識】乞丐向人要錢常說：Have
mercy (on me)! 意思是「可憐可憐我吧！」

merely[4] (ˈmɪrlɪ) *adv.* 僅僅；只
(= *only*)
She' *merely* a child.

* **merry**[3] (ˈmɛrɪ) *adj.* 歡樂的
(= *cheerful*)
It was a *merry* party and everyone
had a good time.
【衍伸詞】*Merry Christmas*! (聖誕快樂！)

* **mess**[3] (mɛs) *n.* 雜亂 (= *disorder*)
Father told me to clean up the *mess* in
the living room before I watched TV.
【片語】*in a mess* (亂七八糟)

* **message**[2] (ˈmɛsɪdʒ) *n.* 訊息
Will you take this *message* to my
grandparents?

【典型考題】
Using and understanding abbreviated
_____ like "AFIK" (as far as I know)
is considered fashionable among
younger cell phone users.
A. emotions　　B. names
C. messages　　D. data　　[C]

* **messy**[4] (ˈmɛsɪ) *adj.* 雜亂的
(= *disorderly*)

* **metal**[2] (ˈmɛtḷ) *n.* 金屬
adj. 金屬製成的
Iron is a kind of *metal*.

* **method**[2] (ˈmɛθəd) *n.* 方法 (= *way*)
I want to know a good *method* for
learning English.

* **metre**[2] (ˈmitɚ) *n.* 公尺；儀；錶
(= *meter*【美式用法】)

* **microphone**[3] (ˈmaɪkrəˌfon) *n.*
麥克風
【記憶技巧】*micro* (small) + *phone*
(sound) (「麥克風」是給聲音小的人用)

* **microwave**[3] (ˈmaɪkrəˌwev) *n.*
微波；微波爐 (= *microwave oven*)
I bought a new *microwave* oven for
my mother.

* **middle**[1] (ˈmɪdḷ) *n.* 中間
adj. 中間的
Most Westerners' names consist of
three parts, the first name, the *middle*
name, and the last name.

midnight[7] (ˈmɪdˌnaɪt) *n.*
半夜 12 點；午夜
We have to catch the *midnight* train.

M

‡might [3] [maɪt] *aux.* may 的過去式
   n. 力量
He *might* not be back until tonight.

*mild [4] [maɪld] *adj.* 溫和的
  (= *moderate*)
The weather this winter is so *mild* that
I haven't even worn my winter coat.

‡mile [1] [maɪl] *n.* 哩
Wendy walks two *miles* to school
every day.

‡milk [1] [mɪlk] *n.* 牛奶
   v. 擠 (牛、羊等) 的奶

millimetre [3] [ˈmɪləˌmitɚ] *n.* 公釐；
毫米 (= *millimeter*【美式用法】)

*millionaire [3] [ˌmɪljənˈɛr] *n.* 百萬
富翁
Oscar became a *millionaire* overnight
when he won the grand prize.
【記憶技巧】 *-aire* 表「人」的字尾。

‡mind [1] [maɪnd] *n.* 心；精神   *v.* 介意
You are always on my *mind*.
I don't *mind* which of them comes
to me.

‡mine [2] [maɪn] *pron.* I 的所有格代
名詞   *n.* 礦坑   *v.* 開採
That wasn't his fault; it was *mine*.
People still *mine* for coal in this area.
【衍伸詞】 *miner* (礦工)

*mineral [4] [ˈmɪnərəl] *n.* 礦物；礦物質
【衍伸詞】 *mineral water* (礦泉水)

minibus [7] [ˈmɪnɪˌbʌs] *n.* 小型公車；
小巴

*minimum [4] [ˈmɪnəməm] *n.* 最小量
   adj. 最小的
We need a *minimum* of three people
to play this card game.
【記憶技巧】 *mini* (small) + *mum* (拉
丁文的最高級字尾)
【反義詞】 maximum (最大量)

┌─【典型考題】─────────────┐
The restaurant has a _____ charge
of NT$250 per person. So the four
of us need to pay at least NT $ 1,000
to eat there.
A. definite   B. minimum
C. flexible   D. numerous   **[B]**
└────────────────────────┘

*minister [4] [ˈmɪnɪstɚ] *n.* 部長
The *minister* is responsible for the
treasury department of the
government.
【記憶技巧】 *mini* (small) + *ster* (人)
(「部長」也是人民的僕人)

*ministry [4] [ˈmɪnɪstrɪ] *n.* 部
(= *a governmental department*)
【衍伸詞】 *the Ministry of Education*
(教育部)

*minority [3] [məˈnɔrətɪ , maɪ-] *n.* 少數
【反義詞】 majority (大多數)

‡minus [2] [ˈmaɪnəs] *prep.* 減
   adj. 減的；負的；負面的
One *minus* one is zero.
Subtract ten from seven and the
answer will be *minus* three.
【反義詞】 plus (加)

【重要知識】加減乘除的說法:$(5+5-4)×2÷3=4$
Five *plus* five *minus* four *times* two
divided by three equals four.

‡**minute**[1] 〔'mɪnɪt 〕*n.* 分鐘

‡**mirror**[2] 〔'mɪrɚ 〕*n.* 鏡子

‡**miss**[1] 〔 mɪs 〕*v.* 錯過 (=*skip*) ; 想念
(=*long for*)   *n.* 失誤；錯失；失手
John *missed* the train to Tainan.
A *miss* is as good as a mile.

* **missile**[3] 〔'mɪsḷ 〕*n.* 飛彈
(=*projectile* 〔 prə'dʒɛktḷ 〕)
The North threatened to launch its
missiles at the South if war broke out.
【記憶技巧】 *miss* (throw) + *ile*
(可以投擲的武器，就是「飛彈」)

* **mist**[3] 〔 mɪst 〕*n.* 薄霧
The top of the building was covered
in *mist*.
【比較】 fog (濃霧)

‡**mistake**[1] 〔 mə'stek 〕*n.* 錯誤
v. 弄錯；誤解
Jill has made a *mistake*.
She has *mistaken* my meaning.
【注意】三態變化：mistake–mistook–
mistaken

mistaken[1] 〔 mə'stekən 〕*adj.* 錯誤的
He may have been *mistaken* about
what he saw.

* **misunderstand**[4] 〔,mɪsʌndɚ'stænd 〕
v. 誤會
I think you *misunderstood* Peter when
he told us the time of the meeting.
【注意】三態變化：misunderstand–
misunderstood–misunderstood

* **mix**[2] 〔 mɪks 〕*v.* 混合
Helen *mixes* flour, eggs and sugar to
bake a cake.

* **mixture**[3] 〔'mɪkstʃɚ 〕*n.* 混合物

* **mobile**[3] 〔'mobḷ 〕*adj.* 可移動的；
活動的
The *mobile* library travels to different
neighborhoods in a van.
【衍伸詞】 *mobile phone* (行動電話)

* **model**[2] 〔'madḷ 〕*n.* 模型；模範；
模特兒
He made a *model* of his new house.

‡**modern**[2] 〔'madɚn 〕*adj.* 現代的
(=*current*)   *n.* 現代人；近代人
There are a lot of *modern* buildings
in New York.
I prefer what *moderns* write.

* **modest**[4] 〔'madɪst 〕*adj.* 謙虛的
(=*humble*)；樸素的 (=*simple*)
When she says that her success is
due to good luck, she's being *modest*.
【記憶技巧】 *mode* (模式) + *st*
(不超出一定的模式，表「謙虛的」)

mom[1] 〔 mam 〕*n.* 媽媽 (=*mum*)

‡**moment**[1] 〔'momənt 〕*n.* 時刻
(=*point*)；片刻 (=*minute*)
The *moment* the child was run down
by a car, he was sent to a hospital.

‡**mommy**[1] 〔'mamɪ 〕*n.* 媽媽；媽咪
(=*mummy*【英式用法】)
【比較】 mummy (木乃伊)

money[1] 〔ˈmʌnɪ〕 *n.* 錢

*** monitor**[4] 〔ˈmɑnətɚ〕 *n.* 螢幕
　　v. 監視
　　【記憶技巧】 *monit* (advise) + *or* (*n.*)
　　【典型考題】
　　When you write with your computer,
　　the words will appear on the _____.
　　A. browser　　　B. scanner
　　C. modem　　　 D. monitor　　[**D**]

monkey[1] 〔ˈmʌŋkɪ〕 *n.* 猴子 (= *ape*)
　　Monkeys like to climb trees.

month[1] 〔mʌnθ〕 *n.* 月份
　　She has been here for a *month*.

*** monument**[4] 〔ˈmɑnjəmənt〕 *n.*
　　紀念碑 (= *memorial*)
　　The government will build a
　　monument to the soldiers.
　　【記憶技巧】 *monu* (remind) + *ment*
　　　　(*n.*) (「紀念碑」會讓人想起過去發生的事)

moon[1] 〔mun〕 *n.* 月亮
　　I love the light of a full *moon*.
　　【片語】 *full moon* (滿月)

mop[3] 〔mɑp〕 *v.* 用拖把拖 (地板)
　　n. 拖把
　　I *mopped* the floor every day.
　　【比較】 sweep (掃)
　　　　　　vacuum (用吸塵器打掃)
　　【典型考題】
　　When the floor is dirty, my brother is
　　always the first one to _____ it.
　　A. finish　　　B. solve
　　C. remove　　 D. mop　　　[**D**]

*** moral**[3] 〔ˈmɔrəl〕 *adj.* 道德的
　　n. 道德教訓 (= *lesson*)；寓意
　　Nate feels he has a *moral* obligation
　　to take care of his old aunt.
　　【記憶技巧】 *mor* (custom) + *al* (*adj.*)
　　　　(道德標準會因風俗習慣不同而產生差異)
　　【反義詞】 immoral (不道德的)
　　【比較】 mortal (必死的；難逃一死的)
　　【典型考題】
　　It is both legally and _____ wrong
　　to spread rumors about other people
　　on the Internet.
　　A. morally　　　B. physically
　　C. literarily　　 D. commercially　[**A**]

morning[1] 〔ˈmɔrnɪŋ〕 *n.* 早晨

Moslem[7] 〔ˈmɑzləm〕 *n.* 穆斯林；
　　回教徒 (= *Muslim*)

mosquito[2] 〔məˈskito〕 *n.* 蚊子
　　Mosquitoes are small insects which
　　can carry diseases.
　　【比較】 fly (蒼蠅)

most[1] 〔most〕 *adj.* 最多的；大多數的
　　adv. 最；最為；最多；非常
　　Most people like Taiwanese food.
　　This troubles me *most*.

mother[1] 〔ˈmʌðɚ〕 *n.* 母親 (= *mom*)

motherland[7] 〔ˈmʌðɚˌlænd〕 *n.* 祖國

*** motivation**[4] 〔ˌmotəˈveʃən〕 *n.* 動機

*** motor**[3] 〔ˈmotɚ〕 *n.* 馬達 (= *engine*)
　　I turned the key, but the *motor* just
　　won't start.

‡**motorcycle**[2] 〔'motɚ,saɪkl̩ 〕 *n.*
摩托車
There are more and more *motorcycles*
on the streets.

【重要知識】美國人常用 bike 來代替
「腳踏車」和「摩托車」。

motto[6] 〔'mɑto 〕 *n.* 座右銘
（= *slogan* ）；箴言
"Work hard, study hard, and play
hard" is my *motto*.

‡**mountain**[1] 〔'maʊntn̩ 〕 *n.* 山；大量
（= *a large amount* ）
Alex is walking to the top of the
mountain.

***mountainous**[4] 〔'maʊntn̩əs 〕 *adj.*
多山的（= *rocky* ）

mourn[5] 〔 morn 〕 *v.* 哀悼
Mr. Grant continued to *mourn* his
wife long after her death.

‡**mouse**[1] 〔 maʊs 〕 *n.* 老鼠；滑鼠
【注意】複數是 mice。
【比較】rat（老鼠）的體型比 mouse 大。

moustache[7] 〔'mʌstæʃ , mə'stæʃ 〕
n. 小鬍子；八字鬍
（= *mustache*【美式用法】）

‡**mouth**[1] 〔 maʊθ 〕 *n.* 嘴巴
His *mouth* is full of rice.

‡**move**[1] 〔 muv 〕 *v.* 移動；搬家；
使感動
She *moved* away from the window.

【典型考題】
After hearing her sad story, I was
————— to tears.
A. impressed   B. embarrassed
C. relaxed   D. moved   [D]

*‡**movement**[1] 〔'muvmənt 〕 *n.* 動作
（= *act* ）；運動（= *campaign* ）

‡**movie**[1] 〔'muvɪ 〕 *n.* 電影（= *film* ）
I want to see a *movie* with her.

‡**Mr.**[1] 〔'mɪstɚ 〕 *n.* 先生（= *mister* ）
Mr. White teaches us music.

‡**Mrs.**[1] 〔'mɪsɪz 〕 *n.* 太太（= *mistress* ）
Mrs. Brown is our math teacher.

‡**Ms.**[1] 〔 mɪz 〕 *n.* 女士
Ms. Smith is a lovely lady.

‡**much**[1] 〔 mʌtʃ 〕 *adj.* 很多的【修飾不可
數名詞】   *adv.* 非常地
Don't eat too *much* cake.
Thank you very *much*.

‡**mud**[1] 〔 mʌd 〕 *n.* 泥巴
When it rains, the ground is covered
with *mud*.

***muddy**[4] 〔'mʌdɪ 〕 *adj.* 泥濘的

***multiply**[2] 〔'mʌltə,plaɪ 〕 *v.* 繁殖
（= *reproduce* ）；大量增加；乘
Some insects reproduce very fast.
They *multiply* rapidly.

***murder**[3] 〔'mɝdɚ 〕 *v.*, *n.* 謀殺
He admitted killing the man but
claimed it was an accident and not
murder.

M

‡**museum**[2] 〔mju'ziəm〕*n.* 博物館

mushroom[3] 〔'mʌʃrum〕*n.* 蘑菇

‡**music**[1] 〔'mjuzɪk〕*n.* 音樂

*__*musical**[3] 〔'mjuzɪkl̩〕*adj.* 音樂的
　n. 音樂劇
　【衍伸詞】 *a Broadway musical*（百老
　匯音樂劇）

*__*musician**[2] 〔mju'zɪʃən〕*n.* 音樂家

‡**must**[1] 〔mʌst〕*aux.* 必須（= *have
　to*）；一定
　You *must* do your homework.

mustard[5] 〔'mʌstəd〕*n.* 芥末

mutton[5] 〔'mʌtn̩〕*n.* 羊肉

N n

‡**nail**[2] 〔nel〕*n.* 指甲；釘子
　Henry put a *nail* in the wall to hang
　a picture.
　【衍伸詞】 *nail clippers*（指甲剪）

‡**name**[1] 〔nem〕*n.* 名字　*v.* 命名
　【片語】 *name* A *after* B（以 B 的名字
　為 A 命名）

‡**narrow**[2] 〔'næro〕*adj.* 窄的；勉強的
　The road is very *narrow*.
　【衍伸詞】 narrowly（狹窄地；勉強地）
　【片語】 *have a narrow escape*（死裡
　逃生）
　【典型考題】
　In the keen competition of this
　international tennis tournament, she
　———— won the championship.
　A. privately　　B. distantly
　C. locally　　　D. narrowly　　[D]

‡**nation**[1] 〔'neʃən〕*n.* 國家（= *country*）
　There are many *nations* in the world.

‡**national**[2] 〔'næʃənl̩〕*adj.* 全國的
　（= *nationwide*）；國家的

*__*nationality**[4] 〔,næʃən'ælətɪ〕*n.* 國籍
　（= *citizenship*）

nationwide[7] 〔'neʃən,waɪd〕*adv.*
　在全國
　The company employs 20,000 people
　nationwide.
　【比較】 worldwide（在全世界）

*__*native**[3] 〔'netɪv〕*adj.* 本國的；本地的
　（= *local*）；天生的
　For most people living in the U.S.,
　English is their *native* language.

*__*natural**[2] 〔'nætʃərəl〕*adj.* 自然的；
　天生的
　Jimmy is interested in animals and
　wild flowers, so I'm sure he would
　enjoy this book on the *natural*
　history of Taiwan.
　【典型考題】
　Although many people think Sue's
　blonde hair is ————, she actually
　dyes it.
　A. feverish　　B. imitated
　C. valid　　　D. natural　　[D]

‡nature[1] 〔'netʃɚ〕 *n.* 自然；本質
（= *quality*）

*navy[3] 〔'nevɪ〕 *n.* 海軍
（= *naval forces*）
Rick chose to do his military service in the *navy*.
【比較】army（陸軍）
      air force（空軍）

‡near[1] 〔nɪr〕 *prep.* 在…附近
adj. 接近的；附近的
adv. 靠近；接近
My house is *near* the school.
Spring is *near*.

*nearby[2] 〔'nɪr,baɪ〕 *adj.* 附近的
〔'nɪr'baɪ〕 *adv.* 在附近
（= *not far away*）
I found it on a *nearby* table.

*nearly[2] 〔'nɪrlɪ〕 *adv.* 幾乎
（= *almost*）

*neat[2] 〔nit〕 *adj.* 整潔的（= *tidy*）
Tanya always keeps her room *neat* so that she can find things easily.

‡necessary[2] 〔'nɛsə,sɛrɪ〕 *adj.* 必要的
Sleep is *necessary* for good health.
【記憶技巧】*ne* (not) + *cess* (go away) + *ary*（不可或缺的東西，就是「必要的」）

‡neck[1] 〔nɛk〕 *n.* 脖子
She has a long *neck*.

*necklace[2] 〔'nɛklɪs〕 *n.* 項鍊
【記憶技巧】*neck* + *lace*（細帶子）
（掛在脖子上的細帶子，即「項鍊」）

【重要知識】necklace 可唸成〔'nɛklɪs〕或〔'nɛkləs〕，但不能唸成〔'nɛk,les〕，與 lace〔les〕，shoelace〔'ʃu,les〕比較。

‡need[1] 〔nid〕 *aux.* 有必要；需要
v. 需要（= *want*） *n.* 需要
（= *demand*）
He *need*n't come.
I *need* money badly.

*needle[2] 〔'nidḷ〕 *n.* 針；針頭

*negotiate[4] 〔nɪ'goʃɪ,et〕 *v.* 談判
（= *discuss*）；協商
We were able to *negotiate* a fair price with the seller of the house.
【記憶技巧】諧音法，談判破裂就會説「你狗屎耶（negotiate）」。

【典型考題】
His personality makes it very difficult to _____ and reach an agreement with him.
A. negotiate   B. liberate
C. decorate   D. imitate   [A]

‡neighbour[2] 〔'nebɚ〕 *n.* 鄰居
（= *neighbor*【美式用法】）
I'm lucky to have you as my *neighbour*.
【記憶技巧】*nei* (near) + *ghbour* (dweller)（住在附近的人，就是「鄰居」）

*neighbourhood[3] 〔'nebɚ,hud〕 *n.* 鄰近地區（= *neighborhood*【美式用法】= *a nearby region*）
【典型考題】
After the earthquake, everyone in our _____ moved to the school next to my house.
A. childhood   B. neighbourhood
C. direction   D. position   [B]

N

*__neither__[2]（'niðɚ）*adj.* 兩者都不⋯的
adv. 也不

Neither story is true.

If you cannot go, *neither* can I.

I love *neither* James nor his brother.

【片語】*neither* A *nor* B（既不是 A，也不是 B）

‡__nephew__[2]（'nɛfju）*n.* 姪兒；外甥

【比較】niece（姪女；外甥女）

‡__nervous__[3]（'nɜvəs）*adj.* 緊張的
（= *tense*）；神經的

‡__nest__[2]（nɛst）*n.* 巢

There are six birds in the *nest*.

*__net__[2]（nɛt）*n.* 網（= *web*）

The fishermen pulled in the *net* and
threw their catch on the deck of the
boat.

【衍伸詞】*the Net*（網際網路）

*__network__[3]（'nɛt,wɜk）*n.*（電腦）網
路；網路系統（= *system*）；網狀組織

The *network* of roads around the city
can be confusing to people who are
unfamiliar with the area.

【記憶技巧】*net* + *work*

‡__never__[1]（'nɛvɚ）*adv.* 從未

She has *never* been to a nightclub.

【記憶技巧】*n*（not）+ *ever*（曾經）

‡__new__[1]（nju）*adj.* 新的

‡__news__[1]（njuz）*n.* 新聞；消息

That man was on the *news* for killing
someone.

【典型考題】

The poor man's wife was very sick.
We did not know how to tell him the
bad _____.

A. example   B. health

C. idea   D. news   [D]

‡__newspaper__[1]（'njuz,pepɚ）*n.* 報紙

I read *newspapers* every day to know
what is happening in the world.

‡__next__[1]（nɛkst）*adj.* 下一個
adv. 其次；接著

Linda is the *next* person to give a
speech.

What comes *next*?

‡__nice__[1]（naɪs）*adj.* 好的

Julie is a very *nice* person.

‡__niece__[2]（nis）*n.* 姪女；外甥女

Mrs. Black is going to visit her *niece*.

【比較】nephew（姪兒；外甥）

‡__night__[1]（naɪt）*n.* 晚上

*__noble__[3]（'nobl̩）*adj.* 高貴的

Giving your place in the lifeboat to
that man was a *noble* act.

‡__nobody__[2]（'no,badɪ）*pron.* 沒有人
n. 無名小卒

There is *nobody* inside the room.

I don't want to be a *nobody*.

‡__nod__[2]（nad）*v.* 點頭

She *nodded* to me on the street.

【衍伸詞】*a nodding acquaintance*
（點頭之交）

‡noise[1] 〔 nɔɪz 〕 *n.* 噪音

I hate that *noise* because it drives me crazy.

【典型考題】

When the teacher was not in the classroom, the students talked loudly and made a lot of _____.
A. excuses   B. heat
C. languages   D. noise   [D]

‡noisy[1] 〔'nɔɪzɪ 〕 *adj.* 吵鬧的

‡none[2] 〔 nʌn 〕 *pron.* 沒有人

None of us are Americans.

‡noodle[2] 〔'nudḷ 〕 *n.* 麵

Chinese food is often served with rice or *noodles*.

【衍伸詞】 *instant noodles* (速食麵)

‡noon[1] 〔 nun 〕 *n.* 正午

Lunch will be served at *noon*.

‡nor[1] 〔 nɔr 〕 *conj.* 也不

He can neither read *nor* write.

【片語】 *neither* A *nor* B (既不 A，也不 B)

‡normal[3] 〔'nɔrmḷ 〕 *adj.* 正常的
(= *common*)   *n.* 標準；常態

Thirty degrees is a *normal* temperature for this time of year.
The child's temperature is above *normal*.

【反義詞】 abnormal (不正常的)

‡north[1] 〔 nɔrθ 〕 *n.* 北方   *adj.* 北方的
adv. 在北方；向北方

The wind is blowing from the *north*.
The village lies 15 miles *north* of the town.

northeast[1] 〔'nɔrθ,ist 〕 *n.* 東北方

Sunderland is in the *northeast* of England.

‡northern[2] 〔'nɔrðən 〕 *adj.* 北方的

northwest[1] 〔'nɔrθ,wɛst 〕 *n.* 西北方

The industrial area is in the *northwest* of the region.

‡nose[1] 〔 noz 〕 *n.* 鼻子 (= *snout*)

The clown has painted his *nose* red.

‡note[1] 〔 not 〕 *n.* 筆記 (= *record*)
v. 注意

She never takes *notes* in class.

【片語】 *take notes* (做筆記)

‡notebook[2] 〔'not,bʊk 〕 *n.* 筆記本；
筆記型電腦

I've written all the new words in my *notebook*.

‡nothing[1] 〔'nʌθɪŋ 〕 *pron.* 什麼也沒有
n. 無；空；微不足道的人或物
adv. 毫不；絕不

I will have *nothing* if I have to live without you.
His wife is *nothing*.
It is *nothing* less than madness.

‡notice[1] 〔'notɪs 〕 *v.* 注意到 (= *note*)
n. 通知

Did you *notice* her new dress?

【典型考題】

Yuki loves wearing strange hats because she wants people to _____ her.
A. believe   B. control
C. notice   D. visit   [C]

N

****novel**[2] 〔'nɑvḷ 〕 *n.* 小說 (= *fiction*)
He has written two *novels*, but
neither has been published yet.
【記憶技巧】 *nov* (new) + *el* (*n.*)
(「小說」的內容要新奇才會讓人想看)
【比較】 fiction (小說) 則是集合名詞。

***novelist**[3] 〔'nɑvḷɪst 〕 *n.* 小說家

***nowadays**[4] 〔'naʊə,dez 〕 *adv.* 現今
Air pollution is one of the most
important problems in Taiwan
nowadays.

nowhere[5] 〔'no,hwɛr 〕 *adv.* 到處都
沒有

***nuclear**[4] 〔'njuklɪə 〕 *adj.* 核子的
Nuclear energy can be used to
produce electricity.
【衍伸詞】 *nuclear weapon* (核子武器)

numb[7] 〔 nʌm 〕 *adj.* 麻木的；凍僵的
My fingers were *numb* with cold.

****number**[1] 〔'nʌmbə 〕 *n.* 數字；數量；
號碼
Each house has a *number*.

*****nurse**[1] 〔 nɝs 〕 *n.* 護士

***nursery**[4] 〔'nɝsərɪ 〕 *n.* 育兒室；
托兒所
There are several children in the
nursery.
【記憶技巧】 *nurs* (nurse) + *ery* (表「地
點」的字尾)
【衍伸詞】 *nursery rhyme* (兒歌；童謠)

****nut**[2] 〔 nʌt 〕 *n.* 堅果
Henry likes to eat *nuts*.
【衍伸詞】 *go nuts* (發瘋)

nutrition[6] 〔 nju'trɪʃən 〕 *n.* 營養
(= *nourishment*)
If you want to stay healthy, you need
sufficient rest and proper *nutrition*.
【記憶技巧】 *nutri* (nourish) + *tion* (*n.*)
(滋養生命之物，就是「營養」)

┌─【典型考題】────────┐
Poor ———— has cause millions of
deaths in developing countries where
there is only a limited amount of food.
A. reputation   B. nutrition
C. construction   D. stimulation   **[B]**
└──────────────────┘

O o

****obey**[2] 〔 ə'be 〕 *v.* 服從 (= *give in*)；
遵守 (= *follow* = *observe*)
Students are supposed to *obey* school
regulations.

****object**[2] 〔'ɑbdʒɪkt 〕 *n.* 物體
〔 əb'dʒɛkt 〕 *v.* 反對

I can see a shining *object* in the sky.
The boss wouldn't *object* if you
smoked in his office.
【記憶技巧】 *ob* (against) + *ject*
(throw) (把東西丟向某人，就是
「反對」)

* **observe**[3] 〔 əb'zɝv 〕 v. 觀察 (= *watch carefully*)；遵守 (= *obey*)

It is interesting to *observe* how students act on the first day at school.

【記憶技巧】 *ob* (eye) + *serve* (keep)

（眼睛不停地看，即是「觀察」、「遵守」）

【典型考題】

In order to write a report on stars, we decided to _____ the stars in the sky every night.
A. design   B. seize
C. quote   D. observe   [D]

* **obtain**[4] 〔 əb'ten 〕 v. 獲得

We won't be able to fix your car today because we couldn't *obtain* the part we need.

【記憶技巧】 *ob* (to) + *tain* (hold)

（擁有就是「獲得」）

【比較】 con<u>tain</u> (包含)

　　　　 sus<u>tain</u> (支撐；維持)

* **obvious**[3] 〔 'ɑbvɪəs 〕 adj. 明顯的 (= *apparent* = *evident*)

It's *obvious* that there are still some disadvantages to the plan he presented.

【記憶技巧】 *ob* (near) + *vi* (way) + *ous* (adj.) （靠近馬路的東西，看起來是非常「明顯的」)

* **occupation**[4] 〔 ͵ɑkjə'peʃən 〕 n. 職業 (= *job* = *vocation*)；佔領

If you confine your choice to a certain *occupation*, your chance of getting a job may become smaller.

* **occupy**[4] 〔 'ɑkjə͵paɪ 〕 v. 佔據；佔領 (= *take over*)；居住 (= *live in*)

My club activities *occupy* most of my free time.

【記憶技巧】 *oc* (over) + *cupy* (seize)

（奪取，也就是「佔據」）

【典型考題】

The U.S. Armed Forces tried to _____ Baghdad and remove Saddam from power in a very short time.
A. protest   B. polish
C. offend   D. occupy   [D]

* **occur**[2] 〔 ə'kɝ 〕 v. 發生 (= *happen*)

When a plane accident *occurs*, most people are killed.

* **ocean**[1] 〔 'oʃən 〕 n. 海洋；大量 (= *a lot*)

Oceans are very deep seas.

Oceania[7] 〔 ͵oʃɪ'ænə 〕 n. 大洋洲

* **o'clock**[1] 〔 ə'klɑk 〕 n. …點鐘

* **offence**[4] 〔 ə'fɛns 〕 n. 違法行為；犯罪；冒犯 (= *offense*【美式用法】)

He was aware that he had committed an *offence*.

* **offer**[2] 〔 'ɔfɚ 〕 v. 提供 (= *give*)；提議 n. 提供

He *offered* me a better job.

【記憶技巧】 *of* (to) + *fer* (carry)

（把東西帶來，也就是「提供」)

* **office**[1] 〔 'ɔfɪs 〕 n. 辦公室

* **officer**[1] 〔 'ɔfəsɚ 〕 n. 警官；軍官

The police *officer* stopped the car.

O

***official**[2] 〔 əˈfɪʃəl 〕 *adj.* 官方的；正式的 (= *formal*) *n.* 公務員；高級職員

An *official* from the Ministry of Health came to the hospital to explain the new regulations.

【重要知識】officer 是武官，official 是文官。

offshore[7] 〔ˈɔfˌʃor 〕 *adj.* 海上的；近海的

China has a huge *offshore* and onshore oil reserves.

‡‡**often**[1] 〔ˈɔfən 〕 *adv.* 常常

oh[1] 〔 o 〕 *int.* 噢；哦

Oh, I almost forgot.

‡‡**oil**[1] 〔 ɔɪl 〕 *n.* 油 *v.* 給…加潤滑油

Pat puts *oil* in the pan to fry an egg. He's outside *oiling* his bike.

oilfield[7] 〔ˈɔɪlˌfild 〕 *n.* 油田

【記憶技巧】oil + field (田野)

O.K.[1] 〔ˈoˈke 〕 *adv.* 好；順利地；很好地 (= *OK* = *okay*)

"Shall we go for a walk?" "*O.K.*" This car runs *O.K.*

‡‡**old**[1] 〔 old 〕 *adj.* 老的；舊的

Olympic[7] 〔 oˈlɪmpɪk 〕 *adj.* 奧運會的

Olympics[7] 〔 oˈlɪmpɪks 〕 *n.* 奧運會

【衍伸詞】*the Olympics* (奧運會) (= *the Olympic Games*)

‡‡**once**[1] 〔 wʌns 〕 *adv.* 一次 *conj.* 一旦 *n.* 一次；一回

Henry has been to Paris *once*.

Once you get there, you'll love it.

‡**onion**[2] 〔ˈʌnjən 〕 *n.* 洋蔥

Do not put the *onion* in the soup.

‡‡**only**[1] 〔ˈonlɪ 〕 *adj.* 唯一的 *adv.* 只有

***onto**[3] 〔ˈɑntə , ˈɑntu 〕 *prep.* 到…之上

The cat jumped *onto* the counter while I was preparing dinner.

‡‡**open**[1] 〔ˈopən 〕 *v.* 打開 *adj.* 開放的

opening[1] 〔ˈopənɪŋ 〕 *n.* 開幕；開口處

Lots of stars were invited to the Gallery's grand *opening*.

【衍伸詞】*grand opening* (盛大的開幕典禮)

***opera**[4] 〔ˈɑpərə 〕 *n.* 歌劇

Do you like to listen to Chinese *opera*?

【記憶技巧】*oper* (work) + *a* (「歌劇」就是一件作品)

【衍伸詞】*soap opera* (肥皂劇；連續劇)

***operate**[2] 〔ˈɑpəˌret 〕 *v.* 操作 (= *run*)；動手術 (= *perform surgery*)

He can't make this machine work; he doesn't know how to *operate* it.

【記憶技巧】*oper* (work) + *ate* (v.) (工作就是需要動手「操作」)

‡**operation**[4] 〔ˌɑpəˈreʃən 〕 *n.* 手術 (= *surgery*)；運作 (= *action*)；操作

I had an *operation* on my heart.

***operator**[3] 〔ˈɑpəˌretɚ 〕 *n.* 接線生；操作員

I asked the telephone *operator* to look up the number for me.

***opinion**[2] 〔ə'pɪnjən 〕 *n.* 意見
(= *idea*)；看法 (= *view*)

Mary has no *opinion* at all.

【片語】*in* one's *opinion* (依某人之見)

【典型考題】

Helen's doctor suggested that she
undergo heart surgery. But she
decided to ask for a second _____
from another doctor.
A. purpose   B. statement
C. opinion   D. excuse   [C]

***oppose**[4] 〔 ə'poz 〕 *v.* 反對
(= *object to*)

They *opposed* the plan by mounting
a public protest.

【記憶技巧】*op* (against) + *pose* (put)

【典型考題】

We _____ the building of the bridge
here. We are against it.
A. manage   B. force
C. capture   D. oppose   [D]

***opposite**[3] 〔'ɑpəzɪt 〕 *adj.* 相反的
(= *contrary*)；對面的   *n.* 相反

Sandra turned and ran in the
opposite direction.

He thought quite the *opposite*.

【衍伸詞】*quite the opposite* (正相反)

***optimistic**[3] 〔,ɑptə'mɪstɪk 〕 *adj.*
樂觀的 (= *hopeful*)

【反義詞】pessimistic (悲觀的)

【記憶技巧】optimistic 唸起來就有
高興的感覺，所以是「樂觀的」，而
pessimistic 就正好相反。

【典型考題】

A person who thinks there is no need
to worry about tomorrow and that
everything will turn out fine is _____.
A. energetic   B. creative
C. optimistic   D. ambitious   [C]

optional[6] 〔'ɑpʃənḷ 〕 *adj.* 選擇的；
選修的 (= *elective*)

oral[4] 〔'orəl,'ɔrəl 〕 *adj.* 口頭的
(= *spoken*)；口部的

Students will have to take an *oral*
exam as well as a written one.

【衍伸詞】*oral exam* (口試)

【重要知識】這個字也可唸〔'orəl 〕，但美國
人現在多唸〔'ɔrəl 〕。

*****orange**[1] 〔'ɔrɪndʒ 〕 *n.* 柳橙
adj. 柳橙的；橙色的

Sarah bought some *oranges* at the
supermarket.

***orbit**[4] 〔'ɔrbɪt 〕 *n.* 軌道；勢力範圍
v. 繞軌道運行

The satellite was launched into
orbit around the moon.

【典型考題】

Each of the planets in the solar system
circles around the sun in its own
_____, and this prevents them from
colliding with each other.
A. entry   B. haste
C. orbit   D. range   [C]

*****order**[1] 〔'ɔrdɚ 〕 *n.* 命令
(= *command*)；順序；訂購；點餐
v. 命令；訂購；點 (餐)

You have to learn to obey *orders*.

‡ **ordinary** [2] (ˈɔrdn̩ˌɛrɪ) *adj.* 普通的
(= *usual*)；平淡的
We just want an *ordinary* lunch.
【記憶技巧】 *ordin* (order) + *ary* (adj.)
（按照順序，就是「普通的」）
【反義詞】 extraordinary（特別的）

┌─【典型考題】───────────
We are _____ people. We can't be
as famous as Brad Pitt.
A. dependable　　B. terrified
C. genuine　　　　D. ordinary　　　[D]
└──────────────────────

* **organ** [2] (ˈɔrgən) *n.* 器官 (= *body part*)
An unhealthy lifestyle can cause
damage to *organs* such as the heart
and lungs.
【記憶技巧】 organ 和 organize 一起背。

* **organise** [2] (ˈɔrgənˌaɪz) *v.* 組織
(= *organize*【美式用法】= *form*)；
安排；籌辦
They want to *organise* a political party.

* **organisation** [2] (ˌɔrgənəˈzeʃən) *n.*
組織；機構
(= *organization*【美式用法】)

* **origin** [3] (ˈɔrədʒɪn) *n.* 起源
(= *beginning*)；出身【常用複數】
No one knows the exact *origin* of
the tribe, but most people think
they came from the northern plains.

other [1] (ˈʌðɚ) *adj.* 其他的
I have many *other* things to do.

others [1] (ˈʌðɚz) *pron.* 其他的人或物
Do to *others* as you would be done by.

* **otherwise** [4] (ˈʌðɚˌwaɪz) *adv.* 否則
You had better hurry up; *otherwise*,
you are going to be late for school.
【記憶技巧】 *other* + *wise* (方式)
（除非有其他方式，「否則」就要按照原來
的方式做）

* **ought to** [3] (ˈɔˌtə) *aux.* 應該
(= *should*)
You *ought to* take an umbrella
because it might rain.

‡ **out** [1] (aʊt) *adv.* 向外；外出

* **outcome** [4] (ˈaʊtˌkʌm) *n.* 結果
(= *result*)
The *outcome* of the election was
announced two weeks ago.
【比較】 income (收入)

┌─【典型考題】───────────
On the basis of the clues, can you
predict the _____ of the story?
A. outcome　　　B. performance
C. cause　　　　D. headline　　　[A]
└──────────────────────

* **outdoors** [3] (ˈaʊtˈdorz) *adv.* 在戶外

* **outer** [3] (ˈaʊtɚ) *adj.* 外部的 (= *external*)
When he became too warm, Ted
took off an *outer* layer of clothing.

outgoing [5] (ˈaʊtˌgoɪŋ) *adj.* 外向的
(= *sociable*)
She is an active and *outgoing* girl.
【反義詞】 introvert (內向的)

outing [6] (ˈaʊtɪŋ) *n.* 出遊 (= *trip*)
To go on an *outing* means to take a
short pleasure trip.

* outline[3] 〔'aʊt‚laɪn 〕 *n.* 輪廓；大綱
（＝*summary*）

After doing some research, I was able to write an *outline* of my term paper.

【記憶技巧】*out* + *line*（線條）

（寫「大綱」就像畫出外部的線條）

output[5] 〔'aʊt‚pʊt 〕 *n.* 產品；產量
（＝*production*）；（機械、電）
輸出（量）

Some companies buy new machinery to increase their *output*.

‡ outside[1] 〔'aʊt'saɪd 〕 *adv.* 在外面
（＝*outdoors*）　*n.* 外面；外側
〔 aʊt'saɪd 〕 *prep.* 在…的外面

Father was busy *outside*.

outspoken[7] 〔‚aʊt'spokən 〕 *adj.*
直言的；坦率的

She was *outspoken* in her criticism of the plan.

* outstanding[4] 〔'aʊt'stændɪŋ 〕 *adj.*
傑出的（＝*excellent*）；出眾的；
顯著的

Michael was awarded a medal for his *outstanding* performance.

outward(s)[5] 〔'aʊtwəd(z) 〕 *adv.*
向外

* oval[4] 〔'ovḷ 〕 *adj.* 橢圓形的
（＝*egg-shaped*）　*n.* 橢圓形

* overcoat[3] 〔'ovə‚kot 〕 *n.* 大衣
（＝*heavy coat*）

Eric wears his *overcoat* only on the coldest days.

* overcome[4] 〔‚ovə'kʌm 〕 *v.* 克服
（＝*beat*）；戰勝（＝*defeat*）

A friendly smile helps us make friends quickly and *overcomes* differences in customs.

【典型考題】

Many students don't know how to
_____ their stage fright.
A. conquest　　B. overcome
C. respond　　　D. succumb　　[B]

overhead[6] 〔'ovə‚hɛd 〕 *adj.* 頭上的
（＝*up above*）

He switched off an *overhead* light.

* overlook[4] 〔‚ovə'lʊk 〕 *v.* 忽視
（＝*neglect*＝*ignore*）；俯瞰（＝*look down on*）

The study has either been forgotten or *overlooked*, because no one mentioned it at the meeting.

* overweight[4] 〔‚ovə'wet 〕 *adj.* 超重的

The baggage is two kilos *overweight*.

* owe[3] 〔 o 〕 *v.* 欠（＝*be in debt to*）

You *owe* me four hundred dollars for the book I bought for you.

‡ own[1] 〔 on 〕 *v.* 擁有（＝*possess*）
adj. 自己的

‡ owner[2] 〔'onə 〕 *n.* 擁有者
（＝*possessor*）

* ownership[3] 〔'onə‚ʃɪp 〕 *n.* 所有權
（＝*right of possession*）

The *ownership* of the land is uncertain.

O

‡**ox**[2] 〔 ɑks 〕 *n.* 公牛 (= *bull*)

　【注意】複數是 oxen。

　【反義詞】cow (母牛)

***oxygen**[4] 〔'ɑksədʒən 〕 *n.* 氧 (= O_2)

　【記憶技巧】*oxy* (acid) + *gen* (produce)

　（「氧」被視爲構成酸的必要成分）

P p

***pace**[4] 〔 pes 〕 *n.* 步調

　(= *tempo of motion*)

Becky walked through the store at such a fast *pace* that I couldn't keep up with her.

　【注意】表「以…步調」，介系詞用 at。

─【典型考題】────────

If we walk at this slow ＿＿＿, we'll never get to our destination on time.
A. mood   B. pace
C. tide   D. access   [B]

pacific[5] 〔 pə'sɪfɪk 〕 *adj.* 和平的

　(= *peaceful*)

　【衍伸詞】*the Pacific Ocean* (太平洋)

‡**pack**[2] 〔 pæk 〕 *v.* 包裝；打包　*n.* 小包

All clothes will be *packed* into the bag.

‡**package**[2] 〔'pækɪdʒ 〕 *n.* 包裹

　(= *parcel*)；包裝好的商品；一套方案；套裝軟體

Here is a *package* for you.

　【記憶技巧】*pack* (包裝) + *age*

　（ 表「一組」的字尾 ）

packet[5] 〔'pækɪt 〕 *n.* 小包；包裹

　(= *small parcel*)

paddle[5] 〔'pædḷ 〕 *n.* 槳 (= *oar*)

‡**page**[1] 〔 pedʒ 〕 *n.* 頁

How many *pages* are there in this book?

‡**pain**[2] 〔 pen 〕 *n.* 疼痛 (= *ache*)；痛苦

She was in *pain* after she broke her leg.

‡**painful**[2] 〔'penfəl 〕 *adj.* 疼痛的

　(= *agonizing*)；痛苦的

‡**paint**[1] 〔 pent 〕 *v.* 畫；油漆　*n.* 油漆

I *painted* my house blue.

　【重要知識】用鉛筆、原子筆等劃出線條，稱爲 draw，用水彩筆畫，就像刷油漆一樣的畫，才稱爲 paint。

‡**painter**[2] 〔'pentɚ 〕 *n.* 畫家；油漆工

He wishes to be a *painter* in the future.

***painting**[2] 〔'pentɪŋ 〕 *n.* 畫

‡**pair**[1] 〔 pɛr 〕 *n.* 一雙

This *pair* of shoes is not on sale.

***palace**[3] 〔'pælɪs 〕 *n.* 宮殿

　(= *royal mansion*)

　【記憶技巧】place 多加個 a，就是「宮殿」。

　【衍伸詞】*the Palace Museum* (故宮博物院)

‡**pale**[3] 〔 pel 〕 *adj.* 蒼白的

She was *pale* with fear.

* **pan**[2] 〔 pæn 〕 n. 平底鍋

* **pancake**[3] 〔'pæn͵kek 〕 n. 薄煎餅

* **panda**[2] 〔'pændə 〕 n. 貓熊

* **panic**[3] 〔'pænɪk 〕 v., n. 恐慌；驚慌 (= *fright*)　adj. 恐慌的

   The passengers *panicked* when the ship began to sink.

   【panic的過去式及過去分詞為panicked】

* **paper**[1] 〔'pepə 〕 n. 紙；報告

   paperwork[1] 〔'pepə͵wɝk 〕 n. 文書工作

   We're trying to cut down on the amount of *paperwork* involved.

* **paragraph**[4] 〔'pærə͵græf 〕 n. 段落 (= *passage*)

   Our assignment is to write a five-*paragraph* essay.

   【記憶技巧】 *para* (beside) + *graph* (write) (不相關的內容寫在不同 「段落」)

   parallel[5] 〔'pærə͵lɛl 〕 adj. 平行的 n. 平行 (線)；匹敵 (的東西)

   First Street runs *parallel* to Second Street; they do not intersect.

   【記憶技巧】 *para* (beside) + *llel* (each other) (「平行的」兩條線永遠 在彼此旁邊)

* **parcel**[3] 〔'pɑrsḷ 〕 n. 包裹

   Would you like to send this *parcel* by air or sea?

* **pardon**[2] 〔'pɑrdn̩ 〕 n. 原諒 v. 原諒 (= *forgive*)

   I beg your *pardon*.

   Pardon me for interrupting you.

   【記憶技巧】 *par* (thoroughly) + *don* (give) (願意全心付出，表示「原諒」)

* **parents**[1] 〔'pɛrənts 〕 n. pl. 父母

   Linda stays with her *parents*.

   【記憶技巧】 *par* (give birth to) + *ents* (persons) (生小孩的人，也就是「父母」)

* **park**[1] 〔 pɑrk 〕 n. 公園　v. 停車

   parking[1] 〔'pɑrkɪŋ 〕 n. 停車

   No *parking*.

   【衍伸詞】 parking lot (停車場)

* **parrot**[2] 〔'pærət 〕 n. 鸚鵡

   Parrots are birds of very bright colors.

* **part**[1] 〔 pɑrt 〕 n. 部分 (= *portion*) v. 分開 (= *separate*)　adj. 部分的

   The best of friends must *part*.

* **participate**[3] 〔 pɑr'tɪsə͵pet 〕 v. 參加 (= *take part in*)

   In a modern democracy people want to *participate* more fully.

   【記憶技巧】 *parti* (part) + *cip* (take) + *ate* (v.) (take part in，就是「參加」)

* **particular**[2] 〔 pə'tɪkjələ 〕 adj. 特別的 (= *special*)

   I have nothing *particular* to do today.

   【片語】 *in particular* (特別地；尤其)

   【衍伸詞】 particularly (特別是；尤其)

P

partly[5] 〔'partlɪ 〕*adv.* 部分地
(= *not completely*)

‡**partner**[2] 〔'partnɚ 〕*n.* 夥伴
(= *companion*)
They were *partners* in business.

part-time[2] 〔ˌpart'taɪm 〕*adj.* 兼職的
She is looking for a *part-time* job.
【比較】*full-time*（全職的）

‡‡**party**[1] 〔'partɪ 〕*n.* 宴會
(= *celebration*)；政黨 (= *political group*)
【衍伸詞】*party politics*（政黨政治）

‡‡**pass**[1] 〔 pæs 〕*v.* 經過 (= *go by*)；
通過；及格

***passage**[3] 〔'pæsɪdʒ 〕*n.* 一段（文章）
(= *paragraph*)

‡**passenger**[2] 〔'pæsndʒɚ 〕*n.* 乘客

┌─【典型考題】─────────
It is the bus driver's job to make sure that every _____ is safe.
A. maid   B. passenger
C. stranger   D. vendor   [B]
└──────────────────

passer-by[7] 〔ˌpæsɚ'baɪ 〕*n.* 路人
Police asked *passers-by* if they had seen the accident.

***passive**[4] 〔'pæsɪv 〕*adj.* 被動的
(= *inactive*)
You should stand up for yourself instead of taking such a *passive* attitude.
【反義詞】active（主動的）

┌─【典型考題】─────────
The child was _____. He just sat there and waited for something to happen.
A. passive   B. expressive
C. extensive   D. persuasive   [A]
└──────────────────

***passport**[3] 〔'pæsˌport 〕*n.* 護照
When you cross the border of a country, you usually have to show your *passport*.
【記憶技巧】*pass*（通過）+ *port*（港口）
（通過港口要出示「護照」）

‡‡**past**[1] 〔 pæst 〕*adj.* 過去的
(= *previous*)   *n.* 過去
prep. 超過；經過

┌─【典型考題】─────────
Life in Taiwan has changed a lot in the _____ 20 years.
A. past   B. passed
C. passive   D. pass   [A]
└──────────────────

patent[5] 〔'pætn̩t 〕*n.* 專利權   *v.* 取得（某物）的專利   *adj.* 特別明顯的；顯著的
Ben applied for a *patent* for his latest invention.

‡**path**[2] 〔 pæθ 〕*n.* 小徑 (= *lane*)
Harry likes to walk down this *path* to get to the lake.

***patience**[3] 〔'peʃəns 〕*n.* 耐心
I have no *patience* with such an arrogant man.
【記憶技巧】*pati* (endure) + *ence* (*n.*)

‡**patient**² 〔'peʃənt 〕 *adj.* 有耐心的
    n. 病人
    【反義詞】impatient（不耐煩的）

┌─【典型考題】──────────┐
One of the requirements of being
either a good teacher or a good nurse
is to be _____.
A. patient   B. artificial
C. familiar   D. original   [A]
└─────────────────────┘

‡**pattern**² 〔'pætən 〕 *n.* 模式
    （= *order* ）；圖案；典範
    Their movements all followed the
    same *pattern*.

‡**pause**³ 〔 pɔz 〕 *n.,v.* 暫停
    After a short *pause*, Lori kept on
    working.

***pavement**³ 〔'pevmənt 〕 *n.* 人行道
    （= *sidewalk* ）；路面
    Bobby fell off his bicycle and
    scraped his knee on the *pavement*.

‡**pay**¹,³ 〔 pe 〕 *v.* 支付；付錢   *n.* 薪水
    I'll *pay* for the meal.
    【注意】三態變化：pay–paid–paid

P.C.¹   *n.* 個人電腦（= *personal*
    computer ）

P.E.¹   *n.* 體育（= *physical education* ）

***pea**³ 〔 pi 〕 *n.* 豌豆（= *bean* ）

***peace**² 〔 pis 〕 *n.* 和平（= *calmness* ）
    Both warring nations longed for
    peace.

‡**peaceful**² 〔'pisfəl 〕 *adj.* 和平的（= *at
    peace* ）；平靜的；寧靜的（= *serene* ）

‡**peach**² 〔 pitʃ 〕 *n.* 桃子

‡**pear**² 〔 pɛr 〕 *n.* 西洋梨【注意發音】
    A *pear* is a sweet and juicy fruit.
    【重要知識】有則謎語：What fruit is never
    alone? 答案就是 pear，因為它和 pair（一
    對）發音相同，如此就不會唸成〔 pɪr 〕（誤）。

pedestrian⁶ 〔 pə'dɛstrɪən 〕 *n.* 行人
    （= *walker* ）
    It was reckless of the *pedestrian* to
    try to cross the street against the light.

‡**pen**¹ 〔 pɛn 〕 *n.* 筆

pence³ 〔 pɛns 〕 *n.* penny 的複數

‡**pencil**¹ 〔'pɛnsḷ 〕 *n.* 鉛筆

***penny**³ 〔'pɛnɪ 〕 *n.* 一分硬幣
    （= *cent* ）；便士【英國貨幣單位】

pension⁶ 〔'pɛnʃən 〕 *n.* 退休金；年金
    My grandfather is retired and lives
    on his *pension*.
    【記憶技巧】*pens* (weigh) + *ion* (n.)

‡**people**¹ 〔'pipḷ 〕 *n.* 人
    Many *people* ride the MRT at rush
    hour.

‡**pepper**² 〔'pɛpɚ 〕 *n.* 胡椒；胡椒粉
    I put *pepper* on the pizza.

***per**² 〔 pɚ 〕 *prep.* 每…（= *every* ）
    Gas prices have risen by three
    dollars *per* liter.

P

*percent[4]〔pə'sɛnt〕*n.* 百分之…
Twenty is twenty *percent* of one
hundred.
【記憶技巧】*per*（每）+ *cent*（hundred）

*percentage[4]〔pə'sɛntɪdʒ〕*n.*
百分比（= *rate*）

*perfect[2]〔'pɝfɪkt〕*adj.* 完美的
（= *flawless*）；最適當的
【記憶技巧】*per*（thoroughly）+ *fect*
（make）（把一件事完整做完，就是「完
美的」）

*perform[3]〔pə'fɔrm〕*v.* 表演
（= *appear on stage*）；執行（= *do*）
【記憶技巧】背這個字要先背 form（形成）。

*performance[3]〔pə'fɔrməns〕*n.*
表演（= *public presentation*）；表現
The musician gave a wonderful
performance at the concert hall.
【記憶技巧】*per*（thoroughly）+ *form*
（provide）+ *ance*（*n.*）（完整地呈現出
來，就是「表演」）

performer[5]〔pə'fɔrmə〕*n.* 表演者
（= *actor*）

*perfume[4]〔'pɝfjum〕*n.* 香水
（= *fragrance*）
Many department stores offer
customers free samples of *perfume*.
【記憶技巧】*per*（through）+ *fume*
（smoke）（噴灑「香水」時，看起來煙霧
瀰漫）

**perhaps[1]〔pə'hæps〕*adv.* 也許
Perhaps your book is on your desk.

【記憶技巧】*per*（by）+ *haps*（chance）
（要憑運氣，就是也許有，也許沒有）

*period[2]〔'pɪrɪəd〕*n.* 期間；時期；
句點
This was the most difficult *period*
of his life.
【記憶技巧】*peri*（round）+ *od*（way）
（繞一圈的時間，表示「期間」）

*permanent[4]〔'pɝmənənt〕*adj.* 永久
的（= *eternal*）
After a series of temporary jobs,
John found a *permanent* position in
a big company.
【記憶技巧】*per*（through）+ *man*
（stay）+ *ent*（*adj.*）（一直停留，就是
「永久的」）

*permission[3]〔pə'mɪʃən〕*n.* 許可
（= *approval*）
Without special *permission*, no one
can visit the castle.
【記憶技巧】背這個字要先背 mission
（任務）。

*permit[3]〔pə'mɪt〕*v.* 允許（= *allow*）
〔'pɝmɪt〕*n.* 許可證
【記憶技巧】*per*（through）+ *mit*
（send）（「允許」就是答應把你送過去）
【比較】e<u>mit</u>（發射）；ad<u>mit</u>（承認）；
sub<u>mit</u>（提出）；o<u>mit</u>（省略）

**person[1]〔'pɝsn̩〕*n.* 人
"VIP" means Very Important *Person*.

*personal[2]〔'pɝsn̩l̩〕*adj.* 個人的
（= *individual*）

personally[2]（'pɝsn̩lɪ）*adv.*
就個人而言；親自（= *in person*）
I've never met the man *personally*.
The curator took me *personally*
through the museum.

personnel[5]（ˌpɝsn̩'ɛl）*n.* 全體職員
（= *staff*）；人事部
Airline *personnel* can purchase
flight tickets at reduced prices.
【衍伸詞】 ***personnel manager***（人事
主任）

* **persuade**[3]（pɚ'swed）*v.* 說服
（= *convince*）
She *persuaded* her friend to go
camping with her.
【記憶技巧】 ***per*** (thoroughly) + ***suade***
(advise)（徹底地勸告，就是「說服」）
【反義詞】 dissuade（勸阻）

* **pest**[3]（pɛst）*n.* 害蟲（= *blight*）；
討厭的人或物（= *annoyance*）
My little brother is a *pest*, following
me everywhere and doing anything
he can to get my attention.

** **pet**[1]（pɛt）*n.* 寵物

petrol[7]（'pɛtrol）*n.* 汽油
（= *gasoline*【美式用法】）
I need to fill up with *petrol* before
we leave.

* **phenomenon**[4]（fə'namə,nan）*n.*
現象（= *happening*）
A tornado is an interesting weather
phenomenon.

【注意】 複數為 phenomen<u>a</u>。
【記憶技巧】 ***phe*** + ***no*** + ***me*** + ***non***

phone[2]（fon）*n.* 電話（= *telephone*）
May I use the *phone* in your office?

** **photo**[2]（'foto）*n.* 照片
（= *photograph*）
I took a lot of *photos* on my trip.

* **photograph**[2]（'fotə,græf）*n.* 照片
（= *snapshot*）

* **photographer**[2]（fə'tagrəfɚ）*n.*
攝影師

* **phrase**[2]（frez）*n.* 片語
【比較】 phase（階段）

* **physical**[4]（'fɪzɪkl̩）*adj.* 身體的
Stress can affect both our *physical*
and mental health.
【記憶技巧】 ***phys-*** 表「身體」的字首。

* **physician**[4]（fə'zɪʃən）*n.* 內科醫生
（= *medical doctor*）
The *physician* gave the patient a
complete checkup but could find
nothing wrong with him.
【比較】 surgeon（外科醫生）

* **physicist**[4]（'fɪzəsɪst）*n.* 物理學家

** **physics**[4]（'fɪzɪks）*n.* 物理學
Physics is my favorite subject.

* **pianist**[4]（pɪ'ænɪst）*n.* 鋼琴家
【記憶技巧】 ***-ist*** 表「人」的字尾。

** **piano**[1]（pɪ'æno）*n.* 鋼琴

P

P

‡**pick**[2] 〔 pɪk 〕 *v.* 挑選 (= *choose*)；摘
　　Frank *picked* a ball from the box.

‡**picnic**[2] 〔'pɪknɪk 〕 *n.* 野餐
　　(= *outdoor meal*)　　*v.* 去野餐
　　【片語】 *go on a picnic* (去野餐)

‡**picture**[1] 〔'pɪktʃɚ 〕 *n.* 圖畫
　　(= *drawing*)；照片 (= *photo*)
　　An artist is painting a *picture*.
　　【記憶技巧】 *pict* (paint) + *ure* (n.)

‡**pie**[1] 〔 paɪ 〕 *n.* 派 (= *pastry*)；餡餅
　　Elsa made a cherry *pie* by herself.

‡**piece**[1] 〔 pis 〕 *n.* 片 (= *slice*)；一件；
　　一項
　　I gave him a *piece* of paper.

‡**pig**[1] 〔 pɪg 〕 *n.* 豬 (= *swine*)

* **pile**[2] 〔 paɪl 〕 *n.* 堆　*v.* 堆積；堆放
　　He puts the fruits in *piles* under
　　the tree.

* **pill**[3] 〔 pɪl 〕 *n.* 藥丸
　　The doctor gave me some *pills* for
　　my headache.
　　【比較】 tablet (藥片)；capsule (膠囊)

* **pillow**[2] 〔'pɪlo 〕 *n.* 枕頭 (= *cushion*)
　　This *pillow* is so hard that I can't
　　sleep.

　　【典型考題】
　　I bought two ＿＿＿ in a bedding
　　store yesterday.
　　A. pillars　　　B. pets
　　C. pillows　　　D. pickles　　　[C]

* **pilot**[3] 〔'paɪlət 〕 *n.* 飛行員
　　The *pilot* announced that we would
　　be landing in Taipei shortly.

‡**pin**[2] 〔 pɪn 〕 *n.* 別針 (= *tack*)；大頭針
　　v. (用別針) 別住；固定
　　Lisa used *pins* to hold pieces of
　　cloth together.

* **pine**[3] 〔 paɪn 〕 *n.* 松樹
　　We decided not to fell the *pine* in
　　the front yard.

* **pineapple**[2] 〔'paɪn͵æpl̩ 〕 *n.* 鳳梨
　　A *pineapple* has a sweet taste.

* **ping-pong**[2] 〔'pɪŋ͵pɑŋ 〕 *n.* 乒乓球
　　(= *table tennis*)
　　I learned to play *ping-pong* when I
　　was in elementary school.

‡**pink**[2] 〔 pɪŋk 〕 *adj.* 粉紅色的
　　n. 粉紅色

　　pint[3] 〔 paɪnt 〕 *n.* 品脫 (液體的衡量
　　單位，1 品脫約 0.473 公升)

* **pioneer**[4] 〔͵paɪə'nɪr 〕 *n.* 先驅
　　(= *starter*)；先鋒 (= *forerunner*)
　　Henry Ford was a *pioneer* in the
　　automobile industry.

‡**pipe**[2] 〔 paɪp 〕 *n.* 管子 (= *tube*)；煙斗
　　(= *smoking tool*)；笛子 (= *flute*)

* **pity**[3] 〔'pɪtɪ 〕 *n.* 同情；可惜的事
　　We felt *pity* for the poor people
　　begging on the street.
　　It is a *pity* that you missed the party.

‡**place**[1] 〔 ples 〕 *n.* 地方　*v.* 放置

‡**plain**[2] 〔 plen 〕 *adj.* 平凡的
（ = *ordinary* ）；淺顯易懂的；
樸素的；坦白的
Isabel likes to wear *plain* clothes and she is not interested in fashion at all.

‡**plan**[1] 〔 plæn 〕 *n., v.* 計劃
Eve *planned* to study abroad.

plane[1] 〔 plen 〕 *n.* 飛機（ = *airplane* ）
We drove to the airport and caught the next *plane* to Nice.

‡**planet**[2] 〔 'plænɪt 〕 *n.* 行星
Our earth is one of the *planets* in the solar system.

‡**plant**[1] 〔 plænt 〕 *n.* 植物；工廠
v. 種植（ = *cultivate* ）
The mango is a tropical *plant*.

***plastic**[3] 〔 'plæstɪk 〕 *adj.* 塑膠的
The cup is *plastic*, so it won't break if you drop it.

‡**plate**[2] 〔 plet 〕 *n.* 盤子

‡**platform**[2] 〔 'plæt,fɔrm 〕 *n.* 月台
We are waiting for him on the *platform*.
【記憶技巧】*plat* (flat) + *form*
（「月台」是一塊平坦的地方）

‡**play**[1] 〔 ple 〕 *v.* 玩　*n.* 戲劇

‡**playground**[1] 〔 'ple,graʊnd 〕 *n.*
運動場（ = *schoolyard* ）；遊樂場

***pleasant**[2] 〔 'plɛzn̩t 〕 *adj.* 令人愉快的
（ = *agreeable* ）
I spent a *pleasant* afternoon at the seaside.

‡**please**[1] 〔 pliz 〕 *adv.* 請　*v.* 取悅；
使高興（ = *entertain* ）
Please come in.
Nothing *pleased* him.

pleased[1] 〔 plizd 〕 *adj.* 高興的；滿意的
I'm very *pleased* with his work.

‡**pleasure**[2] 〔 'plɛʒɚ 〕 *n.* 樂趣
（ = *enjoyment* ）；榮幸

┌─【典型考題】─────────
│ Playing piano gives me great _____.
│ I want to be a pianist in the future.
│ A. pleasure　　B. jewelry
│ C. furniture　　D. scrape　　[A]
└─────────────────────

***plenty**[3] 〔 'plɛntɪ 〕 *n.* 豐富
（ = *abundance* ）
【片語】*plenty of*（很多）

***plot**[4] 〔 plɑt 〕 *n.* 情節（ = *story* ）；策略
v. 密謀；構思
The movie is so complicated that I cannot follow the *plot*.

***plug**[3] 〔 plʌg 〕 *n.* 插頭
【比較】outlet（插座）

‡**plus**[2] 〔 plʌs 〕 *prep.* 加上（ = *added to* ）
Three *plus* five is eight.

‡**p.m.**[4] 〔 'pi'ɛm 〕 *abbr.* 下午
（ = *pm* = *P.M.* = *PM* ）
It's 5:30 *p.m.*
【比較】a.m.（上午）

‡ **pocket**[1] 〔'pɑkɪt 〕 *n.* 口袋 (= *pouch*)

There are two *pockets* on my pants.

【衍伸詞】 ***pocket money*** (零用錢)

* **poem**[2] 〔'po·ɪm 〕 *n.* 詩 (= *verse*)

* **poet**[2] 〔'po·ɪt 〕 *n.* 詩人

【重要知識】 poet (詩人) 和 pickpocket (扒手)，都是 et 結尾，代表「人」。

‡ **point**[1] 〔 pɔɪnt 〕 *n.* 點 (= *spot*)
v. 把…指向

What do these *points* on the map stand for?

He *pointed* his finger at me.

* **poison**[2] 〔'pɔɪzn̩ 〕 *n.* 毒藥 (= *toxin*)

There is *poison* in the bottle.

* **poisonous**[4] 〔'pɔɪznəs 〕 *adj.* 有毒的
(= *toxic*)

* **pole**[3] 〔 pol 〕 *n.* (南、北) 極；竿；
極端；電池極點；(大寫) 波蘭人

Both the North and South *Poles* are covered by ice.

‡ **police**[1] 〔 pə'lis 〕 *n.* 警察；警方

The *police* caught the robbers.

【衍伸詞】 ***police station*** (警察局)

policeman[1] 〔 pə'lismən 〕 *n.* 警察
(= *cop*)

【注意】複數為 policemen。

policewoman[1] 〔 pə'lis‚wumən 〕 *n.*
女警察

【注意】複數為 policewomen。

* **policy**[2] 〔'pɑləsɪ 〕 *n.* 政策 (= *plan*)

Honesty is the best *policy*.

* **polish**[4] 〔'pɑlɪʃ 〕 *v.* 擦亮 (= *shine*)；
加強；潤飾

We will *polish* all the silverware before the party.

‡ **polite**[2] 〔 pə'laɪt 〕 *adj.* 有禮貌的

You have to be *polite* when speaking to the teacher.

【反義詞】 impolite (不禮貌的)

【典型考題】
Be ＿＿＿＿ to people when you talk to them.
A. stupid   B. bump
C. convenient   D. polite   [D]

* **political**[3] 〔 pə'lɪtɪkḷ 〕 *adj.* 政治的

Political decisions have a widespread impact on economic development.

【記憶技巧】 ***polit*** (state) + ***ical*** (*adj.*)
(政治方面的事，就是關於國家的事)

* **politician**[3] 〔‚pɑlə'tɪʃən 〕 *n.* 政治
人物 (= *statesman*)；政客

【比較】 statesman (政治家)

* **politics**[3] 〔'pɑlə‚tɪks 〕 *n.* 政治學

‡ **pollute**[3] 〔 pə'lut 〕 *v.* 污染
(= *contaminate*)

The rivers have been *polluted*.

‡ **pollution**[4] 〔 pə'luʃən 〕 *n.* 污染
(= *contamination*)

【典型考題】
Is air ＿＿＿＿ very serious in Taipei?
A. semester   B. pollution
C. system   D. future   [B]

‡**pond**[1] 〔 pɑnd 〕 *n.* 池塘 (= *pool*)

There were two dogs drinking from the *pond*.

‡**pool**[1] 〔 pul 〕 *n.* 水池;游泳池

There is a swimming *pool* in the front yard.

‡**poor**[1] 〔 pur 〕 *adj.* 窮的

【反義詞】 rich (有錢的)

***pop**[3] 〔 pɑp 〕 *adj.* 流行的 (= *popular*)

Most young people are interested in *pop* culture.

【衍伸詞】 *pop music* (流行音樂)

‡**popcorn**[1] 〔'pɑp͵kɔrn 〕 *n.* 爆米花 (= *popped corn*)

I love to eat *popcorn* when watching TV.

【記憶技巧】 *pop* + *corn* (玉米)

‡**popular**[2,3] 〔'pɑpjələ 〕 *adj.* 受歡迎的 (= *liked*);流行的

"Snow White" is a very *popular* story.

【記憶技巧】 *popul* (people) + *ar* (*adj.*)
(大家都能接受的,表示「受歡迎的」)

***population**[2] 〔͵pɑpjə'leʃən 〕 *n.* 人口;(動物的) 群體

China has a large *population*.

‡**pork**[2] 〔 pork 〕 *n.* 豬肉

I hate eating *pork*.

porridge[7] 〔'pɔrɪdʒ 〕 *n.* 麥片粥

***port**[2] 〔 port 〕 *n.* 港口 (= *harbor*);港市

***portable**[4] 〔'portəbḷ 〕 *adj.* 手提的

Lucy's parents gave her a *portable* CD player for her birthday.

【典型考題】
Julie wants to buy a ＿＿＿＿ computer so that she can carry it around when she travels.
A. memorable   B. portable
C. predictable   D. readable   [B]

***porter**[4] 〔'portɚ 〕 *n.* (行李) 搬運員 (= *bearer*)

We asked a *porter* to help us with our luggage.

***position**[1] 〔 pə'zɪʃən 〕 *n.* 位置 (= *location*)

Someone removed the book from its *position* on the shelf.

***positive**[2] 〔'pɑzətɪv 〕 *adj.* 肯定的 (= *certain*);樂觀的 (= *optimistic*);正面的

Be *positive*! You still have a chance to pass the exam.

【反義詞】 negative (否定的;消極的)

【典型考題】
Don't be sad. Be ＿＿＿＿ and believe the door of opportunity will always open to you.
A. positive   B. well-mannered
C. original   D. hospitable   [A]

possess[4] 〔 pə'zɛs 〕 *v.* 擁有 (= *have* = *own*)

He *possessed* great wisdom.

【記憶技巧】 *po* + *ssess*

*possession⁴〔pə'zɛʃən〕 n. 擁有
（＝hold）
Those paintings are in my father's possession.
【片語】in one's possession（為某人所有）

*possibility²〔ˌpasə'bɪlətɪ〕 n. 可能性
（＝probability）
【典型考題】
Is there much ＿＿＿ of his winning the election?
A. collection   B. plastics
C. garbage   D. possibility   [D]

‡possible¹〔'pasəbḷ〕 adj. 可能的
If possible, send it to my office tomorrow.
【反義詞】 impossible（不可能的）

*post²〔post〕 n. 郵政（＝mail service）；柱子；崗位；（網路）貼文
v. 郵寄（＝mail）；把（最近的）消息告訴（某人）；貼（文、圖）
Send the package by post.
【片語】by post（以郵寄）

*postage³〔'postɪdʒ〕 n. 郵資
（＝postal fees）
Our government has decided to raise the postage on July 20th.
【記憶技巧】post（郵件）＋age（n.）
（寄發郵件須支付的費用，就是「郵資」）

‡postcard²〔'post͵kard〕 n. 明信片

postcode⁷〔'post͵kod〕 n. 郵遞區號
（＝zip code【美式用法】）
【記憶技巧】post（郵政）＋code（密碼）

*poster³〔'postɚ〕 n. 海報（＝placard）
I saw a poster advertising the new movie.
【記憶技巧】post（柱子）＋er（n.）
（以前「海報」都是貼在柱子上）

postman²〔'postmən〕 n. 郵差
（＝mailman＝letter carrier【美式用法】）
【注意】複數為 postmen。

*postpone³〔post'pon〕 v. 延期
（＝delay＝put off）；延後
We will postpone the meeting until next week.
【記憶技巧】post（after）＋pone（put）
（將時間往後挪，就是「延期」）
【典型考題】
The young couple decided to ＿＿＿ their wedding until all the details were well taken care of.
A. announce   B. maintain
C. postpone   D. simplify   [C]

‡pot²〔pat〕 n. 鍋子（＝pan）；壼；陶罐

*potato²〔pə'teto〕 n. 馬鈴薯
【衍伸詞】potato chips（洋芋片）

potential⁵〔pə'tɛnʃəl〕 adj. 有潛力的；可能的 n. 潛力；可能性
【記憶技巧】背這個字要先背 potent（有力的；有效的）。
【典型考題】
Women should be aware of their ＿＿＿ rather than limiting themselves to the traditional roles.
A. pressure   B. shortcomings
C. origin   D. potential   [D]

P

‡**pound**[2]〔paʊnd〕*n.* 磅【重量單位】；
（英）鎊【英國貨幣】

The tomato weighs four *pounds*.

***pour**[3]〔por〕*v.* 傾倒（= *drain*）；
下傾盆大雨

Can I *pour* some more coffee for
you?

‡**powder**[3]〔'paʊdɚ〕*n.* 粉末

He doesn't like this brand of milk
powder.

【記憶技巧】背這個字要先背 power，
在字中加 d。

‡**power**[1]〔'paʊɚ〕*n.* 力量（= *ability*）；
動力；電力

Carrying this heavy box requires a
lot of *power*.

【衍伸詞】***power plant***（發電廠）

***powerful**[2]〔'paʊɚfəl〕*adj.* 強有力的
（= *strong*）

Lucas gave that thief a *powerful*
blow.

***practical**[3]〔'præktɪkl̩〕*adj.* 實際的
（= *realistic*）

Although he studied management
in college, John does not have any
practical experience.

【衍伸詞】practically（實際上；幾乎）

‡**practise**[1]〔'præktɪs〕*v.* 練習
（= *practice*【美式用法】= *exercise*）
n. 實踐；慣例；做法

My younger sister *practises* playing
piano every day.

***praise**[2]〔prez〕*v., n.* 稱讚
（= *v. applaud*; *n. applause*）

My teacher always *praises* me.

【記憶技巧】***praise***（price）
（給予好的評價，就表示「稱讚」）

【典型考題】
Since he is jealous of my success, his
words of _____ don't sound sincere.
They ring hollow.
A. command   B. praise
C. gratitude   D. empathy   [B]

‡**pray**[2]〔pre〕*v.* 祈禱

John *prays* before he goes to bed.

***prayer**[3]〔'preɚ〕*n.* 祈禱者
〔prɛr〕*n.* 祈禱（文）

***precious**[3]〔'prɛʃəs〕*adj.* 珍貴的
（= *valuable*）

Diamonds are *precious* stones.

【記憶技巧】***preci***（price）+ ***ous***（*adj.*）

***precise**[4]〔prɪ'saɪs〕*adj.* 精確的
（= *accurate*）

Please tell me the *precise* cost of
the tour.

【記憶技巧】***pre***（before）+ ***cise***
（cut）（為了追求精確，會先把多餘的
東西切掉）

***predict**[4]〔prɪ'dɪkt〕*v.* 預測
（= *forecast*）

It is impossible to *predict* an
earthquake.

【記憶技巧】***pre***（before）+ ***dict***
（say）（在事情發生前先說出來，也就是
「預測」）

P

* **prefer**[2] 〔 prɪˈfɝ 〕 v. 比較喜歡
(= *favor*)

He *prefers* a new house to a remodeled one.

【記憶技巧】*pre* (before) + *fer* (carry)
(擺在前面的位置，表示「比較喜歡」)

preference[5] 〔ˈprɛfərəns 〕 n.
比較喜歡；偏愛 (= *liking*)

【典型考題】
Among those at high risk for heart disease are people with a ＿＿＿＿ for fat-rich foods.
A. preference　　B. reflection
C. sympathy　　D. frequency　　[A]

* **pregnant**[4] 〔ˈprɛgnənt 〕 adj. 懷孕的

The *pregnant* woman said that she would soon have twins.

【記憶技巧】*pre* (before) + *gnant*
(be born) (生產前的狀態就是「懷孕」)

prejudice[6] 〔ˈprɛdʒədɪs 〕 n. 偏見
(= *bias*)

A referee must be fair and not have any *prejudice* against one of the teams.

【記憶技巧】*pre* (before) + *jud* (judge)
+ *ice* (n.) (依據事先的判斷，即「偏見」)
【衍伸詞】*Pride and Prejudice* (傲慢
與偏見)【小說名】

premier[6] 〔 prɪˈmɪr 〕 n. 首相
(= *prime minister*)

【記憶技巧】*prem* (prime) + *ier* (人)
(首要的人物，就是「首相」)

* **preparation**[3] 〔ˌprɛpəˈreʃən 〕 n.
準備 (= *arrangement*)

【典型考題】
John's part-time experience at the cafeteria is good ＿＿＿＿ for running his own restaurant.
A. preparation　　B. recognition
C. formation　　D. calculation　　[A]

*** **prepare**[1] 〔 prɪˈpɛr 〕 v. 準備
(= *get ready*)

Fred *prepares* his own breakfast in the morning.

【記憶技巧】*pre* (before) + *pare* (get ready)

prescription[6] 〔 prɪˈskrɪpʃən 〕 n. 藥方

【片語】*fill a prescription* (配藥)

*** **present**[2] 〔ˈprɛzn̩ 〕 adj. 現在的；
出席的　n. 禮物 (= *gift*)；現在
〔 prɪˈzɛnt 〕 v. 展示；呈現

A lot of students were *present* at the meeting.

【反義詞】absent (缺席的)

【重要知識】美國人常說："Today is the present." 句中 the present 可當「現在」，也可當「禮物」，表示「要珍惜今天」。

【典型考題】
My son's birthday is coming. I want to buy him a computer as a birthday ＿＿＿＿.
A. place　　B. party
C. poster　　D. present　　[D]

* **presentation**[4] 〔ˌprɛzn̩ˈteʃən 〕 n.
報告；演出；贈送；呈現；提出；
引見；介紹；出席；被贈送或提出之物

A well-written *presentation* can create a strong impression that will help you a lot in getting a good job.

*preserve[4] 〔 prɪˈzɝv 〕 v. 保存
(= *protect*)
Drying is one of the oldest known
ways of *preserving* fruits.
【記憶技巧】 *pre* (before) + *serve* (keep)
(保持在以前的狀態，就是「保存」)
【比較】 ob<u>serve</u> (觀察；遵守)
de<u>serve</u> (應得)
re<u>serve</u> (預訂；保留)
con<u>serve</u> (節省)

**president[2] 〔ˈprɛzədənt 〕 n. 總統；
總裁
The *president* gave a speech on TV.

*press[2] 〔 prɛs 〕 v. 壓；按
n. 壓；按；印刷；出版物；新聞界
Please *press* this button.
The *press* is concerned about this
matter.
【衍伸詞】 *the press* (新聞界)

**pressure[3] 〔ˈprɛʃɚ 〕 n. 壓力
(= *force* = *stress* = *tension*)
┌─【典型考題】─────────
│ Many businessmen are under great
│ _____ to gain the largest market
│ share possible.
│ A. pressure   B. fame
│ C. stage   D. greed   [A]
└──────────────────────

*pretend[3] 〔 prɪˈtɛnd 〕 v. 假裝
(= *make believe*)；謊稱；裝扮
Steven *pretended* to be ill so that he
could stay home from school.
【記憶技巧】 *pre* (before) + *tend*
(stretch) (在別人面前展開另一種面貌，
就是「假裝」)

┌─【典型考題】─────────
│ When you make a mistake, you have
│ to face it. You just can't _____
│ nothing has happened.
│ A. prevent   B. preview
│ C. pretend   D. prepare   [C]
└──────────────────────

**pretty[1] 〔ˈprɪtɪ 〕 adj. 漂亮的
adv. 相當地
Emma is a *pretty* girl.

*prevent[3] 〔 prɪˈvɛnt 〕 v. 預防；阻止
Washing your hands frequently is
one way to *prevent* illness.
【記憶技巧】 *pre* (before) + *vent* (come)
(事情來臨前所做的，即「預防」)

preview[5] 〔ˈpriˌvju 〕 v., n. 預習；預告
Our teacher suggested that we
preview the lesson before class.
【記憶技巧】 *pre* (before) + *view* (see)
(之前先看，就是「預習」)
【比較】 re<u>view</u> (複習)
inter<u>view</u> (面試)

*previous[3] 〔ˈprivɪəs 〕 adj. 先前的
(= *earlier*)；以前的；預先的
First we reviewed what we had
learned in the *previous* lesson.
【衍伸詞】 previously (以前)

**price[1] 〔 praɪs 〕 n. 價格；代價
┌─【典型考題】─────────
│ The _____ of the house is too high.
│ My parents do not have enough
│ money to buy it.
│ A. price   B. size
│ C. space   D. wall   [A]
└──────────────────────

P

P

* **pride**[2] 〔 praɪd 〕 *n.* 驕傲
(= *self-esteem*)

He took *pride* in his daughter's achievements.

【片語】 *take pride in* (以～爲榮)

【典型考題】

Peter's parents felt great _____ when he won the speech contest.
A. talent   B. pride
C. personality   D. friendship   [B]

* **primary**[3] 〔'praɪ͵mɛrɪ 〕 *adj.* 主要的
(= *main*)；基本的 (= *basic*)

I don't know the *primary* purpose of his visit.

【記憶技巧】 *prim* (first) + *ary* (adj.)
(排在第一順位，表示「主要的」)

【衍伸詞】 *primary school* (小學)

* **primitive**[4] 〔'prɪmətɪv 〕 *adj.* 原始的
(= *original*)

Primitive man used fire to drive away dangerous animals.

【典型考題】

_____ people often lived in caves.
A. Primitive   B. Pregnant
C. Precise   D. Poisonous   [A]

* **principle**[2] 〔'prɪnsəpl̩ 〕 *n.* 原則
(= *basic rule*)

The *principle* was established that the chairman should change yearly.

* **print**[1] 〔 prɪnt 〕 *v.* 印刷 (= *publish*)；
列印

Many books are *printed* for use in schools.

* **prison**[2] 〔'prɪzn̩ 〕 *n.* 監獄 (= *jail*)

The robber was sent to *prison*.

【記憶技巧】 *pris* (seize) + *on* (n.)
(抓到人關進「監獄」)

【典型考題】

It is said that three men escaped from _____ but were soon captured.
A. safety   B. audience
C. appearance   D. prison   [D]

* **prisoner**[2] 〔'prɪznɚ 〕 *n.* 囚犯
(= *captive*)；俘虜

* **private**[2] 〔'praɪvɪt 〕 *adj.* 私人的
(= *personal*)

This is my *private* room.

【反義詞】 public (公眾的)

* **privilege**[4] 〔'prɪvl̩ɪdʒ 〕 *n.* 特權
(= *special right*)

Club members enjoy special *privileges* that ordinary visitors do not.

【記憶技巧】 *privi* (private) + *lege*
(law) (限於一個人的法律，表示「特權」)

【典型考題】

First class passengers have special _____ when flying.
A. baggage   B. flights
C. privileges   D. context   [C]

* **prize**[2] 〔 praɪz 〕 *n.* 獎；獎品

He won first *prize*.

* **probable**[3] 〔'prɑbəbl̩ 〕 *adj.* 可能的

Bad weather is the *probable* cause of the delay.

【記憶技巧】 *prob* (test) + *able* (adj.)
(經過測試才知道可能的結果)

‡ **problem**[1] (ˈprɑbləm) *n.* 問題

* **procedure**[4] (prəˈsidʒɚ) *n.* 程序

In the event of a fire, just follow the *procedure* we have practiced.

【典型考題】

His application for citizenship was not accepted because he did not follow the correct _____.
A. miracle　　　B. calculation
C. interaction　　D. procedure　　[D]

* **process**[3] (ˈprɑsɛs) *n.* 過程
　v. 加工；處理

In the *process* of learning to write, one has to learn to think at the same time.

【記憶技巧】 *pro* (forward) + *cess* (go)

【典型考題】

Applying to college means sending in applications, writing a study plan, and so on. It's a long _____, and it makes students nervous.
A. errand　　　B. operation
C. process　　　D. display　　[C]

* **produce**[2] (prəˈdjus) *v.* 生產；製造
　(= *manufacture*)

The fickle behavior of nature both *produces* life and destroys it.

【記憶技巧】 *pro* (forth) + *duce* (lead) (向前引出，表示「生產」)

【典型考題】

The country is unable to _____ enough food for its growing population.
A. construct　　B. produce
C. consume　　D. establish　　[B]

* **product**[3] (ˈprɑdəkt) *n.* 產品

【典型考題】

Cheese, powdered milk, and yogurt are common milk _____.
A. produces　　B. productivities
C. productions　D. products　　[D]

* **production**[4] (prəˈdʌkʃən) *n.* 生產

* **profession**[4] (prəˈfɛʃən) *n.* 職業
　(= *occupation*)

My uncle is a musician by *profession*.

【片語】 *by profession* (就職業而言)

* **professor**[4] (prəˈfɛsɚ) *n.* 教授

She is a *professor* of physics at my university.

* **profit**[3] (ˈprɑfɪt) *n.* 利潤 (= *benefit*)；利益

Although business was slow, we still made a small *profit*.

* **programme**[3] (ˈprogræm) *n.* 節目；課程；程式 (= *program* 【美式用法】)

There are *programs* on television that explain how to do things.

* **progress**[2] (ˈprɑgrɛs) *n.* 進步
　(prəˈgrɛs) *v.* 前進；進行；進步

He has made great *progress* in math.

【記憶技巧】 *pro* (forward) + *gress* (walk) (往前邁進，表示「進步」)

prohibit[6] (proˈhɪbɪt) *v.* 禁止
　(= *forbid* = *ban*)

Nonresidents of the apartment building are *prohibited* from parking in its garage.

【記憶技巧】 *pro* (away) + *hibit* (hold) (把東西拿開，表示「禁止」)

*****project**² 〔ˈprɑdʒɛkt 〕 *n.* 計劃

The bridge is a Japanese *project.*

【記憶技巧】*pro* (forward) + *ject*
(throw)（決定動作前，要先拿出企劃案）

*****promise**² 〔ˈprɑmɪs 〕 *v., n.* 保證
(= *guarantee*)；答應；承諾

He *promised* to wait till I came back.

****promote**³ 〔 prəˈmot 〕 *v.* 使升遷；
推銷；提倡；促銷

I hear that the company plans on
promoting him soon because of his
good work.

【記憶技巧】*pro* (forward) + *mote*
(move)（職位向前移動，就是「使升遷」）

┌─【典型考題】───────────
To _____ the new product, the
company offered some free samples
before they officially launched it.
A. contribute   B. impress
C. promote   D. estimate   [C]
└──────────────────────

****pronounce**² 〔 prəˈnaʊns 〕 *v.* 發音

How do you *pronounce* this word?

【記憶技巧】*pro* (out) + *nounce*
(announce)（向外宣佈，就是「發音」）

****pronunciation**⁴ 〔 prəˌnʌnsɪˈeʃən 〕
n. 發音

****proper**³ 〔ˈprɑpɚ 〕 *adj.* 適當的
(= *suitable*)

What would be a *proper* gift for my
hostess?

properly³ 〔ˈprɑpɚlɪ 〕 *adv.* 適當地

He was *properly* dressed.

*****protect**² 〔 prəˈtɛkt 〕 *v.* 保護
(= *defend*)；防護

Parents try their best to *protect* their
children from getting hurt.

┌─【典型考題】───────────
The president is _____ by special
agents 24 hours a day.
A. offended   B. protected
C. acquired   D. enclosed   [B]
└──────────────────────

****protection**³ 〔 prəˈtɛkʃən 〕 *n.* 保護
(= *defense*)

*******proud**² 〔 praʊd 〕 *adj.* 驕傲的
(= *arrogant*)；得意的；自豪的

They are *proud* that she is doing
well at school.

【片語】*be proud of*（以～爲榮）

****prove**¹ 〔 pruv 〕 *v.* 證明；證明是；
結果是

I can *prove* his innocence.

*****provide**² 〔 prəˈvaɪd 〕 *v.* 提供

They didn't *provide* me with any
details.

【片語】*provide sb. with sth.*（提供某
物給某人）

province⁵ 〔ˈprɑvɪns 〕 *n.* 省

I went to the *Province* of Alberta in
Canada last week.

****psychology**⁴ 〔 saɪˈkɑlədʒɪ 〕 *n.*
心理學

【記憶技巧】*psycho* (soul) + *logy*
(study)（關於心靈的研究，就是
「心理學」）

* **pub**[3] 〔 pʌb 〕 *n.* 酒吧（ = *bar* ）

*** **public**[1] 〔'pʌblɪk 〕 *adj.* 公共的；
公開的   *n.* 人民；公衆
You mustn't do that in a *public* place.

* **publish**[4] 〔'pʌblɪʃ 〕 *v.* 出版
（ = *issue* = *print* ）
Ethan has written three books, but
none of them have been *published*.
【記憶技巧】 *publ* (public) + *ish* (*v.*)
（「出版」就是把文章公開）

*** **pull**[1] 〔 pʊl 〕 *v.* 拉
n. 拉；（自然的）引力
I *pulled* her up from the river.
【反義詞】 push（推）
【衍伸詞】 the pull of gravity（地心引力）

pulse[5] 〔 pʌls 〕 *n.* 脈搏
Finding the man unconscious, the
nurse felt for a *pulse*.
【片語】 *feel* one's *pulse*（給某人量脈搏）

** **pump**[2] 〔 pʌmp 〕 *n.* 抽水機
We use a *pump* to draw water.

* **punctual**[6] 〔'pʌŋktʃʊəl 〕 *adj.* 準時的
（ = *on time* ）；守時的
He comes at seven-thirty every
morning and this shows that he is
punctual.
【衍伸詞】 punctuality（準時）

punctuation[7] 〔͵pʌŋktʃʊ'eʃən 〕 *n.*
標點符號【集合名詞】
The letter was brief and had no
punctuation.

* **punish**[2] 〔'pʌnɪʃ 〕 *v.* 處罰
（ = *discipline* ）
Sam's parents *punished* him for
being bad.
【記憶技巧】 *pun* (penalty) + *ish* (*v.*)
（給予懲罰，也就是「處罰」）

* **punishment**[2] 〔'pʌnɪʃmənt 〕 *n.* 處罰
（ = *discipline* ）
Most people are against physical
punishment today.

* **pupil**[2] 〔'pjupl̩ 〕 *n.* 學生（ = *student* ）；
瞳孔
Mrs. Clark taught her *pupils* a new
song in music class today.

* **purchase**[5] 〔'pɝtʃəs 〕 *v.,n.* 購買
（ = *buy* ）
They *purchased* a lot of things in
that grocery.
【記憶技巧】 *pur* (for) + *chase*（追求）
（人常常會花錢「購買」自己追求的東西）

┌─【典型考題】─────────
Good service is important for a
business to succeed. That's why we
promise to deliver what consumers
_____ at no extra cost.
A. produce   B. purchase
C. pour   D. press   **[B]**
└──────────────────

* **pure**[3] 〔 pjʊr 〕 *adj.* 純粹的
（ = *unmixed* ）
The piece of old jewelry was found
to be made of *pure* gold.

** **purple**[1] 〔'pɝpl̩ 〕 *adj.* 紫色的
n. 紫色

P

‡purpose[1] 〔'pɝpəs 〕 *n.* 目的
(= *intention*)

The *purpose* of going to school is
to learn.

【記憶技巧】 *pur* (before) + *pose* (put)
(置於每件事的前方，表示做事的「目的」)

【片語】 *on purpose* (故意地)

‡purse[2] 〔 pɝs 〕 *n.* 錢包；手提包；
財力

A *purse* is a very small bag.

【比較】 wallet (皮夾)

‡push[1] 〔 pʊʃ 〕 *v.,n.* 推

They *pushed* him into the car.

【反義詞】 pull (拉)

‡put[1] 〔 pʊt 〕 *v.* 放

【注意】 三態變化：put–put–put

‡puzzle[2] 〔'pʌzl̩ 〕 *v.* 使困惑
(= *confuse*) *n.* 困惑；謎

He was *puzzled* and couldn't answer
the question.

【衍伸詞】 crossword puzzle (縱橫字謎)
jigsaw puzzle (拼圖)

pyramid[5] 〔'pɪrəmɪd 〕 *n.* 金字塔

Q q

‡quake[4] 〔 kwek 〕 *n.* 地震
(= *earthquake*)

The strong *quake* caused extensive
damage to the downtown area.

qualification[6] 〔,kwaləfə'keʃən 〕
n. 資格

We decided to hire the applicant
because he has the right
qualifications for the job.

‡quality[2] 〔'kwɑlətɪ 〕 *n.* 品質；特質

‡quantity[2] 〔'kwɑntətɪ 〕 *n.* 量
(= *amount*)

The products of this company are
cheaper if you order them in large
quantities.

‡quarrel[3] 〔'kwɔrəl 〕 *n.,v.* 爭吵
(= *argue*)

The children often *quarrel* over
what to watch on TV.

‡quarter[2] 〔'kwɔrtɚ 〕 *n.* 四分之一；
二角五分硬幣；一刻鐘；十五分鐘；
一季 (三個月)

He has walked a *quarter* of a mile.
It is a *quarter* past five.

‡queen[1] 〔 kwin 〕 *n.* 女王；皇后

‡question[1] 〔'kwɛstʃən 〕 *n.* 問題
v. 質問；詢問

questionnaire[6] 〔,kwɛstʃən'ɛr 〕 *n.*
問卷

queue[7] 〔 kju 〕 *n.* (等候的) 行列；
隊伍 (= *line* 【美式用法】)

I had to join a *queue* for the toilets.

‡**quick**[1]〔kwɪk〕*adj.* 快的
adv. 快速地
I'm not a *quick* runner.
Come as *quick* as you can.

‡**quiet**[1]〔ˈkwaɪət〕*adj.* 安靜的
Sally is a *quiet* child.

【典型考題】
Be _____ when you enter the classroom.
A. easy　　　B. quiet
C. handsome　D. quite　　[B]

* **quilt**[4]〔kwɪlt〕*n.* 棉被；被子

‡**quit**[2]〔kwɪt〕*v.* 停止（=*stop*）；辭職
（=*resign*）
He has to *quit* smoking.

‡**quite**[1]〔kwaɪt〕*adv.* 非常（=*very*）；
相當；十分
He is *quite* sick, so he can't go to
school today.

‡**quiz**[2]〔kwɪz〕*n.* 小考
We'll have a *quiz* in math class
tomorrow.

R r

‡**rabbit**[2]〔ˈræbɪt〕*n.* 兔子
【比較】hare（野兔）

‡**race**[1]〔res〕*n.* 種族（=*people*）；
賽跑　*v.* 與…賽跑；快跑；快速移動
He came in second in the *race*.
I *raced* my brother down the street.

* **racial**[3]〔ˈreʃəl〕*adj.* 種族的
The company was accused of *racial*
discrimination when it did not give
the job to the best candidate, who
was black.

radiation[6]〔ˌredɪˈeʃən〕*n.* 輻射線；
放射線；輻射
People fear that the nuclear waste
will give off harmful *radiation*.

‡**radio**[1]〔ˈredɪˌo〕*n.* 收音機；無線電

radioactive[7]〔ˌredɪoˈæktɪv〕*adj.*
放射性的；有輻射的
【記憶技巧】*radio* + *active*（活躍的）

radium[7]〔ˈredɪəm〕*n.* 鐳
【一種放射性元素，符號 Ra】

* **rag**[3]〔ræg〕*n.* 破布
（=*a piece of cloth*）
【片語】*in rags*（衣衫襤褸）

rail[5]〔rel〕*n.* 鐵軌（=*track*）；
欄杆；鐵路系統
【重要知識】我們熟悉的台灣高鐵（*THSR*）
全名是 Taiwan High Speed Rail。

railway[1]〔ˈrelˌwe〕*n.* 鐵路
（=*railroad*【美式用法】）
A new *railway* is being built.

‡**rain**[1]〔ren〕*n.* 雨　*v.* 下雨

rainbow[1] 〔'ren,bo 〕 n. 彩虹

There are seven colors in the *rainbow*.

【記憶技巧】*rain* + *bow*（弓）

（雨後的彩虹是弓型的）

raincoat[1] 〔'ren,kot 〕 n. 雨衣

rainfall[4] 〔'ren,fɔl 〕 n. 降雨（量）；
下雨

Since there has been almost no *rainfall*, the farmers won't have good harvests.

【比較】water<u>fall</u>（瀑布）

rainy[2] 〔'renɪ 〕 adj. 下雨的

raise[1] 〔 rez 〕 v. 提高（= *lift*）；舉起；
養育

Jennifer is the first to *raise* her hand.

random[6] 〔'rændəm 〕 adj. 隨便的

She opened the telephone book, chose a *random* number and dialed the number for fun.

【片語】*at random*（隨便地；隨機地）

range[2] 〔 rendʒ 〕 n. 範圍（= *scope*）；
種類；牧場　v.（範圍）包括

There is a wide price *range* for books.

【片語】*range from* A *to* B（範圍）從 A 到 B 都有

rank[3] 〔 ræŋk 〕 n. 階級（= *class*）；
地位；排；橫列　v. 位居；名列

If you are promoted, you will move up in *rank*.

New York *ranks* as one of the biggest cities in the world.

rapid[2] 〔'ræpɪd 〕 adj. 迅速的；快速的
（= *quick*）

He took a *rapid* glance at me.

rare[2] 〔 rɛr 〕 adj. 罕見的（= *scarce*）

These flowers are very *rare* in this country.

rat[1] 〔 ræt 〕 n. 老鼠（= *large mouse*）

The *rats* have made holes in those bags of rice.

【比較】mouse（老鼠），體型較 rat 小。

rate[3] 〔 ret 〕 n. 速度（= *speed*）；
速率；比率；費用；價格
v. 估價；評價；認為

We will never get there at this *rate* of speed.

She is *rated* very highly by her colleagues.

rather[2] 〔'ræðɚ 〕 adv. 相當地

It was *rather* a cool day.

【片語】*would rather…than* ~（寧願…，也不願~）

raw[3] 〔 rɔ 〕 adj. 生的

Put that *raw* meat into the refrigerator until we are ready to cook it.

ray[3] 〔 re 〕 n. 光線

A *ray* of sunshine came through the curtains and woke me up.

razor[3] 〔'rezɚ 〕 n. 刮鬍刀；剃刀

reach[1] 〔 ritʃ 〕 v. 抵達（= *arrive at*）；
伸出

We *reached* the airport in time.

【衍伸詞】*reach out for*（伸手去拿）

* **react**[3] 〔rɪˈækt〕 *v.* 反應

When someone yelled fire, the audience *reacted* by running for the exits.

【記憶技巧】 *re* (back) + *act*

（做動作回覆，也就是「反應」）

【典型考題】

Smart children always ＿＿＿＿ to their parents' facial expressions. When their parents look angry, they behave themselves.
A. rely   B. react
C. refuse   D. resort   [B]

‡ **read**[1] 〔rid〕 *v.* 讀

Dad *reads* the newspaper every morning.

【注意】三態變化：read–read–read

reading[1] 〔ˈridɪŋ〕 *n.* 閱讀；讀物

He is good at *reading*.
This report is my bedtime *reading* at the moment.

‡ **ready**[1] 〔ˈrɛdɪ〕 *adj.* 準備好的

Karen is not *ready* for the exam.

‡ **real**[1] 〔ˈriəl〕 *adj.* 眞的 (= *actual*)

This apple is not *real*.

* **realise**[2] 〔ˈriəˌlaɪz〕 *v.* 了解 (= *realize*
【美式用法】 = *understand*)；實現

Penny didn't *realise* that it was already Saturday.

【典型考題】

Only when we lose our health can we ＿＿＿＿ how much it means to us. Before that, we always take it for granted.
A. realise   B. ignore
C. swear   D. attract   [A]

* **reality**[2] 〔rɪˈælətɪ〕 *n.* 眞實
(= *actuality*)

【片語】 *in reality* (事實上)

really[1] 〔ˈriəlɪ〕 *adv.* 眞實地；眞正地

Tell me what you *really* think.

‡ **reason**[1] 〔ˈrizn̩〕 *n.* 理由 (= *cause*)
v. 推理；推論

We have *reason* to believe that he is right.
She *reasoned* that she must have left her bag on the train.

* **reasonable**[3] 〔ˈriznəbl̩〕 *adj.* 合理的
(= *sensible*)

【典型考題】

The prices of some products in outlet stores are more ＿＿＿＿ than those in department stores.
A. reasoning   B. reasonable
C. beneficial   D. personal   [B]

rebuild[7] 〔riˈbɪld〕 *v.* 重建；使復原

After the earthquake, the people set about *rebuilding* their homes.

【注意】三態變化：rebuild–rebuilt–rebuilt

* **receipt**[3] 〔rɪˈsit〕 *n.* 收據【注意發音】
(= *proof of purchase*)

Don't forget to ask the store for a *receipt* when you buy something.

‡ **receive**[1] 〔rɪˈsiv〕 *v.* 收到 (= *get*)

Andrew *received* a bicycle from his uncle yesterday.

【記憶技巧】 *re* (back) + *ceive* (take)

（拿到自己這邊，表示「收到」）

R

R

* **receiver**[3] 〔 rɪˈsivɚ 〕 *n.* 聽筒
（ = *handset* ）

Carrie picked up the *receiver* and dialed 119.

* **recent**[2] 〔ˈrisn̩t 〕 *adj.* 最近的
That is my experience of *recent* years.

【衍伸詞】 recently（最近）

* **reception**[4] 〔 rɪˈsɛpʃən 〕 *n.* 歡迎
（會）；接待

I was given a warm *reception* when I first joined the company.

receptionist[4] 〔 rɪˈsɛʃənɪst 〕 *n.*
接待員；櫃台人員

* **recipe**[4] 〔ˈrɛsəpɪ 〕 *n.* 食譜；祕訣；
竅門；方法

This is my grandmother's *recipe* for apple pie.

【典型考題】

Could you give me the _____ for that wonderful dessert? I'd like to try making it myself.
A. rehearsal　　B. recipe
C. recipient　　D. reflection　　[B]

* **recite**[4] 〔 rɪˈsaɪt 〕 *v.* 背誦（ = *repeat* ）；
朗誦

I was asked to *recite* the poem in front of the class.

【記憶技巧】 *re* (again) + *cite* (call)
（把之前記的內容再說一次，就是「背誦」）

* **recognise**[3] 〔ˈrɛkəɡˌnaɪz 〕 *v.* 認得
（ = *recognize*【美式用法】 = *know* ）

My English teacher had changed so much that I almost did not *recognise* her.

【記憶技巧】 *re* (again) + *cogn* (know)
+ *ise* (*v.*)（再看一次仍知道，表示「認得」）

【典型考題】

I hadn't seen her for ages, so I didn't _____ her at first.
A. identify　　B. realize
C. recognise　　D. prove　　[C]

recommend[5] 〔ˌrɛkəˈmɛnd 〕 *v.* 推薦
（ = *commend* ）

The waiter *recommended* a wine to go with our meal.

【記憶技巧】 *re*（加強語氣的字首）+
commend（稱讚）（「推薦」是最由衷的讚美）

* **record**[2] 〔 rɪˈkɔrd 〕 *v.* 記錄
（ = *set down* ）；錄（音）；錄（影）
〔ˈrɛkɚd 〕 *n.* 紀錄

She *recorded* everything in her notebook.

【記憶技巧】 *re* (again) + *cord* (heart)
（將東西「記錄」下來，就像把事情再度放在心上）

** **recorder**[3] 〔 rɪˈkɔrdɚ 〕 *n.* 錄音機

** **recover**[3] 〔 rɪˈkʌvɚ 〕 *v.* 恢復；復原

Mary has *recovered* from her illness.

* **recreation**[4] 〔ˌrɛkrɪˈeʃən 〕 *n.* 娛樂
（ = *pastime* ）

It is important to set aside some time for *recreation*, even when you are very busy.

【記憶技巧】 *re* (again) + *creat(e)*
(produce) + *ion* (*n.*)（「娛樂」是要讓人再度產生活力）

*rectangle[2] 〔'rɛk,tæŋgḷ 〕 n. 長方形

This table is a *rectangle*.

【記憶技巧】*rect* (right) + *angle* (角)

(「長方形」有四個直角)

【比較】tri<u>angle</u> (三角形)

square (正方形)

*recycle[4] 〔 ri'saɪkḷ 〕 v. 回收;再利用

The glass from bottles can be *recycled*.

【記憶技巧】*re* (again) + *cycle* (循環)

(循環再利用,就是「回收」)

┌─【典型考題】─────

Irene does not throw away used envelopes. She ———— them by using them for taking telephone messages.

A. designs　　　B. manufactures

C. disguises　　D. recycles　　**[D]**
└──────────

**red[1] 〔 rɛd 〕 *adj.* 紅色的　*n.* 紅色

*reduce[3] 〔 rɪ'djus 〕 v. 減少

(= *decrease*)

We should *reduce* the number of plastic bags used.

【記憶技巧】*re* (back) + *duce* (lead)

(導致數量往後跑,表示「減少」)

*refer[4] 〔 rɪ'fɝ 〕 v. 提到 (= *mention*);

參考;委託;指

When John was talking about the department's best professor, he was *referring* to his own father.

【片語】*refer to* (指的是;涉及)

referee[5] 〔,rɛfə'ri 〕 n. 裁判

(= *umpire*)

【記憶技巧】*-ee* 表「行動者」的字尾。

*reference[4] 〔'rɛfərəns 〕 n. 參考

【衍伸詞】*reference book* (參考書)

*reflect[4] 〔 rɪ'flɛkt 〕 v. 反射

(= *send back*);反映

The water of the lake was so still that it *reflected* the clouds above.

【記憶技巧】*re* (back) + *flect* (bend)

(光線折回去,也就是「反射」)

┌─【典型考題】─────

My poor test score does not ———— how much I know about this subject.

A. reflect　　　B. vanish

C. adapt　　　D. contain　　**[A]**
└──────────

*reform[4] 〔 rɪ'fɔrm 〕 v.,n. 改革

As the program has not been successful, I think we should *reform* it.

【記憶技巧】*re* (again) + *form* (形成)

*refresh[4] 〔 rɪ'frɛʃ 〕 v. 使提神

(= *revive*)

A cold drink will *refresh* you after your long walk.

**refrigerator[2] 〔 rɪ'frɪdʒə,retɚ 〕 n.

冰箱 (= *fridge* 〔 frɪdʒ 〕)

My sister-in-law usually goes shopping once a week, and during the week she depends upon her *refrigerator* to keep the food fresh.

【記憶技巧】*re* (again) + *friger* (cool)

+ *at*(*e*) (*v.*) + *or* (*n.*) (「冰箱」使東西冷卻)

R

* **refuse**[2]〔rɪˈfjuz〕*v.* 拒絕（= *decline*）

If you *refuse* to help others, they may not help you.

【記憶技巧】*re* (back) + *fuse* (pour)
（把水倒回去，表示「拒絕」）

┌─【典型考題】─────────
The soldier was put on trial for
_____ to obey his commanding officer's order.
A. refusing   B. regretting
C. resigning   D. restricting   **[A]**
└──────────────────

* **regard**[2]〔rɪˈgɑrd〕*v.* 認為（= *view*）；
尊重   *n.* 尊重；關心

My father *regards* computer games as a waste of time.

【片語】*regard* A *as* B（認為 A 是 B）

regardless[6]〔rɪˈgɑrdlɪs〕*adj.*
不顧慮的（= *careless*）；不注意的

【片語】*regardless of*（不管；不論；不分）

* **register**[4]〔ˈrɛdʒɪstɚ〕*v.* 登記
（= *enroll*）；註冊   *n.* 登記簿；
註冊簿

If you move to a new district, you are expected to *register* with local authorities.

【記憶技巧】*re* (back) + *gister* (carry)
（「登記」時，要把資料再帶過去）

* **regret**[3]〔rɪˈgrɛt〕*v.,n.* 後悔
（= *repent*〔rɪˈpɛnt〕*v.*）

Randy *regretted* making his dog so hungry.

* **regular**[2]〔ˈrɛgjəlɚ〕*adj.* 規律的
（= *steady*）；定期的

He is a *regular* customer of ours.

【片語】*regular customer*（老主顧）

┌─【典型考題】─────────
In order to stay healthy and fit, John exercises _____. He works out twice a week in a gym.
A. regularly   B. directly
C. hardly   D. gradually   **[A]**
└──────────────────

* **regulation**[4]〔ˌrɛgjəˈleʃən〕*n.* 規定
（= *rule*）；管制

【衍伸詞】*traffic regulations*（交通規則）

┌─【典型考題】─────────
The recent cooking oil scandals have led to calls for tougher _____ of sales of food products.
A. tolerance   B. guarantee
C. regulation   D. distribution   **[C]**
└──────────────────

* **reject**[2]〔rɪˈdʒɛkt〕*v.* 拒絕（= *refuse*）

Unfortunately, the novelist's book has been *rejected* by three publishers.

【記憶技巧】*re* (back) + *ject* (throw)
（將別人的請求丟回去，表示「拒絕」）

* **relate**[3]〔rɪˈlet〕*v.* 使有關聯
（= *associate*）；有關聯

【片語】*be related to*（與…有關）

* **relation**[2]〔rɪˈleʃən〕*n.* 關係
（= *association*）

The researchers are studying the *relation* between weather and mood.

* **relationship**[2]〔rɪˈleʃənˌʃɪp〕*n.* 關係
（= *association*）

* **relative**[4]〔ˈrɛlətɪv〕*n.* 親戚（= *kin*）

You can choose your friends, but you can't choose your *relatives*.

* **relax**[3] 〔 rɪˈlæks 〕 *v.* 放鬆（ = *ease* ）

After we had shopped all day, it was nice to sit down in a coffee shop and *relax*.

【記憶技巧】 *re* (back) + *lax* (loosen)

（把緊繃的神經鬆開，也就是「放鬆」）

relay[6] 〔 rɪˈle 〕 *v.* 轉播（ = *broadcast* ）；傳達（ = *convey* ）；接力   *n.* 接力；轉播

I will *relay* your message to Mr. Smith.

【記憶技巧】 *re* (again) + *lay* (leave)

（把東西再次留給下一個人，就是「傳達」）

【衍伸詞】 *relay race* （接力賽）

relevant[6] 〔ˈrɛləvənt 〕 *adj.* 有關連的（ = *related* ）< *to* >；適切的

My teacher told me to take out the last paragraph of my essay because it was not *relevant* to the topic.

【反義詞】 irrelevant （不相關的）

* **reliable**[3] 〔 rɪˈlaɪəbḷ 〕 *adj.* 可靠的（ = *dependable* ）

Many employers have discovered that elderly persons are very *reliable* workers.

【典型考題】

The majority of the class decided to vote for that candidate, for he is honest, open-minded and ＿＿＿＿.
A. passive   B. reliable
C. ignorant   D. desperate   [B]

* **relief**[3] 〔 rɪˈlif 〕 *n.* 放心（ = *ease* ）；鬆了一口氣；減輕

We all felt a sense of *relief* after the big exam.

【典型考題】

It was a great ＿＿＿＿ for his family to hear that he had survived the cold weather in the mountains.
A. moral   B. promise
C. relief   D. success   [C]

* **religion**[3] 〔 rɪˈlɪdʒən 〕 *n.* 宗教

Christianity is a popular *religion* in the Western world.

【記憶技巧】 *re* (back) + *lig* (bind) + *ion* (*n.*) （將自己綁回神的身邊）

* **religious**[3] 〔 rɪˈlɪdʒəs 〕 *adj.* 宗教的；虔誠的

* **rely**[3] 〔 rɪˈlaɪ 〕 *v.* 信賴（ = *depend* ）；依靠

Samantha has broken her word so many times that I feel I can no longer *rely* on her.

【片語】 *rely on* （信賴；依靠）

* **remain**[3] 〔 rɪˈmen 〕 *v.* 仍然；保持不變；留下（ = *stay* ）；剩下

She *remained* at home to look after her children.
The situation *remains* unchanged.

【記憶技巧】 *re* (again) + *main* (stay)

（待在原地，表示仍然在做同樣的事）

【典型考題】

Henry, my old classmate, has ＿＿＿＿ a true friend of mine all through the years.
A. retained   B. remained
C. regained   D. refrained   [B]

R

***remark**[4] 〔 rɪˈmɑrk 〕 *n.* 話；評論
(= *comment*)
Dennis made an unkind *remark* about Ellen's dress.
【記憶技巧】 *re* (again) + *mark* (記號)
(在別人身上留下記號，表示給予「評論」)

‡**remember**[1] 〔 rɪˈmɛmbɚ 〕 *v.* 記得
I can't *remember* where I put the pen.

***remind**[3] 〔 rɪˈmaɪnd 〕 *v.* 使想起；
提醒
The story *reminds* me of an experience I had.
【片語】 *remind sb. of sth.* (使某人想起某事)

***remote**[3] 〔 rɪˈmot 〕 *adj.* 遙遠的；
偏僻的
We don't often see Darrell because he lives in a *remote* town.
【記憶技巧】 *re* (back) + *mote* (move)
(退到遠處的，也就是「遙遠的」)
【片語】 *remote control* (遙控器)

***remove**[3] 〔 rɪˈmuv 〕 *v.* 除去
(= *get rid of*)
Scientists are trying to turn seawater into drinking water by *removing* the salt.
┌─【典型考題】─────────
│ Your desk is crowded with too many
│ unnecessary things. You have to
│ _____ some of them.
│ A. remain   B. resist
│ C. remove   D. renew   **[C]**
└──────────────────────

***rent**[3] 〔 rɛnt 〕 *v.* 租   *n.* 租金
Martin *rented* a boat to go out fishing.

***repair**[3] 〔 rɪˈpɛr 〕 *v.* 修理 (= *fix*)
n. 修理；*(pl.)* 修繕工作；修復作業
The radio has to be *repaired*.
How much will the *repairs* cost?
【記憶技巧】 *re* (again) + *pair* (prepare)

‡**repeat**[2] 〔 rɪˈpit 〕 *v.* 重複
The teacher *repeated* his words to the class.

***replace**[3] 〔 rɪˈples 〕 *v.* 取代
(= *substitute*)
Nothing can *replace* a mother's love and care.
┌─【典型考題】─────────
│ As more people rely on the Internet
│ for information, it has _____
│ newspapers as the most important
│ source of news.
│ A. distributed   B. subtracted
│ C. replaced   D. transferred   **[C]**
└──────────────────────

***reply**[2] 〔 rɪˈplaɪ 〕 *v., n.* 回答
(= *answer*)；回覆
I sent Mary a letter last week, but she has not *replied*.
I haven't heard your *reply*.

***report**[1] 〔 rɪˈport 〕 *v., n.* 報導；報告
It is *reported* that the general election will be held soon.
We have to write a short *report* on the conference.

‡**reporter**[2] 〔 rɪˈportɚ 〕 *n.* 記者
(= *journalist*)

* **represent**[3] 〔,rɛprɪ'zɛnt 〕 v. 代表
(= *stand for*)

Each charm on her bracelet
represents a place she has visited.

【記憶技巧】先背 present (呈現)。

┌─【典型考題】────────
The winner of this contest will _____
our school in the city finals.
A. claim   B. symbolize
C. indicate   D. represent   **[D]**
└────────────────────

* **representative**[3] 〔,rɛprɪ'zɛntətɪv 〕
n. 代表人

* **republic**[3] 〔 rɪ'pʌblɪk 〕 n. 共和國

As the country has become a *republic*,
the king is no longer the head of state.

* **reputation**[4] 〔,rɛpjə'teʃən 〕 n. 名聲

Neil has a *reputation* as a careful
and honest accountant.

【記憶技巧】 *re* (again) + *put* (think)
+ *ation* (n.) (「名聲」打響後，就會讓人
一再地想起這個名號)

┌─【典型考題】────────
The professor has a _____ for giving
extremely difficult exams.
A. character   B. history
C. sympathy   D. reputation   **[D]**
└────────────────────

* **request**[3] 〔 rɪ'kwɛst 〕 v., n. 請求
(= *ask*)

He *requested* us to keep silent.

【片語】 *on request* (一經要求)

* **require**[2] 〔 rɪ'kwaɪr 〕 v. 需要
(= *need*)；要求

An employer usually *requires* an
interview before hiring a job seeker.

【記憶技巧】 *re* (again) + *quire* (seek)
(一再地尋求，就表示很「需要」)
【比較】 acquire (獲得)；inquire (詢問)

* **requirement**[2] 〔 rɪ'kwaɪrmənt 〕 n.
必備條件 (= *necessity*)；要求

┌─【典型考題】────────
One of the _____ for the job is a
good knowledge of Japanese.
A. goals   B. requirements
C. fames   D. orphanages   **[B]**
└────────────────────

* **rescue**[4] 〔'rɛskju 〕 v. 拯救 (= *save*)；
解救

It was too late to *rescue* the animal.

【記憶技巧】 *re* (加強語氣的字首) + *(e)s*
(out) + *cue* (shake)

* **research**[4] 〔 rɪ's₃tʃ , 'ris₃tʃ 〕 v., n.
研究 (= *study*)

The doctor is *researching* the link
between eating habits and diabetes.

【記憶技巧】 *re* (again) + *search* (尋找)
(不停地尋找答案，就是「研究」)

* **resemble**[4] 〔 rɪ'zɛmbḷ 〕 v. 像
(= *take after*)

Mark *resembles* his grandfather more
than his father.

【記憶技巧】 *re* (again) + *semble*
(same) (再次出現相似的東西)

┌─【典型考題】────────
It's amazing that make-up and
costumes can make an actor closely
_____ a government official.
A. recover   B. regulate
C. reform   D. resemble   **[D]**
└────────────────────

* **reservation**[4] 〔,rɛzɚ'veʃən 〕 n. 預訂

R

* **reserve**[3] 〔 rɪˈzɝv 〕 v. 預訂 (= *book*)；
保留 (= *keep*)   n. 保護區；
(*pl.*) 儲備

We are *reserving* this bottle of
champagne for New Year's Eve.

【記憶技巧】 *re* (back) + *serve* (keep)

（「預訂」就是先把東西保留在後面）

【衍伸詞】 *a wildlife reserve* (野生
動植物保護區)

* **resign**[4] 〔 rɪˈzaɪn 〕 v. 辭職 (= *leave*)

After the serious argument, he *resigned*
from the post and left the company.

【記憶技巧】 *re* (again) + *sign* (簽名)

（離開公司要再次簽名，表示「辭職」）

【比較】 as<u>sign</u> (指派)；de<u>sign</u> (設計)

* **resist**[3] 〔 rɪˈzɪst 〕 v. 抵抗 (= *oppose*)；
抗拒

I couldn't *resist* another slice of cake
even though I was supposed to be on
a diet.

【記憶技巧】 *re* (against) + *sist* (stand)

（站在對立的立場，表示「抵抗」）

┌─【典型考題】─────────────┐
Most children find it difficult to
_____ the temptation of ice cream,
especially in summer.
A. purchase   B. resist
C. stare at   D. accustom to   **[B]**
└─────────────────────┘

* **respect**[2] 〔 rɪˈspɛkt 〕 v., n. 尊敬
(= *regard*)；方面；重視

We *respect* our parents very much.

【記憶技巧】 *re* (again) + *spect* (look)

（再看一眼，表示重視，引申為「尊敬」）

* **respond**[3] 〔 rɪˈspɑnd 〕 v. 回答
(= *answer*)；反應

He *responded* to the question
without thinking.

【記憶技巧】 *re* (back) + *spond* (answer)

* **responsibility**[3] 〔 rɪˌspɑnsəˈbɪlətɪ 〕
n. 責任 (= *duty*)

John had to take on the *responsibility*
of educating his brother's children.

* **rest**[1] 〔 rɛst 〕 v., n. 休息 (= *ease*)

After running for half an hour, Joe
sat down to *rest*.

【片語】 *take a rest* (休息一下)

* **restaurant**[2] 〔 ˈrɛstərənt 〕 n. 餐廳

* **restriction**[4] 〔 rɪˈstrɪkʃən 〕 n. 限制
(= *limitation*)

* **result**[2] 〔 rɪˈzʌlt 〕 n. 結果
(= *consequence* = *outcome*)

What was the *result* of the game?

retell[1] 〔 riˈtɛl 〕 v. (以不同的方式)
複述；重新講述

* **retire**[4] 〔 rɪˈtaɪr 〕 v. 退休

Mr. Goodman hopes to *retire* early,
at the age of fifty.

【記憶技巧】先背 tire (使疲倦)。

* **return**[1] 〔 rɪˈtɝn 〕 v. 返回；歸還

Please *return* these books to the
library.

***review**² 〔 rɪ'vju 〕 v. 復習；再調查
n. 復習；評論

She spent the summer *reviewing*
Taiwanese history as she was to
teach that in the fall.

【衍伸詞】 *a book review*（書評）

【典型考題】

Our teacher ＿＿＿＿ the old lessons
before starting a new one.
A. reviewed   B. noticed
C. previewed   D. remembered   [A]

***revision**⁴ 〔 rɪ'vɪʒən 〕 n. 修訂

***revolution**⁴ 〔,rɛvə'luʃən 〕 n. 革命；
重大改革

The *revolution* freed the city from
its rulers.

【典型考題】

Credit cards have brought a(n)
＿＿＿＿ in people's spending habits.
A. connection   B. communication
C. immigration   D. revolution   [D]

***reward**⁴ 〔 rɪ'wɔrd 〕 n. 報酬
（ = *return* ）；獎賞   v. 酬謝；
給…報酬

I gave the boy a *reward* for running
an errand for me.

【典型考題】

To teach children right from wrong,
some parents will ＿＿＿＿ their
children when they behave well and
punish them when they misbehave.
A. settle   B. declare
C. reward   D. neglect   [C]

rewind⁷ 〔 ri'waɪnd 〕 v., n. 倒帶

【比較】 wind 〔 waɪnd 〕 v. 繞；捲

***rhyme**⁴ 〔 raɪm 〕 n. 押韻詩（ = *poem* ）；
同韻字；押韻；童詩   v. 押韻

Not all poems *rhyme*.

‡**rice**¹ 〔 raɪs 〕 n. 稻米；飯

The children like to eat *rice* more
than noodles.

‡‡‡**rich**¹ 〔 rɪtʃ 〕 adj. 有錢的（ = *wealthy* ）；
豐富的

【衍伸詞】 *be rich in*（有豐富的…）

***rid**³ 〔 rɪd 〕 v. 除去

It took us all day to *rid* the garden
of weeds.

【注意】三態變化：rid–rid–rid
或 rid–ridded–ridded
【片語】 *rid* A *of* B（除去 A 中的 B）
get rid of（除去；擺脫）

***riddle**³ 〔'rɪdḷ 〕 n. 謎語（ = *puzzle* ）

We could not solve the *riddle* and
asked Clara to tell us the answer.

‡‡**ride**¹ 〔 raɪd 〕 v. 騎；搭乘
n. 騎馬；騎車；乘車；乘坐裝置

【注意】三態變化：ride–rode–ridden

***ridiculous**⁵ 〔 rɪ'dɪkjələs 〕 adj. 荒謬的
（ = *absurd* ）；可笑的（ = *silly* ）

Although it seems *ridiculous* now,
in the past the earth was believed
to be flat.

‡‡**right**¹ 〔 raɪt 〕 adj. 對的；右邊的
n. 權利；右邊   adv. 正當地；
向右；恰好；馬上

You have no *right* to choose.
I'll be *right* back.

R

R

rigid[5] 〔'rɪdʒɪd 〕 *adj.* 僵硬的；嚴格的
（ = *strict*)；不變通的；堅持的
The rules at this school are very
rigid, so don't expect to be granted
many exceptions.
【記憶技巧】*rig* (rule) + *id* (*adj.*)
（規則很多，表示很「嚴格」）

ring[1] 〔 rɪŋ 〕 *n.* 戒指；電話鈴聲；鐘
聲；拳擊場 *v.* 按（鈴）；發出聲響
He bought her a *ring*.
The telephone is *ringing*.
【注意】三態變化：ring–rang–rung

ripe[3] 〔 raɪp 〕 *adj.* 成熟的（ = *mature*)
I can't eat this mango because it is
not *ripe* yet.

ripen[3] 〔'raɪpən 〕 *v.* 成熟；使成熟
The wheat has *ripened*.
The sun *ripens* fruits.

rise[1] 〔 raɪz 〕 *v.* 上升 *n.* 上升；增加
People demand higher wages all the
time because prices are always *rising*.
【注意】三態變化：rise–rose–risen
【片語】*give rise to*（導致）

┌─【典型考題】──────────
Whales usually ───── to breathe
every five or ten minutes.
A. hang   B. rise
C. shoot   D. float   **[B]**
└────────────────────

risk[3] 〔 rɪsk 〕 *n.* 風險 *v.* 冒…的危險
Businessmen recognize the
convenience of being protected from
running certain *risks*.
I'm willing to *risk* losing everything.

river[1] 〔'rɪvɚ 〕 *n.* 河流

road[1] 〔 rod 〕 *n.* 道路

roast[3] 〔 rost 〕 *v.* 烤；烘焙
We *roasted* the meat on an open fire.

rob[3] 〔 rɑb 〕 *v.* 搶劫（ = *sack*)
Farmers were *robbed* of their rice.
【片語】*rob sb. of sth.*（搶走某人的某物）

robot[1] 〔'robət 〕 *n.* 機器人
（ = *automaton*)
A *robot* can do things like a human
being.

rock[1,2] 〔 rɑk 〕 *n.* 岩石（ = *stone*)
v. 搖晃；搖動

rocket[3] 〔'rɑkɪt 〕 *n.* 火箭

role[2] 〔 rol 〕 *n.* 角色（ = *character*)
She played the *role* of Snow White.
【片語】*play ~ role*（扮演～角色）

roll[1] 〔 rol 〕 *v.* 滾動（ = *turn*)
n. 滾動；一捲；名冊；麵包捲
The ball *rolled* over and over.
We used ten *rolls* of wallpaper.
【衍伸詞】rock'n'roll（搖滾樂）
call the roll（點名）

roof[1] 〔 ruf 〕 *n.* 屋頂
There is a kitten on the *roof* of the
house.
【比較】proof（證據）

room[1] 〔 rum 〕 *n.* 房間；空間（ = *space*)

rooster[1] 〔'rustɚ 〕 *n.* 公雞（ = *cock*)
【比較】hen（母雞）

‡**root**[1]〔rut〕*n.* 根（=*radix*）；根源
v. 生根

Roots hold the plant in the soil.

【片語】*be rooted in*（在⋯根深蒂固）

‡**rope**[1]〔rop〕*n.* 繩子

Edward uses a *rope* to tie the boat.

‡**rose**[1]〔roz〕*n.* 玫瑰

***rot**[3]〔rɑt〕*v.* 腐爛（=*decay*）

If you leave the wood out in the rain, it will eventually *rot*.

***rough**[3]〔rʌf〕*adj.* 粗糙的
（=*rugged*=*coarse*）；概略的

This *rough* material irritates my skin.

‡**round**[1]〔raʊnd〕*adj.* 圓的
adv. 在四處；到處　*prep.* 繞著；
向⋯的周圍　*n.* 回合

The earth moves *round* the sun.
He was knocked out in the second *round*.

roundabout[4]〔'raʊndə,baʊt〕*n.*
圓環（=*traffic circle*【美式用法】）；
旋轉木馬　*adj.* 繞道的；迂迴的；
拐彎抹角的

He told us, in a very *roundabout* way, that he was thinking of leaving.

***routine**[3]〔ru'tin〕*n.* 例行公事

Ted decided to change his *routine* and take a walk after dinner rather than watch TV.

‡**row**[1]〔ro〕*n.* 排（=*line*）
v. 划（船）　〔raʊ〕*v., n.* 吵鬧

We have two *rows* of teeth.

***royal**[2]〔'rɔɪəl〕*adj.* 皇家的

The prince lives in a *royal* palace.

【比較】l<u>oy</u>al（忠實的）

***rubber**[1]〔'rʌbɚ〕*n.* 橡膠；橡皮擦

Balloons are made of *rubber*.

rubbish[5]〔'rʌbɪʃ〕*n.* 垃圾
（=*garbage*=*waste*=*litter*=*trash*）

The backyard was covered by a heap of *rubbish*.

‡**rude**[2]〔rud〕*adj.* 無禮的
（=*bold*=*impolite*）

It's *rude* to eat and talk at the same time.

rugby[7]〔'rʌgbɪ〕*n.* 橄欖球
（=*football*）

‡**ruin**[4]〔'ruɪn〕*v.* 毀滅（=*destroy*）
n. 毀滅；(*pl.*) 廢墟；遺跡；遺骸

The typhoon *ruined* the city.
We visited the *ruins* of a Roman castle.

‡**rule**[1]〔rul〕*n.* 規則　*v.* 統治

Traffic *rules* should be observed by anyone using the road.

‡**ruler**[2]〔'rulɚ〕*n.* 統治者（=*lord*）；尺

‡**run**[1]〔rʌn〕*v.* 跑；經營

My father *runs* a store.

【注意】三態變化：run–ran–run

***rush**[2]〔rʌʃ〕*v.* 衝　*n.* 匆忙

The police immediately *rushed* to the scene.

【衍伸詞】*rush hour*（尖峰時間）
【片語】*in a rush*（匆忙地）

R

S s

sacred[5]〔'sekrɪd〕*adj.* 神聖的
（＝ *holy*）

Contemporary Christian music is a kind of *sacred* music.

* **sacrifice**[4]〔'sækrə,faɪs〕*v., n.* 犧牲

Joe had to *sacrifice* much of his free time to get the work done on time.

【記憶技巧】*sacr* (sacred) ＋ *ifice* (make)（「犧牲」是一種神聖的行為）

┌─【典型考題】─────────
│ Young people always ＿＿＿＿ their
│ health for wealth.
│ A. divide   B. complete
│ C. sacrifice   D. appreciate   [C]
└────────────────────

‡ **sad**[1]〔 sæd 〕*adj.* 悲傷的（＝ *gloomy*）

sadness[1]〔'sædnɪs〕*n.* 悲傷
（＝ *sorrow*）

‡ **safe**[1]〔 sef 〕*adj.* 安全的（＝ *secure*）

* **safety**[2]〔'seftɪ〕*n.* 安全（＝ *security*）

We put money in a bank for *safety*.

┌─【典型考題】─────────
│ For your own ＿＿＿＿, please don't
│ open the door until the train fully stops.
│ A. humanity   B. safety
│ C. liberty   D. vanity   [B]
└────────────────────

‡ **sail**[1]〔 sel 〕*v.* 航行（＝ *navigate*）
n.（船的）帆；帆船

The ship *sails* slowly into the harbor.

* **sailor**[2]〔'selɚ〕*n.* 水手（＝ *seaman*）

I saw a *sailor* walking near the port.

‡ **salad**[2]〔'sæləd〕*n.* 沙拉

【重要知識】沙拉醬是 salad dressing，注意「沙拉醬」由上淋下，用 dressing 而不是 sauce（沾醬）。

* **salary**[4]〔'sælərɪ〕*n.* 薪水
（＝ *earnings*）

【記憶技巧】*sal* (salt) ＋ *ary* (n.)
（源於古羅馬發鹽給士兵當作「薪水」）

‡ **sale**[1]〔 sel 〕*n.* 出售

Mr. Dawson's car is for *sale*.

salesgirl[4]〔'selz,gɝl〕*n.*（常指年輕的）女店員；女售貨員

‡ **salesman**[4]〔'selzmən〕*n.* 售貨員
（＝ *salesperson*）；男店員；推銷員；業務員

【注意】複數為 salesmen。

‡ **saleswoman**[4]〔'selz,wumən〕*n.*
女售貨員；女店員

【注意】複數為 saleswomen。

‡ **salt**[1]〔 sɔlt 〕*n.* 鹽

【片語】*take…with a grain of salt*
（對…持保留的態度）

salty[2]〔'sɔltɪ〕*adj.* 鹹的

Tears are *salty*.

salute[5]〔sə'lut〕*v.* 向…敬禮；
向…行單禮；向…致敬（＝ *express respect*） *n.* 敬禮

The soldiers *saluted* as the president's motorcade passed by.

‡**same**[1] 〔 sem 〕 *adj.* 相同的
　　pron. 相同的事物
　　We always go to the *same* place after
　　work.

‡**sand**[1] 〔 sænd 〕 *n.* 沙子
　　She got some *sand* in her eye.

‡**sandwich**[2] 〔'sændwɪtʃ 〕 *n.* 三明治

*　**satellite**[4] 〔'sætḷ͵aɪt 〕 *n.* 衛星
　　Communication *satellites* enable
　　people to watch live broadcasts from
　　anywhere in the world.
　　【記憶技巧】*sate* (full) + *llite* (go)
　　　（「衛星」就是環繞行星運行的物體）

*　**satisfaction**[4] 〔͵sætɪs'fækʃən 〕 *n.*
　　滿足 (= *contentment*)
　　Jerry felt a sense of *satisfaction* when
　　he finally finished painting the porch.

*　**satisfy**[2] 〔'sætɪs͵faɪ 〕 *v.* 滿足
　　(= *gratify*)；使滿意
　　The government can't fully *satisfy*
　　people's needs.

*　**saucer**[3] 〔'sɔsɚ 〕 *n.* 碟子
　　(= *small dish*)
　　She offered me tea in her best cup
　　and *saucer*.
　　【衍伸詞】*flying saucer* (飛碟) (= *UFO*)

*　**sausage**[3] 〔'sɔsɪdʒ 〕 *n.* 香腸
　　【記憶技巧】*sa* + *usage* (用法)

‡**save**[1] 〔 sev 〕 *v.* 節省；拯救

‡**say**[1] 〔 se 〕 *v.* 說
　　【注意】三態變化：say–said–said

saying[1] 〔'seɪŋ 〕 *n.* 諺語
　　There is an old *saying* that time is
　　money.

scan[5] 〔 skæn 〕 *v.* 掃描 (= *inspect*)；
　　瀏覽 (= *browse*)
　　Rachel *scanned* the want ads, hoping
　　to find a good job opportunity.

scar[5] 〔 skɑr 〕 *n.* 疤痕
　　【記憶技巧】*s* + *car* (死車子，讓我留下
　　　「疤痕」)

*　**scare**[1] 〔 skɛr 〕 *v.* 驚嚇
　　Rex tried to *scare* the children by
　　telling them ghost stories.

‡**scarf**[3] 〔 skɑrf 〕 *n.* 圍巾
　　【記憶技巧】car-scar (疤痕)-scarf
　　　(圍巾)

‡**scene**[1] 〔 sin 〕 *n.* 場景 (= *setting*)；
　　風景 (= *view*)
　　The boats in the harbor make a
　　beautiful *scene*.
　　【片語】*on the scene* (當場)

‡**scenery**[4] 〔'sinərɪ 〕 *n.* 風景【集合名詞】
　　We stopped to admire the *scenery*.

sceptical[6] 〔'skɛptɪkḷ 〕 *adj.* 懷疑的
　　(= *skeptical*【美式用法】= *doubtful*)
　　I am *sceptical* of the politician's
　　promises because they seem too
　　good to be true.

*　**schedule**[3] 〔'skɛdʒul 〕 *n.* 時間表
　　(= *time plan*)　*v.* 排定
　　I have to check my *schedule*.

S

* **scholar**[3] 〔'skɑlɚ〕 *n.* 學者

He is a *scholar* of ancient history.

【記憶技巧】一般説來，字尾是 ar，都不是什麼好人，像 liar（說謊者），burglar（竊賊），beggar（乞丐）。而 scholar（學者），讀書人壞起來，更可怕。

* **scholarship**[3] 〔'skɑlɚˌʃɪp〕 *n.* 獎學金

school[1] 〔skul〕 *n.* 學校；（魚）群

We go to *school* five days a week.
We saw a *school* of whales.

schoolbag[1] 〔'skulˌbæg〕 *n.* 書包

schoolboy[1] 〔'skulˌbɔɪ〕 *n.* 男學生

schoolgirl[1] 〔'skulˌgɝl〕 *n.* 女學生

schoolmate[1] 〔'skulˌmet〕 *n.* 同學

science[2] 〔'saɪəns〕 *n.* 科學

┌─【典型考題】─────────
│ Today, _____ gives us different
│ explanations of how things happen.
│ A. infant   B. orbit
│ C. shadow   D. science   [D]
└──────────────────────

* **scientific**[3] 〔ˌsaɪən'tɪfɪk〕 *adj.* 科學的

Eugene does not believe in superstitions because they are not based on *scientific* facts.

scientist[2] 〔'saɪəntɪst〕 *n.* 科學家

* **scissors**[2] 〔'sɪzɚz〕 *n. pl.* 剪刀

I need a pair of *scissors* to cut this string.

【片語】*a pair of scissors*（一把剪刀）

* **scold**[4] 〔skold〕 *v.* 責罵（= *blame*）；責備

Lucy was *scolded* by her mother because she forgot to take out the trash.

【記憶技巧】先背 cold（寒冷的），因爲被罵的人會感到心寒。

* **score**[2] 〔skor〕 *n.* 分數（= *grade*）
v. 得（分）

The teacher blamed her for her low *score*.
He *scored* the first goal after five minutes.

* **scratch**[4] 〔skrætʃ〕 *v.* 抓（癢）（= *scrape*）；搔（頭） *n.* 抓痕；刮痕；擦傷

If you *scratch* the mosquito bite, it will only itch more.

* **scream**[3] 〔skrim〕 *v.* 尖叫
n. 尖叫（聲）

screen[2] 〔skrin〕 *n.* 螢幕；銀幕；幕；簾；紗窗（門）

There is a spot on the TV *screen*.

┌─【典型考題】─────────
│ To prevent the spread of the Ebola
│ virus from West Africa to the rest of
│ the world, many airports have begun
│ Ebola _____ for passengers from the
│ infected areas.
│ A. screenings   B. listings
│ C. clippings   D. blockings   [A]
└──────────────────────

* **sculpture**[4] 〔'skʌlptʃɚ〕 *n.* 雕刻（= *carved artwork*）；雕刻術；雕像

The sculptor worked on the outdoor *sculpture* garden for over twenty years.

S

‡**sea**[1] 〔si 〕 *n.* 海

Is the *sea* here warm enough for swimming?

***seagull**[4] 〔'si,gʌl 〕 *n.* 海鷗 (= *gull*)

***seal**[3] 〔 sil 〕 *v.* 密封　　*n.* 印章；海豹

The letter was *sealed* with wax.

The letter bore the president's *seal*.

***search**[2] 〔 sɝtʃ 〕 *v., n.* 尋找；搜尋

Peter is *searching* for his watch.

【典型考題】

The policemen have ＿＿＿ the whole area but haven't found the criminal yet.

A. looked   B. improved

C. searched   D. discovered   [C]

seashell[2] 〔'si,ʃɛl 〕 *n.* 貝殼 (= *shell*)

She sells *seashells* on the seashore.

seaside[1] 〔'si,saɪd 〕 *n.* 海邊

This was their first family holiday together at the *seaside* .

‡**season**[1] 〔'sizn̩ 〕 *n.* 季節

There are four *seasons* in a year.

‡**seat**[1] 〔 sit 〕 *n.* 座位　　*v.* 使就座

Alisa gave her *seat* on the bus to an old woman.

He *seated* himself behind his desk.

【典型考題】

This ＿＿＿ is taken. You can't sit here.

A. sweater   B. pants

C. dialogue   D. seat   [D]

seaweed[3] 〔'si,wid 〕 *n.* 海草；海藻

There are many different types of *seaweed*, some of which are eaten as food.

‡**second**[1] 〔'sɛkənd 〕 *adj.* 第二的

n. 秒

‡**secret**[2] 〔'sikrɪt 〕 *n.* 祕密 (= *secrecy*)

adj. 祕密的

She can't keep a *secret*.

【記憶技巧】 *se* (apart) + *cret* (separate)
（與平常能講的話區隔開來，也就是不能說的「秘密」）

‡**secretary**[2] 〔'sɛkrə,tɛrɪ 〕 *n.* 秘書
(= *special assistant*)

She is the private *secretary* of my boss.

【記憶技巧】 *secret* (秘密) + *ary* (人)
（「秘書」是幫主管處理機密事項的人）

***section**[2] 〔'sɛkʃən 〕 *n.* 部分 (= *part*)

Mother cut the pie into eight equal *sections*.

【記憶技巧】 *sect* (cut) + *ion* (*n.*)
（經過切割，分成很多「部分」）

secure[5] 〔 sɪ'kjur 〕 *adj.* 安全的
(= *safe*)　　*v.* 保護；確保

【記憶技巧】 *se* (free from) + *cure*
(care) （沒有憂慮的，表示「安全的」）

***security**[3] 〔 sɪ'kjurətɪ 〕 *n.* 安全
(= *safety*)；防護措施

The *security* at most airports has been very tight since the terrorist attacks.

S

‡**see**[1] 〔 si 〕 *v.* 看見

【注意】三態變化：see–saw–seen

‡**seed**[1] 〔 sid 〕 *n.* 種子

We sowed vegetable *seeds* in the garden.

‡**seek**[3] 〔 sik 〕 *v.* 尋找
(= *look for* = *search for*)

He is *seeking* a new job.

【注意】三態變化：seek–sought–sought

‡**seem**[1] 〔 sim 〕 *v.* 似乎 (= *appear*)

This exam *seems* hard to her.

***seize**[3] 〔 siz 〕 *v.* 抓住 (= *grab*)

The police *seized* the robber's arm.

【衍伸詞】 *seize the day* (把握時機)

‡**seldom**[3] 〔 'sɛldəm 〕 *adv.* 很少
(= *rarely*)

I *seldom* go out at night.

***select**[2] 〔 sə'lɛkt 〕 *v.* 挑選 (= *pick*)

John *selected* a present for his girlfriend.

【記憶技巧】 *se* (apart) + *lect* (choose)

***self**[1] 〔 sɛlf 〕 *n.* 自己

Jack has changed so much that he is nothing like his former *self*.

‡**selfish**[1] 〔 'sɛlfɪʃ 〕 *adj.* 自私的

After he went bankrupt, he became *selfish*.

【反義詞】 selfless (無私的)

‡**sell**[1] 〔 sɛl 〕 *v.* 賣

【注意】三態變化：sell–sold–sold

semicircle[7] 〔 'sɛmɪ,sɝkl̩ 〕 *n.* 半圓；半圓形

We sat in a *semicircle* round the fire.

seminar[6] 〔 'sɛmə,nɑr 〕 *n.* 研討會；專題討論課

There will be a two-day *seminar* on global warming this May.

‡**send**[1] 〔 sɛnd 〕 *v.* 寄；送

I *sent* a greeting card to my sister.

【注意】三態變化：send–sent–sent

***senior**[4] 〔 'sinjɚ 〕 *adj.* 年長的；資深的
n. 年長者；前輩；(大學、高中的) 最高年級學生

Ms. Lin is the *senior* flight attendant, so if you have any questions, you can consult her.

【反義詞】 junior (年幼的；資淺的)

‡**sense**[1] 〔 sɛns 〕 *n.* 感覺 (= *feeling*)；判斷力；道理；意義；見識；智慧
v. 感覺；察覺

Our five *senses* are sight, hearing, taste, smell, and touch.

***sensitive**[3] 〔 'sɛnsətɪv 〕 *adj.* 敏感的
(= *touchy*)

The microphone is very *sensitive* and can pick up even the slightest sound.

【片語】 *be sensitive to* (對…敏感)

┌─【典型考題】─────────
│ Most earthquakes are too small to be noticed; they can only be detected by _____ instruments.
│ A. manual   B. sensitive
│ C. portable   D. dominant   **[B]**
└────────────────────

‡**sentence**[1] (ˈsɛntəns) *n.* 句子；刑罰

The death *sentence* has been abolished in Britain.

* **separate**[2] (ˈsɛpəˌret) *v.* 使分開 (= *make apart*)；區別；分離 (ˈsɛprɪt) *adj.* 分開的；各別的

The two towns are *separated* by a river.

【片語】 *separate* A *from* B (區別 A 與 B)

* **separation**[3] (ˌsɛpəˈreʃən) *n.* 分開 (= *division*)

‡**serious**[2] (ˈsɪrɪəs) *adj.* 嚴重的；嚴肅的；認真的

Tom had a *serious* car accident yesterday.

【典型考題】
Air pollution has become more and more _____ in Taiwan.
A. popular   B. impossible
C. serious   D. interesting   [C]

‡**servant**[2] (ˈsɝvənt) *n.* 僕人

Policemen are public *servants*.

【重要知識】字尾 ant 指「人」，如：giant (巨人)、merchant (商人) 等。

‡**serve**[1] (sɝv) *v.* 服務；供應 (= *supply*)

The cook *served* the Brown family for one year.

‡**service**[1] (ˈsɝvɪs) *n.* 服務；(郵電、電話等的)(公共) 事業；設施

The *service* in this restaurant is very good.

【典型考題】
I am sorry that I went to a restaurant with such dreadful _____ .
A. bill   B. service
C. politeness   D. complaint   [B]

session[6] (ˈsɛʃən) *n.* 開庭；開會 (= *meeting*)；授課時間；一段時間

You must remain quiet when the court is in *session*.

【記憶技巧】 *sess* (sit) + *ion* (*n.*) (「開會」就像坐著聽課一樣)

‡**set**[1] (sɛt) *v.* 設定 (= *arrange*)；創 (紀錄)；(太陽) 落下 *n.* 一套

We must *set* the time for the meeting.

【注意】三態變化：set–set–set

* **settle**[2] (ˈsɛtl̩) *v.* 定居；解決 (= *solve*)

After moving from one city to another for several years, Mike decided to *settle* in Chicago.

【片語】 *settle down* (定居；安定下來)

* **settlement**[2] (ˈsɛtl̩mənt) *n.* 定居；解決；殖民

The whole country is hoping for the *settlement* of this strike.

settler[4] (ˈsɛtlɚ) *n.* 殖民者 (= *colonist*)；移民 (= *immigrant*)

‡**several**[1] (ˈsɛvərəl) *adj.* 好幾個 *pron.* 幾個；數個

Several boys took part in the race.
Several of them were absent.

S

* **severe**[4] 〔 sə'vɪr 〕 *adj.* 嚴格的
  (= *strict*)；嚴重的 (= *serious*)；
  惡劣的 (= *harsh*)
  He is very *severe* with his children.

* **sew**[3] 〔 so 〕 *v.* 縫紉 (= *stitch*)；縫製；
  縫補
  Rather than buy her son a Halloween
  costume, Betty decided to *sew* one
  herself.
  【注意】三態變化：sew–sewed–sewn
  　　　　　 或 sew–sewed–sewed

* **sex**[3] 〔 sɛks 〕 *n.* 性；性別 (= *gender*)

  shabby[5] 〔'ʃæbɪ 〕 *adj.* 破舊的；
  衣衫襤褸的 (= *ragged*)
  You'd never guess he's a famous
  movie star from the *shabby* way he
  dresses.

* **shade**[3] 〔 ʃed 〕 *n.* 陰影 (= *shadow*)；
  樹蔭 (= *tree shadow*)
  The sun was so hot that we decided
  to sit in the *shade* of this tree.

* **shadow**[3] 〔'ʃædo 〕 *n.* 影子

  shake[1] 〔 ʃek 〕 *v.* 搖動；抖動
  n. 搖動；奶昔
  You should *shake* the can before
  drinking.
  【注意】三態變化：shake–shook–shaken
  【片語】 ***shake hands with*** *sb.* (和某人
  　　　 握手)

  shall[1] 〔 ʃæl 〕 *aux.* 將會
  After 10:00 p.m., Nancy *shall* call
  you again.

* **shallow**[3] 〔'ʃælo 〕 *adj.* 淺的；膚淺的
  Children are restricted to the *shallow*
  end of the swimming pool.

  ┌─【典型考題】───────
  │ "Superficial knowledge" means
  │ knowledge that is _____.
  │ A. thorough　　　 B. deep
  │ C. unnecessary　　D. shallow　　[D]
  └─────────────────

* **shame**[3] 〔 ʃem 〕 *n.* 羞恥 (= *guilt*)；
  可惜的事 (= *pity*)
  Evan found it difficult to bear the
  shame of bankruptcy.
  【衍伸詞】 ashamed (感到羞恥的)

  shape[1] 〔 ʃep 〕 *n.* 形狀 *v.* 使成形；
  塑造
  The shell has a strange *shape*.
  The earth is *shaped* like an orange.

  share[2] 〔 ʃɛr 〕 *v.* 分享
  My friend *shares* a cake with me.

  shark[1] 〔 ʃark 〕 *n.* 鯊魚
  No one can catch the *shark*.
  【衍伸詞】 ***great white shark*** (大白鯊)

  sharp[1] 〔 ʃarp 〕 *adj.* 銳利的；急轉的；
  鮮明的
  The knife is very *sharp*.
  【反義詞】 dull (鈍的)

  sharpen[5] 〔'ʃarpən 〕 *v.* 使銳利
  (= *make sharp*)

  sharpener[5] 〔'ʃarpənɚ 〕 *n.* 磨具；
  削具
  【衍伸詞】 ***a knife sharpener*** (磨刀器)
  　　　　　 a pencil sharpener (削鉛筆機)

S

*shave[3] 〔 ʃev 〕 v. 刮 (鬍子)

Lenny asked the barber to *shave* off his beard.

【注意】三態變化：shave–shaved–shaved 或 shave–shaved–shaven

*shaver[4] 〔'ʃevə 〕 n. 電動刮鬍刀 (= *electric razor*)

【比較】razor (剃刀；刮鬍刀)

‡sheep[1] 〔 ʃip 〕 n. 綿羊；盲從的人

【單複數同形】

John keeps a lot of *sheep*.

【比較】lamb (羔羊)；goat (山羊)；mutton (羊肉)

【片語】*a flock of sheep* (一群羊)

*sheet[1] 〔 ʃit 〕 n. 床單 (= *bedding*)；一張 (紙)；薄板；廣大一片

*shelf[2] 〔 ʃɛlf 〕 n. 架子 (= *ledge*)

I took some books off the *shelf*.

【注意】複數為 shelves。

*shelter[4] 〔'ʃɛltə 〕 n. 避難所

The original meaning of home is the best *shelter* where one can go for help.

【記憶技巧】*shel* (shield 盾牌) + *ter* (strong) (軍隊用盾牌圍成堅固的避難所)

【典型考題】

In the desert, a huge mall with art galleries, theaters, and museums will be constructed to _____ visitors from the heat outside.

A. convert   B. defend

C. shelter   D. vacuum   [C]

‡shine[1] 〔 ʃaɪn 〕 v. 照耀

The sun was *shining* brightly.

【注意】三態變化：shine–shone–shone

‡ship[1] 〔 ʃɪp 〕 n. 船   v. 運送

These goods are *shipped* by truck from New York to Washington.

‡shirt[1] 〔 ʃɝt 〕 n. 襯衫

*shock[2] 〔 ʃak 〕 v. 震驚   n. 震動；震驚；觸電；休克

His behavior *shocked* me.

‡shoe[1] 〔 ʃu 〕 n. 鞋子

*shoot[2] 〔 ʃut 〕 v. 射擊   n. 射擊；新芽

He was *shot* in the arm.

【注意】三態變化：shoot–shot–shot

‡shop[1] 〔 ʃap 〕 n. 商店 (= *store*)；店鋪；工廠   v. 購物；買東西

shopkeeper[1] 〔'ʃap,kipə 〕 n. 店主；老闆

shopping[1] 〔'ʃapɪŋ 〕 n. 購物

I don't like *shopping* very much.

*shore[1] 〔 ʃor 〕 n. 海岸

The waves washed over the *shore*.

‡short[1] 〔 ʃɔrt 〕 adj. 短的；矮的；缺乏的

【片語】*be short of* (缺乏)

shortcoming[5] 〔'ʃɔrt,kʌmɪŋ 〕 n. 缺點 (= *weakness* = *drawback* = *fault* = *defect*)

Carelessness is a serious *shortcoming*.

S

* **shortly**³ 〔'ʃɔrtlɪ 〕 *adv.* 不久
(= *soon* = *before long*)
We will be landing *shortly*, so please
return to your seats and fasten your
seatbelts.

> 【典型考題】
> The town is five kilometers away; we
> will be there _____.
> A. temporarily   B. virtually
> C. shortly   D. abruptly   [C]

‡ **shorts**² 〔 ʃɔrts 〕 *n.* 短褲
(= *short trousers*)
She wore *shorts* to play volleyball.

* **shot**¹ 〔 ʃat 〕 *n.* 射擊；嘗試；投籃
He fired five *shots*.

‡ **shoulder**¹ 〔'ʃoldɚ 〕 *n.* 肩膀
His *shoulder* was hurt in an accident.

‡ **shout**¹ 〔 ʃaut 〕 *v., n.* 吼叫
My friend *shouted* at me yesterday.

‡ **show**¹ 〔 ʃo 〕 *v.* 顯示；給…看
n. 展示會；表演
He *showed* me his album.
【注意】三態變化：show–showed–shown
或 show–showed–showed

* **shower**² 〔'ʃauɚ 〕 *n.* 淋浴；陣雨
I take a *shower* every morning.

* **shrink**³ 〔 ʃrɪŋk 〕 *v.* 收縮；減少；縮水
(= *become smaller*)；退縮；逃避
If you put this sweater in the dryer,
it will probably *shrink*.
【注意】三態變化：shrink–shrank–shrunk
或 shrink–shrunk–shrunken

* **shut**¹ 〔 ʃʌt 〕 *v.* 關；閉 (= *close*)
Strong wind *shut* the door.
【注意】三態變化：shut–shut–shut

* **shuttle**⁴ 〔'ʃʌtl̩ 〕 *n.* 來回行駛；太空梭
There is a *shuttle* bus to the airport
every half hour.
【衍伸詞】 *space shuttle* (太空梭)

‡ **shy**¹ 〔 ʃaɪ 〕 *adj.* 害羞的
I'm too *shy* to speak to strangers.

‡ **sick**¹ 〔 sɪk 〕 *adj.* 生病的；想吐的；
作嘔的；厭倦的
He began to feel *sick* as soon as the
ship started to move.
I'm *sick* of the way you've treated me.

sickness¹ 〔'sɪknɪs 〕 *n.* 疾病
(= *illness*)
Viruses and germs cause most
sicknesses.

‡ **side**¹ 〔 saɪd 〕 *n.* 邊
You must walk on one *side* of the road.

side road *n.* 旁路；小路

‡ **sidewalk**² 〔'saɪd,wɔk 〕 *n.* 人行道
【美式用法】(= *pavement*)
She fell on the icy *sidewalk*.

sideways² 〔'saɪd'wez 〕 *adv.* 斜向一
邊地；橫斜地
She sat *sideways* on the chair.

* **sigh**³ 〔 saɪ 〕 *v.* 嘆息；(風) 呼嘯
n. 嘆息
After a long day of shopping, the
girls sat down with a *sigh*.

‡‡**sight**[1]〔saɪt〕 *n.* 景象（＝*spectacle*）；
看見；視力（＝*vision*）

***sightseeing**[4]〔'saɪtˏsiɪŋ〕*n.* 觀光
We would like to do some
sightseeing while we are in Paris.
【記憶技巧】*sight*（風景）＋*seeing*
（「觀光」就是到處去看風景）

***signal**[3]〔'sɪgnḷ〕 *n.* 信號
He gave me a *signal* to make a right
turn here.

***signature**[4]〔'sɪgnətʃɚ〕 *n.* 簽名
The manager put his *signature* on
the last page of the document.
【比較】autograph（親筆簽名）

***significance**[4]〔sɪg'nɪfəkəns〕 *n.*
意義；重要性
Having the first phase done is of great
significance to the whole project.
【記憶技巧】*sign*（mark）＋*ifi*（*v.*）＋
cance（*n.*）

***silence**[2]〔'saɪləns〕 *n.* 沉默
Speech is silver, *silence* is golden.

***silent**[2]〔'saɪlənt〕 *adj.* 沉默的；安靜的
The teacher told the students to be
silent.

┌─【典型考題】─────────
│ The prisoner remained ——— when
│ he was questioned by police. He was
│ speechless.
│ A. unsteady B. smooth
│ C. silent   D. rake **[C]**
└─────────────────────

***silk**[2]〔sɪlk〕 *n.* 絲

***silly**[1]〔'sɪlɪ〕 *adj.* 愚蠢的（＝*foolish*）；
荒謬的；無聊的
Mother lets me play a *silly* game.

***silver**[1]〔'sɪlvɚ〕 *n.* 銀
That ring is made of *silver*.

***similar**[2]〔'sɪmələ〕*adj.* 相似的
（＝*alike*）
Her dress is *similar* to yours in style.
【片語】*be similar to*（和…相似）

┌─【典型考題】─────────
│ I sometimes take John's coat for my
│ own because the two of them look
│ so ———.
│ A. original B. cheerful
│ C. curious D. similar **[D]**
└─────────────────────

‡‡**simple**[1]〔'sɪmpḷ〕 *adj.* 簡單的
This book is written in *simple*
English.

simplify[6]〔'sɪmpləˏfaɪ〕 *v.* 簡化
（＝*make simpler*）
Can you *simplify* what you've just
said?
【記憶技巧】*-fy* 表「使成為」的字尾。

‡‡**since**[1]〔sɪns〕 *conj.* 因為；自從；
既然（＝*now that*） *adv.* 從那時起
prep. 自…以來
I've been very busy *since* I came
back from my vacation.
I haven't seen him *since*.

sincerely[3]〔sɪn'sɪrlɪ〕 *adv.* 真誠地
（＝*earnestly*）
I *sincerely* hope that you'll pass
the exam.

‡**sing**[1] 〔 sɪŋ 〕 v. 唱歌

【注意】三態變化：sing–sang–sung

*single**[2] 〔'sɪŋgl〕 adj. 單一的；單身的
John is still *single*.

*sink**[2] 〔 sɪŋk 〕 v. 下沉 (= *immerse*)
n. 水槽
The ship *sank*.
Sinks are used for washing dishes.

【注意】三態變化：sink–sank–sunk

‡**sir**[1] 〔 sɚ , sɝ 〕 n. 先生

‡**sister**[1] 〔'sɪstɚ〕 n. 姊妹

‡**sit**[1] 〔 sɪt 〕 v. 坐；位於；坐落於
(= *lie* = *be situated* = *be located*)
The house *sits* on a hill.

【注意】三態變化：sit–sat–sat

*situation**[3] 〔ˌsɪtʃʊ'eʃən〕 n. 情況
When Clara realised she had no
money with which to pay the bill,
she had no idea how to handle the
situation.

‡**size**[1] 〔 saɪz 〕 n. 尺寸；大小
What *size* do you wear?

┌─【典型考題】────────
│ I'm going to buy a new pair of shoes
│ for Mother. But I don't remember the
│ _____ of her feet.
│ A. age   B. size
│ C. space   D. price   [B]
└────────────────────

‡**skate**[3] 〔 sket 〕 v. 溜冰
Most young people enjoy *skating*.

skateboard[7] 〔'sket,bord〕 n. 滑板

【記憶技巧】*skate* (溜冰) + *board* (木板)

*ski**[3] 〔 ski 〕 v. 滑雪   n. 滑雪板
He likes *skiing* very much.

skilful[2] 〔'skɪlfəl〕 adj. 熟練的；擅長
的 (= *skillful* 【美式用法】= *adept*)
She is *skilful* at drawing.

*skill**[1] 〔 skɪl 〕 n. 技巧；技能
Zoe showed us her *skill* at cooking.

*skin**[1] 〔 skɪn 〕 n. 皮膚
She has beautiful *skin*.

*skip**[3] 〔 skɪp 〕 v. 跳過；跳繩；蹺
(課)；不做；不吃
Since chapter three in your book is
not relevant to this course, we are
going to *skip* it.

【片語】*skip classes* (蹺課)

‡**skirt**[2] 〔 skɝt 〕 n. 裙子

【比較】out*skirts* (郊區)

‡**sky**[1] 〔 skaɪ 〕 n. 天空
Birds fly across the *sky*.

┌─【典型考題】────────
│ When it is going to rain, the _____
│ gets dark.
│ A. sky   B. air
│ C. wind   D. weather   [A]
└────────────────────

*skyscraper**[3] 〔'skaɪ,skrepɚ〕 n. 摩天
大樓

【記憶技巧】*sky* + *scrap(e)* (刮；擦) +
er (n.) (「摩天大樓」就是高到會刮到天空)

* **slave**³ 〔 slev 〕 *n.* 奴隸

　slavery⁶ 〔'slevərɪ 〕 *n.* 奴隸制度

‡ **sleep**¹ 〔 slip 〕 *v.* 睡　*n.* 睡眠
　【注意】三態變化：sleep–slept–slept

* **sleepy**² 〔'slipɪ 〕 *adj.* 想睡的
　（ = *drowsy* ）
　I feel very *sleepy*.

* **sleeve**³ 〔 sliv 〕 *n.* 袖子

* **slice**³ 〔 slaɪs 〕 *n.* （一）片
　With some meat, vegetables and
　two *slices* of bread, you can make
　a sandwich.

‡ **slide**² 〔 slaɪd 〕 *v.* 滑 (= *glide*)
　n. 滑；滑行；滑動
　A car *slides* along the road.

* **slight**⁴ 〔 slaɪt 〕 *adj.* 輕微的
　I'm not really ill, but I have a *slight*
　headache.

‡ **slim**² 〔 slɪm 〕 *adj.* 苗條的
　(= *slender*)；狹窄的；微小的
　She is very *slim* because she swims
　every week.

* **slip**² 〔 slɪp 〕 *v.* 滑倒；滑落
　n. 滑倒；滑落；失言；筆誤
　I *slipped* on a banana peel.
　【衍伸詞】 a slip of the tongue（失言；
　　說錯）

‡ **slow**¹ 〔 slo 〕 *adj.* 慢的　*v.* 變慢

‡ **small**¹ 〔 smɔl 〕 *adj.* 小的

‡ **smart**¹ 〔 smɑrt 〕 *adj.* 聰明的
　Victor is explaining his *smart* idea.

‡ **smell**¹ 〔 smɛl 〕 *v.* 聞　*n.* 味道
　Jenny *smelled* the rose with her nose.
　【注意】三態變化：smell–smelt–smelt
　　或 smell–smelled–smelled

‡ **smile**¹ 〔 smaɪl 〕 *v.*, *n.* 微笑
　Remember to *smile* when I take
　your picture.

* **smog**⁴ 〔 smɑg 〕 *n.* 煙霧
　The factory is one of the main
　contributors to the *smog* that
　always hangs over the city.

‡ **smoke**¹ 〔 smok 〕 *v.* 抽煙　*n.* 煙；
　抽煙

　smoker¹ 〔'smokɚ 〕 *n.* 吸煙者
　He is a heavy *smoker*.

* **smooth**³ 〔 smuð 〕 *adj.* 平滑的
　【反義詞】 rough（粗糙的）

‡ **snake**¹ 〔 snek 〕 *n.* 蛇
　Snakes have long and thin bodies.

‡ **sneaker**⁵ 〔'snikɚ 〕 *n.* 運動鞋
　Wearing *sneakers* is very comfortable.

* **sneeze**⁴ 〔 sniz 〕 *v.* 打噴嚏
　I think Jerry has a cold because he is
　coughing and *sneezing*.

　sniff⁵ 〔 snɪf 〕 *v.* 嗅 (= *smell*)
　The dog *sniffed* around and then
　started running again.

S

S

‡**snow**[1] 〔 sno 〕 *n.* 雪　*v.* 下雪

‡**snowy**[2] 〔'snoɪ 〕 *adj.* 多雪的

We are going to have a *snowy* winter this year.

***soap**[1] 〔 sop 〕 *n.* 肥皂

She washed her hands with *soap*.

【片語】 *soap opera*（肥皂劇；連續劇）

【重要知識】爲什麼要稱作 soap opera？
是因第一個在美國廣播電台播出的連續劇
有「肥皂」（soap）的廣告。

***sob**[4] 〔 sɑb 〕 *v.* 啜泣；哭訴
n. 啜泣；抽噎

Melissa *sobbed* when her pet dog disappeared.

‡**soccer**[2] 〔'sɑkɚ 〕 *n.* 足球

A lot of boys love playing *soccer*.

***social**[2] 〔'soʃəl 〕 *adj.* 社會的；社交的

Unemployment is a *social* problem.

socialism[6] 〔'soʃəl,ɪzəm 〕 *n.* 社會主義

socialist[6] 〔'soʃəlɪst 〕 *n.* 社會主義者
adj. 社會主義的

‡**society**[2] 〔 sə'saɪətɪ 〕 *n.* 社會

Chinese *society* is now changing.

【典型考題】

Money and power are too important in our ＿＿＿. Everyone is pursuing them.
A. furniture　　B. society
C. gossip　　D. realization　[**B**]

‡**sock**[2] 〔 sɑk 〕 *n.* 短襪
（= *short stocking* ）

We put on our *socks* before putting on our shoes.

***socket**[4] 〔'sɑkɪt 〕 *n.* 插座（= *outlet* ）

Maggie forgot to put the electric plug of the radio into the *socket*.

【比較】 plug（插頭）

‡‡**sofa**[1] 〔'sofə 〕 *n.* 沙發（= *couch* ）

***soft**[1] 〔 sɔft 〕 *adj.* 柔軟的（= *tender* ）

Which would you like better?　A *soft* mattress or a hard one?

***software**[4] 〔'sɔft,wɛr 〕 *n.* 軟體

It took the *software* company one month to figure out how to fight the PC virus.

【反義詞】 hardware（硬體）

***soil**[1] 〔 sɔɪl 〕 *n.* 土壤

Plants need sun, water, and good *soil*.

***solar**[4] 〔'solɚ 〕 *adj.* 太陽的

Solar energy released from the sun does not cause any pollution.

【記憶技巧】 *sol* (sun) + *ar* (*adj.*)
【比較】 lunar（月亮的）

‡**soldier**[2] 〔'soldʒɚ 〕 *n.* 軍人

Peter is a *soldier*.

***solid**[3] 〔'sɑlɪd 〕 *adj.* 堅固的
（= *hard* = *firm* ）；固體的　*n.* 固體

A *solid* foundation is required before building a skyscraper.

【記憶技巧】 *sol* (sole) + *id* (*adj.*)
（結合成一體，表示堅固的）

‡**some**[1] 〔 sʌm 〕 *adj.* 一些；某個
    pron. 一些；某個
    My sister wants to drink *some* milk.
    He went to *some* place in Africa.
    【注意】some 後接數字時，可作「大約」解。

‡**somebody**[2] 〔'sʌm‚bɑdɪ 〕 *pron.* 某人
    Somebody wants to see you.

* **somehow**[3] 〔'sʌm‚haʊ 〕 *adv.* 以某種
    方法
    The buses are not running today, but
    Jill still got to the office *somehow*.

‡**someone**[1] 〔'sʌm‚wʌn 〕 *pron.* 某人
    (= *somebody*)

‡**something**[1] 〔'sʌmθɪŋ 〕 *pron.* 某物

‡**sometimes**[1] 〔'sʌm‚taɪmz 〕 *adv.*
    有時候
    Sometimes it rains in the morning.

‡**somewhere**[2] 〔'sʌm‚hwɛr 〕 *adv.*
    在某處
    Fred has left his books *somewhere*
    in the school.

‡**son**[1] 〔 sʌn 〕 *n.* 兒子
    She has two *sons* and one daughter.

‡**song**[1] 〔 sɔŋ 〕 *n.* 歌曲
    Karen really loves to write *songs*.

‡**soon**[1] 〔 sun 〕 *adv.* 不久
    I hope we will get there *soon*.

* **sorrow**[3] 〔'sɑro 〕 *n.* 悲傷
    (= *great sadness* = *grief*)

To our great *sorrow*, old Mr. Wang
passed away last night.

‡**sorry**[1] 〔'sɑrɪ 〕 *adj.* 難過的 (= *sad*)；
    抱歉的；遺憾的
    I'm *sorry* to hurt you.
    【重要知識】這個字以前都唸〔'sɔrɪ 〕，現在，
    68% 的美國人都唸〔'sɑrɪ 〕。

* **sort**[2] 〔 sɔrt 〕 *n.* 種類 (= *kind*)
    v. 分類
    I like this *sort* of house.
    【衍伸詞】 *sort of* (有一點)

* **soul**[1] 〔 sol 〕 *n.* 靈魂
    Many people believe that a man's
    soul never dies.

‡**sound**[1] 〔 saʊnd 〕 *n.* 聲音   *v.* 聽起來
    I heard a strange *sound*.

‡**soup**[1] 〔 sup 〕 *n.* 湯
    Henry asked for a bowl of *soup*.

* **sour**[1] 〔 saʊr 〕 *adj.* 酸的
    This lemon is very *sour*.

‡**south**[1] 〔 saʊθ 〕 *n.* 南方   *adv.* 向南方；
    在南方   *adj.* 南方的；朝南的
    Mexico is to the *south* of the United
    States.
    【片語】 *to the south of* (在…以南)

  southeast[2] 〔‚saʊθ'ist 〕 *n.* 東南方

* **southern**[2] 〔'sʌðən 〕 *adj.* 南方的
    We went to *southern* Taiwan last month.

  southwest[2] 〔‚saʊθ'wɛst 〕 *n.* 西南方

S

__souvenir__ [4] (ˌsuvəˈnɪr) *n.* 紀念品

She brought back lots of little
souvenirs from Bali for her
coworkers.

【記憶技巧】 *sou* (up) + *venir* (come)
(「紀念品」會使你的回憶出現在腦中)

sow [5] (so) *v.* 播種

Most seeds are *sown* in the spring.

【注意】 三態變化：sow–sowed–sown
或 sow–sowed–sowed

┌─【典型考題】──────────
│ As you _____, so shall you reap.
│ A. blow   B. find
│ C. lead   D. sow   **[D]**
└──────────────────────

☨space [1] (spes) *n.* 空間；太空

Our new house has more *space*.

┌─【典型考題】──────────
│ It's very difficult to find a parking
│ _____ in Taipei.
│ A. space   B. street
│ C. way   D. fact   **[A]**
└──────────────────────

spaceship [1] (ˈspesˌʃɪp) *n.* 太空船
(= *spacecraft*)

__spade__ [3] (sped) *n.* 鏟子 (= *shovel*)；
(撲克牌的) 黑桃

【片語】 call a spade a spade (直言不諱)
【算命時抽到「黑桃」表示惡運，如果是黑桃就說
是黑桃，也就是「直言不諱」。】

__spare__ [4] (spɛr) *adj.* 空閒的；備用的
v. 騰出 (時間)；吝惜

Glen spent most of his *spare* time
reading books.

【片語】 *spare time* (空閒時間)

spare some time (騰出一些時間)
spare no effort (不遺餘力)

__sparrow__ [4] (ˈspæro) *n.* 麻雀

【記憶技巧】 *sp* + *arrow* (箭)

☨speak [1] (spik) *v.* 說

【注意】 三態變化：speak–spoke–spoken

☨speaker [2] (ˈspikɚ) *n.* 說話者

__spear__ [4] (spɪr) *n.* 矛

【比較】 shield (盾)

☨special [1] (ˈspɛʃəl) *adj.* 特別的
(= *different*)

specialist [5] (ˈspɛʃəlɪst) *n.* 專家
(= *expert*)

__specific__ [3] (spɪˈsɪfɪk) *adj.* 特定的
(= *particular*)

This coupon is to be used in *specific*
shops.

__speech__ [1] (spitʃ) *n.* 演講 (= *speaking*)

【片語】 *deliver a speech* (發表演說)

__speed__ [2] (spid) *n.* 速度 *v.* 加速

The *speed* of this train is 200
kilometers an hour.

【片語】 *speed up* (加速)

【衍伸詞】 speeding (超速)

☨spell [1] (spɛl) *v.* 拼 (字)

He *spells* his name for me.

__spelling__ [2] (ˈspɛlɪŋ) *n.* 拼字

Her *spelling* has improved.

‡spend[1] 〔 spɛnd 〕 v. 花費

Nick *spends* so much money on traveling.

【注意】三態變化：spend–spent–spent

*spin[3] 〔 spɪn 〕 v. 旋轉 (= *rotate*)；紡織 (= *weave*)　 n. 旋轉

The skater *spun* round and round.

‡spirit[2] 〔 'spɪrɪt 〕 n. 精神 (= *mood*)

She lost her *spirit* after his death.

【片語】 *in high spirits* (興高采烈)

*spiritual[4] 〔 'spɪrɪtʃuəl 〕 adj. 精神上的

Liz saw a doctor for her physical health and a priest for her *spiritual* health.

【反義詞】 physical (身體的)

*spit[3] 〔 spɪt 〕 v. 吐出；吐口水

Oscar didn't like the food so he *spit* it out.

*splendid[4] 〔 'splɛndɪd 〕 adj. 壯麗的 (= *magnificent*)

We visited a *splendid* palace in mainland China.

【記憶技巧】 *splend* (shine) + *id* (adj.)
(閃著光輝的，表示「壯麗的」)

*split[4] 〔 splɪt 〕 v. 使分裂 (= *divide*)；分攤

The dispute *split* the political party into two.

【片語】 *split the cost* (分攤費用)

spoken[1] 〔 'spokən 〕 adj. 口語的；口頭的

【衍伸詞】 *spoken English* (口說英語)

spokesman[6] 〔 'spoksmən 〕 n. 發言人 (= *spokesperson*)

【注意】複數為 spokesmen。

spokeswoman[6] 〔 'spoks‚wumən 〕 n. 女發言人

【注意】複數為 spokeswomen。

sponsor[6] 〔 'spɑnsɚ 〕 n. 贊助者 (= *financial supporter*)　 v. 贊助

The sports shoe maker has volunteered to *sponsor* the race.

【記憶技巧】 *spons* (promise) + *or* (人)
(拿出錢來保證的人，就是「贊助者」)

‡spoon[1] 〔 spun 〕 n. 湯匙 (= *scoop*)

People use *spoons* for eating.

spoonful[1] 〔 'spunfəl 〕 n. 一湯匙 (的量)

How many *spoonfuls* of sugar should I put in?

*sport[1] 〔 sport 〕 n. 運動 (= *physical activity*)

Soccer is the favorite *sport* of English people.

【注意】形容詞是 sports (運動的)。

*spot[2] 〔 spɑt 〕 n. 地點　 v. 發現

Don't go to the dangerous *spot*.

【片語】 *on the spot* (當場)
(= *on the scene*)

*spray[3] 〔 spre 〕 *v.* 噴灑　　*n.* 噴霧；
噴劑；水花；水霧

Nicole *sprayed* herself with perfume
before she went out.

The dog shook himself, sending a
spray of water into the air.

【衍伸詞】 *a can of insect spray*
　　　（一罐噴霧殺蟲劑）

*spread[2] 〔 sprɛd 〕 *v.* 散播

The news *spread* quickly.

【注意】 spread 三態同形。

┌─【典型考題】────────────┐
│ The rumor of the scandal involving │
│ the candidate _____ quickly │
│ during the election campaign. │
│ A. explored　　　B. departed │
│ C. breezed　　　　D. spread　　　[D] │
└────────────────────────┘

‡spring[1,2] 〔 sprɪŋ 〕 *n.* 春天；泉水；
彈簧；跳躍

Mandy will come back home in
spring.

【衍伸詞】 *hot spring*（溫泉）

*spy[3] 〔 spaɪ 〕 *n.* 間諜
v. 偷偷地監視；暗中調查

She was discovered to be a military
spy.

Stop *spying* on me.

‡square[2] 〔 skwɛr 〕 *n.* 正方形；廣場
adj. 方形的；平方的

The paper was cut into *squares*.

【比較】 cubic（立方的）

*squeeze[3] 〔 skwiz 〕 *v.* 擠壓
（= *press*）；擠；塞

I had to *squeeze* ten oranges to make
this pitcher of juice.

┌─【典型考題】────────────┐
│ To make fresh lemonade, cut the │
│ lemon in half, _____ the juice into │
│ a bowl, and then add as much water │
│ and sugar as you like. │
│ A. decrease　　　B. squeeze │
│ C. freeze　　　　D. cease　　　[B] │
└────────────────────────┘

*squirrel[2] 〔'skwɝəl , skwɝl 〕 *n.* 松鼠

*stable[3] 〔'steblʲ 〕 *adj.* 穩定的
（= *steady*）

Prices have been *stable* for a year.

*stadium[3] 〔'stedɪəm 〕 *n.* 體育館

*staff[3] 〔 stæf 〕 *n.* 職員【集合名詞】
（= *employees*）

The executive has a *staff* of four to
help him with research.

*stage[2] 〔 stedʒ 〕 *n.* 舞台；階段
（= *phase*）；發生的場所

He doesn't like to stand on the *stage*.

【衍伸詞】 *stage fright*（怯場）

stain[5] 〔 sten 〕 *n.* 污漬；污點

There was a dark *stain* on the carpet.

stainless[5] 〔'stenlɪs 〕 *adj.* 不鏽鋼的；
無污點的；無瑕疵的；清白的

【衍伸詞】 *stainless steel*（不鏽鋼）

‡stair[1] 〔 stɛr 〕 *n.* 樓梯

Tom is going down the *stairs*.

‡stamp[2] 〔 stæmp 〕 *n.* 郵票

‡‡stand[1] 〔 stænd 〕 *v.* 站立；忍受
（= *bear*）；位於　*n.* 立場（= *opinion*）

I can't *stand* it any more.

The church *stands* on a hill.

【注意】三態變化：stand–stood–stood

*standard[2] 〔'stændəd 〕 *n.* 標準
（= *criterion*）　*adj.* 標準的；普通的

His work was below the required
standard.

【片語】***standard of living*** (生活水準)

‡‡star[1] 〔 star 〕 *n.* 星星；明星

There are many *stars* in the sky
tonight.

【衍伸詞】***movie star*** (電影明星)

*stare[3] 〔 stɛr 〕 *v.* 凝視（= *gaze*）；
瞪眼看

Joan could not help but *stare* at the
seven-foot-tall man.

‡‡start[1] 〔 start 〕 *v.* 開始（= *begin*）；
啓動；引起

The bank machine will *start* working
next Monday.

starvation[6] 〔 star'veʃən 〕 *n.* 飢餓
（= *extreme hunger*）；餓死

People in Ethiopia are under the threat
of *starvation* because of the long dry
seasons and unstable political situation.

*starve[3] 〔 starv 〕 *v.* 飢餓；餓死；
使挨餓

If we don't send some food to that
poor country, many people there
may *starve*.

【衍伸詞】starving (很餓的)

*state[1] 〔 stet 〕 *n.* 州；狀態

The house was in a *state* of disarray
after the party.

*statement[1] 〔'stetmənt 〕 *n.* (銀行)
對帳單；月結單；敘述（= *account*）；
聲明（= *announcement*）

The witness made a *statement* to
the police.

statesman[5] 〔'stetsmən 〕 *n.* 政治家
（= *political figure*）

The *statesman* is known for his tact
and diplomacy when dealing with
the leaders of other countries.

【注意】複數是 statesmen。

【比較】politician (政治人物；政客【有時
含有貶意】)

stateswoman[5] 〔'stets,wumən 〕 *n.*
女政治家

【注意】複數是 stateswomen。

‡‡station[1] 〔'steʃən 〕 *n.* 車站（= *stop*）；
所；局

statistics[5] 〔 stə'tɪstɪks 〕 *n. pl.* 統計
數字；統計學【單數】

The latest population *statistics* show
a decline in the birthrate.

【記憶技巧】分音節背 sta-tis-tics。

*statue[3] 〔'stætʃu 〕 *n.* 雕像
（= *a sculpted figure*）

There is a *statue* of the famous poet
in the park.

【衍伸詞】***the Statue of Liberty*** (自由
女神像)

* status[4] 〔'stetəs〕 *n.* 狀況；地位
（= *standing*）；身份（= *position*）
It used to be a *status* symbol to
have a Mercedes Benz.
【記憶技巧】 *stat* (stand) + *us* (*n.*)
（佔有一席之地，表示有身分「地位」）

*** stay[1] 〔ste〕 *v.* 停留；保持
n. 停留；停留期間
I met her during my short *stay* at
the hospital.

* steady[3] 〔'stɛdɪ〕 *adj.* 穩定的
┌─【典型考題】────────
│ A human body usually has a _____
│ temperature of about 37℃.
│ A. steady   B. various
│ C. gradual   D. precious   [A]
└──────────────

*** steak[2] 〔stek〕 *n.* 牛排
The waiter is serving me *steak*.

** steal[2] 〔stil〕 *v.* 偷
Jimmy has *stolen* my car.
【注意】三態變化：steal–stole–stolen

** steam[2] 〔stim〕 *n.* 蒸氣（= *vapor*）
Boiled water becomes *steam*.
┌─【典型考題】────────
│ The first car was powered by _____,
│ not by gasoline.
│ A. steam   B. distance
│ C. speed   D. spy   [A]
└──────────────

* steel[2] 〔stil〕 *n.* 鋼
【衍伸詞】 *stainless steel*（不銹鋼）

* steep[3] 〔stip〕 *adj.* 陡峭的；急遽的
Jason fell when he tried to ski
down a very *steep* hill.
【反義詞】 gentle（平緩的）

** step[1] 〔stɛp〕 *n.* 一步（= *pace*）；步驟
v. 走；邁步
We should take *steps* to stop it.
【片語】 *take steps*（採取步驟）

steward[5] 〔'stjuwəd〕 *n.* 管家；
（飛機、火車上等）服務員

stewardess[5] 〔'stjuwədɪs〕 *n.* 空姐；
女服務員

* stick[2] 〔stɪk〕 *n.* 棍子（= *rod*）
v. 把…插入；黏貼
Don't forget to *stick* a stamp on the
letter.
【注意】三態變化：stick–stuck–stuck
【片語】 *stick to*（堅持）

*** still[1] 〔stɪl〕 *adv.* 仍然   *adj.* 靜止的

* stocking[3] 〔'stɑkɪŋ〕 *n.* 長襪

** stomach[2] 〔'stʌmək〕 *n.* 胃；腹；
嗜好
The food we eat goes into our
stomachs.

** stone[1] 〔ston〕 *n.* 石頭（= *rock*）

*** stop[1] 〔stɑp〕 *v.* 停止；阻止
n. 停止；停車站
The car *stops* at the red light.
【衍伸詞】 bus stop（公車站）

storage[5]〔'storɪdʒ〕*n.* 儲藏

We keep the things that we don't use very often in the *storage* room.

store[1]〔stor〕*n.* 商店（= *shop*）
v. 儲存（= *keep*）

Mother took us to the shoe *store* to buy shoes.

storm[2]〔stɔrm〕*n.* 暴風雨

The *storm* caused great damage.

【衍伸詞】 thunderstorm（雷雨）

story[1]〔'storɪ〕*n.* 故事；短篇小說

"Harry Potter" is the *story* of a little wizard.

【衍伸詞】 *detective story*（偵探小說）
news story（新聞報導）

stout[5]〔staut〕*adj.* 粗壯的；堅實的；堅決的

stove[2]〔stov〕*n.* 爐子

An old man was making a fire in the *stove*.

straight[2]〔stret〕*adj.* 坦率的；直的
（= *direct*）　*adv.* 筆直地；直接地

She has beautiful long *straight* hair.

【典型考題】

Residents are told not to dump all household waste ＿＿＿ into the trash can; reusable materials should first be sorted out and recycled.
A. shortly　　　B. straight
C. forward　　　D. namely　　[B]

straightforward[5]〔,stret'fɔrwəd〕*adj.* 直率的（= *direct*）；直接了當的；易懂的　*adv.* 直率地；正直地

【記憶技巧】 *straight*（直接）+ *forward*（往前）（直來直往，就是「直率的」）

strait[5]〔stret〕*n.* 海峽

The Foundation for Exchanges across the Taiwan *Strait* is an intermediary agency.

strange[1]〔strendʒ〕*adj.* 奇怪的（= *odd*）；不熟悉的；不習慣的

stranger[2]〔'strendʒə〕*n.* 陌生人

His dog barks at *strangers*.

【典型考題】

It could be dangerous for children to talk with ＿＿＿.
A. teachers　　　B. doctors
C. strangers　　　D. classmates　　[C]

straw[2]〔strɔ〕*n.* 稻草；吸管

The last *straw* breaks the camel's back.

strawberry[2]〔'strɔ,bɛrɪ〕*n.* 草莓

stream[2]〔strim〕*n.* 溪流

A small *stream* runs in front of our garden.

street[1]〔strit〕*n.* 街

strength[3]〔strɛŋθ〕*n.* 力量（= *physical power*）；長處

Rex doesn't have the *strength* to lift that heavy box by himself.

S

*strengthen[4] 〔'strɛŋθən 〕v. 加強
(= reinforce)

A person who thinks he is incapable
tends to fail. Moreover, failure will
strengthen his belief in his
incompetence.

【記憶技巧】 strength (力量) + en (v.)

【典型考題】
We are more than willing to _____
our ties with those countries that are
friendly to us.
A. appeal   B. strengthen
C. expect   D. connect   [B]

*stress[2] 〔 strɛs 〕n. 重音；強調；壓力
(= pressure = tension)   v. 強調
(= emphasize)

The exam put a lot of stress on him.

*strict[2] 〔 strɪkt 〕adj. 嚴格的

Psychologists have found that strict
regulations do not always make a
child behave better.

*strike[2] 〔 straɪk 〕v. 打擊；(災難)
侵襲   n. 罷工 (= a work stoppage)

The small boy tried to strike me
with a stick.

【注意】三態變化：strike–struck–struck
或 strike–struck–stricken

【片語】 go on strike (進行罷工)

*string[2] 〔 strɪŋ 〕n. 細繩 (= cord
= line)；一連串

The string broke and the kite
was lost.

【比較】 rope (粗繩)

*strong[1] 〔 strɔŋ 〕adj. 有力的；強壯的
(= powerful)；穩固的；強效的

*struggle[2] 〔'strʌgl 〕v. 奮鬥；掙扎
(= twist violently)

The cat struggled in his arms.

*stubborn[3] 〔'stʌbən 〕adj. 頑固的
(= obstinate)

The child is too stubborn to be
reasoned with.

*student[1] 〔'stjudn̩t 〕n. 學生 (= pupil)

*studio[3] 〔'stjudɪ,o 〕n. 工作室

The artist's studio is very bright.

*study[1] 〔'stʌdɪ 〕v. 讀書 (= learn)；
研究   n. 研究；書房

Andrew studies English by himself.

*stupid[1] 〔'stjupɪd 〕adj. 愚笨的

Laura gave me a stupid idea.

*style[3] 〔 staɪl 〕n. 風格；方式

You'd better change your style of
living.

*subject[2] 〔'sʌbdʒɪkt 〕n. 科目；主題
(= topic = theme)

English is my favorite subject.

subjective[6] 〔 səb'dʒɛktɪv 〕adj.
主觀的 (= personal)

Your statement is subjective; it is
based on opinion, not fact.

【記憶技巧】 sub (under) + ject
(throw) + ive (adj.) (在某個前提之下
丟出意見，表示「主觀的」)

【反義詞】 objective (客觀的)

submit[5] 〔səb'mɪt〕 v. （使）服從；
屈服 < to >；提出（= offer = persent）
Kelly & Smith was the only firm to
submit a bid.

subscribe[6] 〔səb'skraɪb〕 v. 訂閱
（= buy regularly）；付費使用
We *subscribe* to a morning newspaper.
【記憶技巧】 *sub* (under) + *scribe*
(write)（要訂閱雜誌時，要在訂單的下
方簽名）
【片語】 *subscribe to*（訂閱）

substitute[5] 〔'sʌbstəˌtjut〕 v. 用…
代替（= replace）
Since we have run out of honey, we
substitute sugar for it.
【記憶技巧】 *sub* (under) + *stitute*
(stand)（站在下面準備「代替」別人）
【常考】 *substitute* A *for* B（用A代替B）
（= replace B with A）
【片語】 *substitute for*（代替；代理）
┌─【典型考題】─────────┐
Our chemistry teacher was on a one-
month sick leave, so the principal had
to find a teacher to _____ for her.
A. recover   B. navigate
C. rehearse   D. substitute   [D]
└────────────────────┘

succeed[2] 〔sək'sid〕 v. 成功 < in >；
繼承 < to >；接著發生
Our plan has *succeeded*.
He *succeeded* to his father's estate.
【記憶技巧】 *suc* (under) + *ceed* (go)

success[2] 〔sək'sɛs〕 n. 成功
（= victory）；成功的人或事
His life is full of *success*.

┌─【重要知識】──────────┐
有句諺語「一事成功，事事成功。」
Nothing succeeds like *success*. 字面的意
思是「沒有一件事像成功一樣，會接著發生。」
句中的 succeed 是指「接著發生」。
└────────────────────┘

successful[2] 〔sək'sɛsfəl〕 adj. 成功的
（= triumphant）
┌─【典型考題】─────────┐
The restaurant wasn't _____ and
was forced to close down.
A. decreasing   B. unlucky
C. total   D. successful   [D]
└────────────────────┘

such[1] 〔sʌtʃ〕 adj. 那樣的
pron. 那樣的人或物

suck[3] 〔sʌk〕 v. 吸
The girl *sucked* the lemonade through
a straw.

sudden[2] 〔'sʌdn̩〕 adj. 突然的
Judy made a *sudden* decision about
going abroad.
【片語】 *all of a sudden*（突然地）
【衍伸詞】 suddenly（突然地）

suffer[3] 〔'sʌfɚ〕 v. 罹患；受苦
（= be in pain）
This poor boy is *suffering* from a
bad cold.
【片語】 *suffer from*（罹患）

suffering[3] 〔'sʌfərɪŋ〕 n. 痛苦；苦難
Death finally brought an end to her
suffering.

sugar[1] 〔'ʃʊgɚ〕 n. 糖
【片語】 *a lump of sugar*（一塊糖）

S

S

suggest[3] 〔 səg'dʒɛst 〕 v. 暗示；建議
(= *advise*)；顯示 (= *indicate*)

He *suggested* that we should go home.

【記憶技巧】 *sug* (up) + *gest* (carry)

(「建議」就是把意見搬上檯面)

suggestion[4] 〔 səg'dʒɛstʃən 〕 n. 建議
(= *proposal*)；暗示；跡象 (= *sign*)

When planning the party, our class leader asked us for *suggestions*.

┌─【典型考題】─────
│ He made a _____ about how the
│ project should be done.
│ A. suggestion   B. situation
│ C. tradition   D. realization   [A]
└────────────────

suit[2] 〔 sut 〕 v. 適合 (= *fit*)   n. 西裝；
訴訟 (= *lawsuit*)

The dress *suits* you.

suitable[3] 〔'sutəbḷ 〕 adj. 適合的
(= *appropriate*)

There are several books *suitable* for children.

suitcase[5] 〔'sut,kes 〕 n. 手提箱
(= *travel bag*)

【記憶技巧】 *suit* (一套衣服) + *case*

(箱子)(「手提箱」約可裝一套衣服)

suite[6] 〔 swit 〕 n. 套房【注意發音】

summary[3] 〔'sʌmərɪ 〕 n. 摘要
(= *outline*)

The newscaster gave the viewers a *summary* of the day's events.

【記憶技巧】 *summ* (sum) + *ary* (n.)

(「摘要」是總合了文章大意)

summer[1] 〔'sʌmɚ 〕 n. 夏天

sun[1] 〔 sʌn 〕 n. 太陽

On a clear day, the *sun* shines brightly in the sky.

sunburnt[2] 〔'sʌn,bɝnt 〕 adj. 曬傷的；
曬紅的 (= *sunburned*)

Her shoulders were badly *sunburnt*.

sunlight[2] 〔'sʌn,laɪt 〕 n. 陽光；日光

The contents of this bottle should not be exposed to direct *sunlight*.

sunny[2] 〔'sʌnɪ 〕 adj. 晴朗的
(= *bright*)；開朗的

Yesterday was very bright and *sunny*.

sunshine[2] 〔'sʌn,ʃaɪn 〕 n. 陽光；日光

I like walking in the park in the warm *sunshine*.

super[1] 〔'supɚ 〕 adj. 極好的
(= *extremely good*)；超級的

We had a *super* time.

superb[6] 〔 su'pɝb 〕 adj. 極好的
(= *super* = *excellent* = *marvelous*)

The *superb* meal was surprisingly inexpensive.

【記憶技巧】 *super* + *b* (be)

superior[3] 〔 sə'pɪrɪɚ , su'pɪrɪɚ 〕 adj.
較優秀的 (= *better*)；有優越感的
n. 上司；長官

They consider themselves the most *superior* race in the world.

【片語】 *be superior to* (比…優秀)

【反義詞】 inferior (較差的)

‡**supermarket**[2] 〔'supɚˌmɑrkɪt 〕 *n.*
超級市場

Cheeses are sold in the *supermarket*.

***supper**[1] 〔'sʌpɚ 〕 *n.* 晚餐

We have *supper* in the evening.

***supply**[2] 〔 sə'plaɪ 〕 *v.* 供給
（ = *provide*） 　 *n.* 供給（ = *provision*）

The government *supplied* free
books to schools.

【記憶技巧】 *sup* (under) + *ply* (fill)
（「供給」是要滿足人類內心深處的需求）

【比較】 demand（需求）

***support**[2] 〔 sə'port 〕 *v.* 支持
（ = *help*）；支撐；扶養　 *n.* 支持

All of us *supported* him.

【記憶技巧】 *sup* (up) + *port* (carry)
（把東西帶過去，表示「支持」）

【典型考題】
The nurse ＿＿＿＿ the sick child
because he was too weak to walk
by himself.
A. begged　　　B. interested
C. supported　　D. insisted　　[C]

***suppose**[3] 〔 sə'poz 〕 *v.* 假定
（ = *assume*）；認為（ = *consider*）

Suppose he refuses. What shall
we do?

【記憶技巧】 *sup* (under) + *pose* (put)
（把想法放在心底，就是「假設」）

【典型考題】
It has rained every day this week, so
I ＿＿＿＿ it will rain today as well.
A. glimpse　　　B. suppose
C. refer　　　　D. notice　　[B]

supreme[5] 〔 sə'prim 〕 *adj.* 最高的

The *Supreme* Court ruled in favor of
the decision.

【記憶技巧】 *sup(e)r* (above) + *eme*
（表最高級的字尾）

【片語】 *the Supreme Court*（最高法院）

‡**sure**[1] 〔 ʃʊr 〕 *adj.* 確定的
adv. 的確；當然

***surface**[2] 〔'sɝfɪs 〕 *n.* 外觀；表面
（ = *covering*）

The desk has a smooth *surface*.

【記憶技巧】 *sur* (above) + *face*

***surgeon**[4] 〔'sɝdʒən 〕 *n.* 外科醫生

【比較】 physician（內科醫生）

surplus[6] 〔'sɝplʌs 〕 *n.* 剩餘
（ = *excess*）；過剩

The *surplus* was returned to the
supplier for a refund.

【記憶技巧】 *sur* (over) + *plus* (more)
（多出來的部分，就是「剩餘」）

‡**surprise**[1] 〔 sə'praɪz 〕 *v.* 使驚訝
n. 驚訝

We will *surprise* Ann with a party
on her birthday.

【典型考題】
The ending of the movie did not come
as a ＿＿＿＿ to John because he had
already read the novel that the movie
was based on.
A. vision　　　B. focus
C. surprise　　D. conclusion　　[C]

S

*surround³ 〔sə'raʊnd〕v. 圍繞；
環繞（= encircle）

When the young singer appeared,
he was *surrounded* by hundreds of
his fans.

【記憶技巧】sur (over) + round（環繞）

*surrounding⁴ 〔sə'raʊndɪŋ〕adj.
周圍的   n.(pl.) 周遭環境
（= environment）

Foxes started coming in from the
surrounding countryside.
The girl realised she was lost when
she did not recognize her
surroundings.

┌─【典型考題】──────────
People who emigrate to a foreign
country have to spend some time
getting used to the new _____.
A. achievement   B. surroundings
C. exhibition   D. bulletin   [B]
└─────────────────────

*survival³ 〔sə'vaɪvḷ〕n. 生還
（= remaining alive）；存活

Hopes are fading for the *survival* of
the missing mountain climbers.

*survive² 〔sə'vaɪv〕v. 生還
（= remain alive）；自⋯中生還；
活得比⋯久

When the car crashed, only I *survived*.

【記憶技巧】sur (above) + vive (live)
（活著站在一堆屍體上面，表示「生還」）

suspect³ 〔sə'spɛkt〕v. 懷疑
〔'sʌspɛkt〕n. 嫌疑犯

I am not sure who stole the radio, but
I *suspect* our neighbor's children.

【記憶技巧】su (under) + spect (see)
（私底下觀察別人的行爲，表示「懷疑」）

suspension⁶ 〔sə'spɛnʃən〕n. 暫停
（= stopping）；停職

*swallow² 〔'swɑlo〕v. 吞   n. 燕子

Alex refuses to take vitamins because
he doesn't like to *swallow* pills.

swap⁶ 〔swɑp〕v. 替換；交流；交換
（= exchange = trade）

Our teacher made Terry and Tammy
swap seats.

*swear³ 〔swɛr〕v. 發誓（= vow）；
詛咒（= curse）

I *swear* that I'll tell the truth.

【注意】三態變化：swear–swore–sworn

┌─【典型考題】──────────
Peter _____ he will stand by us, so
let's take him at his word.
A. swears   B. accepts
C. recovers   D. ignores   [A]
└─────────────────────

*sweat³ 〔swɛt〕v. 流汗   n. 汗水

Toby began to *sweat* as soon as he
started climbing the hill.
She wiped the *sweat* off her forehead
with a towel.

*sweater² 〔'swɛtɚ〕n. 毛衣

Sweaters are usually made of wool.

【記憶技巧】sweat（流汗）+ er (n.)
（穿了會流汗的東西，就是「毛衣」）

┌─【典型考題】──────────
When it gets colder, I'll wear a _____.
A. pants   B. sweater
C. seat   D. video   [B]
└─────────────────────

***sweep**[2] 〔 swip 〕 v. 掃

Mom *sweeps* the floor every morning.

【注意】三態變化：sweep–swept–swept

*****sweet**[1] 〔 swit 〕 *adj.* 甜的

***swell**[3] 〔 swɛl 〕 v. 膨脹；腫起來

A balloon *swells* when it is filled with air.

【注意】三態變化：swell–swelled– swelled 或 swell–swelled–swollen

***swift**[3] 〔 swɪft 〕 *adj.* 快速的

The *swift* current nearly swept the swimmers out to sea.

┌─【典型考題】────────
│ The moment the students felt the
│ earthquake, they ran _____ out of the
│ classroom to an open area outside.
│ A. swiftly   B. nearly
│ C. loosely   D. formally   [A]
└────────────────────

****swim**[1] 〔 swɪm 〕 v. 游泳

【注意】三態變化：swim–swam–swum

****swing**[2] 〔 swɪŋ 〕 v. 搖擺（ = *sway* ）
n. 鞦韆；搖擺；揮動

The girl is *swinging* her legs.

***switch**[3] 〔 swɪtʃ 〕 *n.* 開關   v. 交換

Just press the *switch* to turn on the light.
He *switched* seats with her.

***sword**[3] 〔 sord 〕 *n.* 劍

The pen is mightier than the *sword*.

***symbol**[2] 〔 'sɪmbl̩ 〕 *n.* 象徵（ = *sign* ）；符號

The dove is a *symbol* of peace.

【記憶技巧】*sym* (together) + *bol* (throw)（「象徵」就是能把對所有事物的印象集合在一起的東西）

***sympathy**[4] 〔 'sɪmpəθɪ 〕 *n.* 同情（ = *compassion* ）；憐憫

We expressed our *sympathy* to the widow.

【記憶技巧】*sym* (together) + *pathy* (feeling)（跟別人有同樣的感覺，就是「同情」）

┌─【典型考題】────────
│ When a child falls, he will not cry if
│ there is no one around to offer _____.
│ A. gratitude   B. regret
│ C. encourage   D. sympathy   [D]
└────────────────────

symphony[4] 〔 'sɪmfənɪ 〕 *n.* 交響曲

【記憶技巧】*sym* (together) + *phony* (sound)（把各種樂器的聲音結合起來，就是「交響曲」）

symptom[6] 〔 'sɪmptəm 〕 *n.* 症狀；徵候（ = *indication* = *sign* ）

Headaches and fever are both *symptoms* of illness.

****system**[3] 〔 'sɪstəm 〕 *n.* 系統

We should develop a *system* of our own.

【記憶技巧】*sy* (together) + *ste* (stand) + *m* (*n.*)（有關聯的程序擺在一起，就會形成一個「系統」）

***systematic**[4] 〔 ˌsɪstə'mætɪk 〕 *adj.* 有系統的

The technician assembled the computer in a *systematic* way.

S

table 188 **tasteless**

T t

‡‡**table**[1] 〔'tebl 〕 n. 桌子；餐桌；表格
　【衍伸詞】 *a table of contents* (目錄)

table tennis[2] n. 乒乓球；桌球
　(= *ping-pong*)

****tablet**[3] 〔'tæblɪt 〕 n. 藥片；平板電腦
　The *tablet* was so large that I had trouble swallowing it.
　【記憶技巧】 *table + t*

tail[1] 〔 tel 〕 n. 尾巴；硬幣的反面
　A monkey has a long *tail*.

‡‡**tailor**[3] 〔'telɚ 〕 n. 裁縫師
　(= *dressmaker*)
　【重要知識】tailor 這個字源自從前裁縫師常做「燕尾服」(tailcoat)。

‡‡**take**[1] 〔 tek 〕 v. 拿
　【注意】三態變化：take–took–taken

****tale**[1] 〔 tel 〕 n. 故事 (= *story*)；傳言
　My grandfather told me the *tale* of the tortoise and the hare.
　【衍伸詞】 *fairy tale* (童話故事)

‡**talent**[2] 〔'tælənt 〕 n. 才能
　She has a *talent* for cooking.
　【衍伸詞】 talented (有才能的)

　┌─【典型考題】─────
　│ Fred has a _____ for languages.
　│ He can speak Japanese, French and Russian.
　│ A. brand　　　　B. joke
　│ C. report　　　　D. talent　　　**[D]**

‡‡**talk**[1] 〔 tɔk 〕 v. 說話；說服
　n. 談話；演講
　Andy and Alan are *talking* on the phone.
　I want to have a long *talk* with you.
　【片語】 *talk sb. into*… (說服某人…)

******tall**[1] 〔 tɔl 〕 adj. 高的
　【反義詞】 short (矮的)

‡**tank**[2] 〔 tæŋk 〕 n. 油箱；坦克車

****tap**[4,3] 〔 tæp 〕 v. 輕拍；輕敲
　n. 輕敲；水龍頭
　My classmate *tapped* me on the shoulder and asked if he could borrow a pen.
　Turn the *tap* off.

‡**tape**[2] 〔 tep 〕 n. 錄音帶
　He recorded the speech on a *tape*.

****target**[2] 〔'tɑrgɪt 〕 n. 目標 (= *goal*)；(嘲笑、批評的) 對象　v. 以…為目標；針對
　My *target* is to save $200 a month.

****task**[2] 〔 tæsk 〕 n. 工作；任務
　The *task* is not easy.

‡‡**taste**[1] 〔 test 〕 v. 嚐起來 (= *savor*)
　n. 味道；嗜好；品味
　This food *tastes* great.

tasteless[1] 〔'testlɪs 〕 adj. 沒有味道的；沒品味的

* **tasty**[2] ﹝'testɪ﹞ *adj.* 美味的
   (= *delicious*)

* **tax**[3] ﹝tæks﹞ *n.* 稅
   【衍伸詞】 tax-free (免稅的)

‡ **taxi**[1] ﹝'tæksɪ﹞ *n.* 計程車 (= *cab*)
   You can take a *taxi* to the airport.

taxpayer[3] ﹝'tæks͵peə﹞ *n.* 納稅人
   Whenever the government messes up,
   it's the *taxpayer* who has to foot the
   bill.

‡ **tea**[1] ﹝ti﹞ *n.* 茶
   【衍伸詞】 *black tea* (紅茶)

‡ **teach**[1] ﹝titʃ﹞ *v.* 教
   【注意】三態變化：teach–taught–taught

‡ **teacher**[1] ﹝'titʃə﹞ *n.* 老師

‡ **team**[2] ﹝tim﹞ *n.* 隊伍
   There are eleven people on a football
   team.

【典型考題】
Soccer is a kind of _____ sport.
That means you cannot play it by
yourself.
A. team   B. popular
C. funny   D. boring   [A]

teamwork[2] ﹝'tim͵wɝk﹞ *n.* 團隊合作
   She stressed the importance of good
   teamwork.

teapot[1] ﹝'ti͵pɑt﹞ *n.* 茶壺
   【比較】 *pot* (鍋子)

* **tear**[2] ﹝tɪr﹞ *n.* 眼淚 ﹝tɛr﹞ *v.* 撕裂
   Her eyes were filled with *tears*.

【注意】三態變化：tear–tore–torn

* **tease**[3] ﹝tiz﹞ *v.* 嘲弄 (= *make fun of*)；
   取笑；挑逗；梳理
   Stop *teasing* him. He is merely a kid.

* **technical**[3] ﹝'tɛknɪkl̩﹞ *adj.* 技術上的；
   專業的；工藝的
   There is a *technical* problem at the
   television station, so it is not able
   to broadcast now.
   【記憶技巧】 *techn* (skill) + *ical* (*adj.*)

* **technique**[3] ﹝tɛk'nik﹞ *n.* 技術
   (= *skill*)；方法 (= *method*)

* **technology**[3] ﹝tɛk'nɑlədʒɪ﹞ *n.* 科技
   Many students are interested in the
   growing field of information
   technology.
   【記憶技巧】 *techno* (skill) + *logy*
   (study) (「科技」是要研究特殊技術)

‡ **teenager**[2] ﹝'tin͵edʒə﹞ *n.* 青少年

‡ **telephone**[2] ﹝'tɛlə͵fon﹞ *n.* 電話
   (= *phone*)；電話機   *v.* 打電話 (給)

* **telescope**[4] ﹝'tɛlə͵skop﹞ *n.* 望遠鏡
   The *telescope* is pointed at Saturn.
   【記憶技巧】 *tele* (far off) + *scope*
   (look) (「望遠鏡」是用來看遠處的東西)

‡ **television**[2] ﹝'tɛlə͵vɪʒən﹞ *n.* 電視
   (= *TV*)

‡ **tell**[1] ﹝tɛl﹞ *v.* 告訴；分辨
   【注意】三態變化：tell–told–told
   【片語】 *tell* A *from* B (分辨 A 與 B)

T

*__temperature__[2] 〔'tɛmprətʃə〕 *n.* 溫度

The *temperature* is high in summer.

*__temple__[2] 〔'tɛmpl̩〕 *n.* 寺廟

(= *shrine*)；太陽穴

Many people go to the *temple* to pray.

*__temporary__[3] 〔'tɛmpə,rɛrɪ〕*adj.*
暫時的；短期的 (= *short-term*)

The refugees found *temporary*
shelter at the church.

【記憶技巧】 *tempor* (time) + *ary* (*adj.*)

（有時間性的，表示是「暫時的」）

【反義詞】 permanent (永久的)

┌─【典型考題】────────
│ Mr. Smith's work in Taiwan is just
│ _____. He will go back to the
│ U.S. next month.
│ A. liberal   B. rural
│ C. conscious   D. temporary   [D]
└──────────────────

*__tend__[3] 〔 tɛnd 〕 *v.* 易於 (= *be apt*)；
傾向於；照顧 (= *take care of*)

Don't pay too much attention to
Joan; she *tends* to exaggerate.

【片語】 *tend to* (易於；傾向於)

┌─【典型考題】────────
│ The baby panda Yuan Zai at the
│ Taipei Zoo was separated from her
│ mother because of a minor injury
│ that occurred during her birth. She
│ was _____ by zookeepers for a
│ while.
│ A. departed   B. jailed
│ C. tended   D. captured   [C]
└──────────────────

*__tendency__[4] 〔'tɛndənsɪ〕 *n.* 傾向
(= *inclination*)；趨勢 (= *trend*)

┌─【典型考題】────────
│ In the past few years, juvenile crimes
│ have shown a _____ to increase.
│ A. tendency   B. commercial
│ C. motive   D. profession   [A]
└──────────────────

*__tennis__[2] 〔'tɛnɪs〕 *n.* 網球

Mark is learning to play *tennis*.

【衍伸詞】 *tennis court* (網球場)

*__tense__[4] 〔 tɛns 〕 *adj.* 令人感到緊張的；
緊張的 (= *nervous*)；拉緊的

There was a *tense* moment when it
seemed as if the two angry men
would come to blows.

*__tension__[4] 〔'tɛnʃən〕 *n.* 緊張
(= *nervousness*)；緊張關係

【片語】 *relieve tension* (消除緊張)

*__tent__[2] 〔 tɛnt 〕 *n.* 帳篷

They had lived in *tents* for a few days.

__tentative__[5] 〔'tɛntətɪv〕 *adj.* 暫時性
的；暫時的；試驗性的

The date of the meeting is *tentative*,
but I will be able to confirm it with
you next week.

【衍伸詞】 tentatively (暫時地)

【注意】 tentative 和 temporary 都可翻成
「暫時的」，但 tentative 是指還在試驗階段，
未確定；temporary 是指時間短暫。

*__term__[2] 〔 tɜm 〕 *n.* 用語 (= *language*)；
名詞；期限；關係

【衍伸詞】 *business terms* (商業用語)
【片語】 *be on good terms with* sb.

(和某人關係良好)

terminal[5] 〔'tɝmənḷ 〕 *adj.* 最後的；
終點的（ = *final* ） *n.* 航空站；總站
Passengers lined up to check in at the
departure *terminal*.

‡**terrible**[2] 〔'tɛrəbḷ 〕 *adj.* 可怕的
（ = *dreadful* = *horrible* ）；嚴重的
Last night, the storm was *terrible*.
【記憶技巧】 *terr* (frighten) + *ible* (*adj.*)
（讓人害怕的，表示「可怕的」）

***terrify**[4] 〔'tɛrə,faɪ 〕 *v.* 使害怕
（ = *frighten* ）
The big snake at the zoo *terrified* Lisa
even though it was safely behind glass.

***terror**[4] 〔'tɛrɚ 〕 *n.* 驚恐；恐怖
（ = *fear* ）
The visitors ran out of the haunted
house in *terror*.
【片語】 *in terror* （恐懼地）

‡**test**[2] 〔 tɛst 〕 *n.* 測驗　*v.* 測試；測驗

***text**[3] 〔 tɛkst 〕 *n.* 內文（ = *body* ）；
教科書；簡訊　*v.* 傳簡訊
Although he had read it several times,
Rick still could not understand the *text*.

***textbook**[2] 〔'tɛkst,bʊk 〕 *n.* 教科書
I am studying an English *textbook*.

‡**thank**[1] 〔 θæŋk 〕 *v.*, *n.* 感謝

***thankful**[3] 〔'θæŋkfəl 〕 *adj.* 感激的
（ = *grateful* ）

‡**theatre**[2] 〔'θiətɚ 〕 *n.* 戲劇；戲院
（ = *theater*【美式用法】 = *cinema* ）

We went to the *theatre* last night to
watch a play.

theft[6] 〔 θɛft 〕 *n.* 偷竊
Christine was very upset by the *theft*
of her favorite painting.

***theme**[4] 〔 θim 〕 *n.* 主題（ = *subject* ）
Love has been a recurrent *theme* in
literature.
【片語】 *theme park* （主題樂園）

‡**then**[1] 〔 ðɛn 〕 *adv.* 那時；然後

theoretical[6] 〔,θiə'rɛtɪkḷ 〕 *adj.* 理論
上的（ = *hypothetical* ）
【衍伸詞】 theoretically （理論上）

***theory**[3] 〔'θiərɪ 〕 *n.* 理論
（ = *hypothesis* ）；學說；看法
Seldom has the mathematical *theory*
of games been of practical use in
playing real games.
【片語】 *in theory* （理論上地）

‡**therefore**[2] 〔'ðɛr,for 〕 *adv.* 因此
（ = *thus* = *accordingly* = *hence*
consequently = *as a result* ）
This car is smaller and *therefore*
cheaper.

thermos[7] 〔'θɝmos 〕 *n.* 保溫瓶；
熱水瓶
【注意】源自知名品牌 Thermos（膳魔師）。

‡**thick**[2] 〔 θɪk 〕 *adj.* 厚的
I have never read such a *thick* book.
【反義詞】 thin （薄的）

T

thief[2] 〔 θif 〕 *n.* 小偷

A *thief* broke into the house last night.

【注意】複數為 thieves。

thin[2] 〔 θɪn 〕 *adj.* 薄的；瘦的

The poor children are *thin*.

thing[1] 〔 θɪŋ 〕 *n.* 東西

think[1] 〔 θɪŋk 〕 *v.* 想；認為

【注意】三態變化：think–thought–thought

thinking[1] 〔 'θɪŋkɪŋ 〕 *n.* 思想；思考

That is my way of *thinking*.

thirst[3] 〔 θɝst 〕 *n.* 口渴；渴望

┌─【典型考題】─────────────┐
After hiking all day without drinking
any water, the students sat down by
the stream to quench their _____.
A. hunger   B. energy
C. thirst   D. nutrition   **[C]**
└──────────────────────┘

thorough[4] 〔 'θɝo 〕 *adj.* 徹底的

We gave the house a *thorough*
cleaning before the guests arrived.

┌─【典型考題】─────────────┐
After making a(n) _____ inspection
of the second-hand car, he decided to
buy it.
A. thorough   B. criminal
C. throughout   D. official   **[A]**
└──────────────────────┘

though[1] 〔 ðo 〕 *conj.* 雖然

I love him *though* he doesn't love me.

thought[1] 〔 θɔt 〕 *n.* 思想 (= *idea*)

What's your *thought*?

【片語】 ***on second thought*** (重新考
慮以後)

thread[3] 〔 θrɛd 〕 *n.* 線 (= *strand*)；
一長條的東西

There was a loose *thread* hanging
from the man's jacket.

thrill[5] 〔 θrɪl 〕 *v.* 使興奮 (= *excite*)
n. 興奮；刺激

Riding the roller coaster *thrilled* the
children.

thriller[5] 〔 'θrɪlɚ 〕 *n.* 驚悚片；驚險
小說或電影；充滿刺激的事物

The roller coaster is a real *thriller*.

throat[2] 〔 θrot 〕 *n.* 喉嚨

When we eat, food passes down our
throat.

【片語】 ***have a sore throat*** (喉嚨痛)

through[2] 〔 θru 〕 *prep.* 透過
(= *by way of*)；穿過   *adv.* 完全地

throughout[2] 〔 θru'aut 〕 *prep.* 遍及
(= *all through* = *all over*)

They searched *throughout* the town
for the lost child.

throw[1] 〔 θro 〕 *v.* 丟 (= *fling* = *cast*)；
舉行；使陷入

Richard *throws* small pieces of stone
in a river.

【注意】三態變化：throw–threw–thrown

thunder[2] 〔 'θʌndɚ 〕 *n.* 雷   *v.* 打雷

There was *thunder* and lightning last
night.

It was raining and *thundering*.

thunderstorm[2] 〔 'θʌndɚˌstɔrm 〕
n. 雷雨

* **thus**[1] 〔 ðʌs 〕 *adv.* 因此 (= *therefore*)
   Thus they judged that he was guilty.

   tick[5] 〔 tɪk 〕 *v.* 滴答響   *n.* 滴答聲

‡ **ticket**[1] 〔'tɪkɪt 〕 *n.* 票；罰單
   Tom made a reservation for movie *tickets*.

   ┌─【典型考題】─────────┐
   My father got three _____ to the
   baseball game. All of us can go
   tomorrow.
   A. jackets   B. tickets
   C. baseballs   D. gyms   **[B]**
   └──────────────────┘

‡ **tidy**[3] 〔'taɪdɪ 〕 *adj.* 整齊的 (= *neat*)；
   愛整潔的   *v.* 收拾；整理
   Mike's room is very *tidy*.

‡ **tie**[1] 〔 taɪ 〕 *v.* 綁；打 (結)   *n.* 領帶
   I *tied* a bow for my younger sister.
   【片語】 ***tie the knot*** (結婚)

‡ **tiger**[1] 〔'taɪgɚ 〕 *n.* 老虎
   A *tiger* is a large animal that lives
   in the jungle.

* **tight**[3] 〔 taɪt 〕 *adj.* 嚴格的；手頭拮据
   的；緊的 (= *close-fitting*)
   I couldn't open the jar because the
   lid was on too *tight*.
   【反義詞】 loose (鬆的)

‡ **time**[1] 〔 taɪm 〕 *n.* 時間；時代；次數；
   倍數

   timetable[7] 〔'taɪm,tebḷ 〕 *n.* 時刻表；
   時間表；課程表

You can find the times of your trains
in this *timetable*.
We have a new *timetable* each term.

   tin[5] 〔 tɪn 〕 *n.* 錫

‡ **tiny**[1] 〔'taɪnɪ 〕 *adj.* 微小的
   You can see *tiny* stars in the sky.

‡ **tip**[2] 〔 tɪp 〕 *n.* 小費；尖端；訣竅
   v. 給小費

* **tire**[1] 〔 taɪr 〕 *v.* 使疲倦 (= *exhaust*)
   n. 輪胎

   tired[1] 〔 taɪrd 〕 *adj.* 疲倦的
   The long drive made us all *tired*.

* **tiresome**[4] 〔'taɪrsəm 〕 *adj.* 令人厭煩的
   (= *annoying*)；無聊的
   Being a librarian is a *tiresome* job.

* **tissue**[3] 〔'tɪʃu 〕 *n.* 面紙；【生理】組織
   【記憶技巧】 先背 issue (議題)。

* **title**[2] 〔'taɪtḷ 〕 *n.* 標題；名稱；頭銜
   The *title* of the painting is "The Last
   Supper."

‡ **toast**[2] 〔 tost 〕 *n.* 吐司；敬酒；乾杯
   v. 向…敬酒
   Ladies and gentlemen, I'd like to
   propose a *toast* to the bride and groom.

* **tobacco**[3] 〔 tə'bæko 〕 *n.* 菸草
   This shop sells cigarettes, cigars, and
   other *tobacco* products.

T

‡**today**[1] 〔tə'de〕*adv.*, *n.* 今天；現今

‡**together**[1] 〔tə'gɛðə〕*adv.* 一起

‡**toilet**[2] 〔'tɔɪlɪt〕*n.* 馬桶；廁所
(= *bathroom*)

***tolerate**[4] 〔'talə,ret〕*v.* 容忍；忍受
(= *endure*)

He moved out because he could not *tolerate* his roommate's friends.

【典型考題】

In a democratic society, we have to
_____ different opinions.
A. participate   B. compensate
C. dominate   D. tolerate   [D]

‡**tomato**[2] 〔tə'meto〕*n.* 蕃茄
Tomatoes are used for making ketchup.

***tomb**[4] 〔tum〕*n.* 墳墓【注意發音】
(= *grave*)

‡**tomorrow**[1] 〔tə'mɔro〕*adv.*, *n.* 明天
Tomorrow is the day that comes after today.

***ton**[3] 〔tʌn〕*n.* 公噸

‡**tongue**[2] 〔tʌŋ〕*n.* 舌頭；語言
The *tongue* is inside our mouth.
【片語】*mother tongue* (母語)

‡**tonight**[1] 〔tə'naɪt〕*adv.*, *n.* 今晚
Let's go to see a movie *tonight*.

‡**tool**[1] 〔tul〕*n.* 器具；工具 (= *means*)
Mechanics use a variety of *tools*.

‡**tooth**[2] 〔tuθ〕*n.* 牙齒
We must brush our *teeth* every morning and night.
【注意】複數是 teeth。

toothache[3] 〔'tuθ,ek〕*n.* 牙痛
He's got really bad *toothache*.

toothbrush[2] 〔'tuθ,brʌʃ〕*n.* 牙刷

toothpaste[2] 〔'tuθ,pest〕*n.* 牙膏
I bought a tube of *toothpaste*.

‡**top**[1] 〔tap〕*n.* 頂端 (= *highest place*)；陀螺
He climbed to the *top* of the tree.

***topic**[2] 〔'tapɪk〕*n.* 主題 (= *subject*)
What's the *topic* of this article?

***tortoise**[3] 〔'tɔrtəs〕*n.* 陸龜；烏龜
【比較】turtle (海龜)
【衍伸詞】*The Hare and the Tortoise*
(龜兔賽跑)【寓言故事】

‡**total**[1] 〔'totḷ〕*adj.* 全部的；總計的；完全的   *n.* 總計；總額   *v.* 總計；共計
The project was a *total* failure.
He *totaled* that column of figures.

‡**touch**[1] 〔tʌtʃ〕*v.* 觸摸；接觸；使感動
n. 觸摸；接觸；連絡
【片語】*keep in touch with* (和…保持連絡)

***tough**[4] 〔tʌf〕*adj.* 困難的
(= *difficult*)
It is a *tough* job for a young girl.

T

* **tour**[2] 〔 tur 〕 *n.* 旅行 (*= visit = trip = journey*)

We will go on a *tour* this summer vacation.

【片語】 ***go on a tour*** (去旅行)

* **tourism**[3] 〔'turɪzm̩ 〕 *n.* 觀光業

* **tourist**[3] 〔'turɪst 〕 *n.* 觀光客
adj. 旅遊的

【衍伸詞】 ***a tourist attraction*** (風景名勝)

tournament[5] 〔'tɝnəmənt 〕 *n.* 錦標賽 (*= competition = contest = match*)

A golf *tournament* will be held during the last three days of the month.

* **toward**[1] 〔 tə'wɔrd , tord 〕 *prep.* 朝向… (*= towards*)

He walked *toward* the door.

* **towel**[2] 〔'tauəl 〕 *n.* 毛巾

* **tower**[2] 〔'tauɚ 〕 *n.* 塔

There is a *tower* near the port.

【衍伸詞】 ***ivory tower*** (象牙塔)

town[1] 〔 taun 〕 *n.* 城鎮；城鎮生活

toy[1] 〔 tɔɪ 〕 *n.* 玩具

Children like to play with *toys*.

* **track**[2] 〔 træk 〕 *n.* 痕跡 (*= mark*)；足跡 (*= path = footprint*)；軌道
v. 追蹤

The hunter followed the bear *tracks* to the edge of the forest.

tractor[7] 〔'træktɚ 〕 *n.* 拖拉機；牽引機

We use *tractors* to pull farm machinery.

trade[2] 〔 tred 〕 *n.* 貿易 (*= commerce*)；行業；職業
v. 交易；用…交換

There is a lot of *trade* between these two countries.

tradition[2] 〔 trə'dɪʃən 〕 *n.* 傳統 (*= convention*)；習俗 (*= custom*)

It's a Christmas *tradition* to give presents.

【記憶技巧】 ***tra*** (over) + ***dit*** (give) + ***ion*** (*n.*) (「傳統」是要一代傳一代的)

┌─【典型考題】─────────
It's a Chinese _____ to give children red envelopes on Lunar New Year's Day.
A. holiday   B. festival
C. party   D. tradition   [D]
└──────────────────

traditional[2] 〔 trə'dɪʃənl̩ 〕 *adj.* 傳統的；慣例的 (*= conventional*)

traffic[2] 〔'træfɪk 〕 *n.* 交通

The *traffic* is very heavy today.

【衍伸詞】 ***a traffic jam*** (交通阻塞)

train[1] 〔 tren 〕 *v.* 訓練 (*= drill*)
n. 火車；列車

We *trained* the horse for the next race.

training[1] 〔'trenɪŋ 〕 *n.* 訓練

It is essential that all staff receive adequate *training*.

tram[7] 〔 træm 〕 *n.* 有軌電車 (*= streetcar = trolley car* 【美式用法】)

* **transform**[4] 〔 træns′fɔrm 〕 *v.* 轉變

On Halloween people wear costumes and *transform* themselves into witches, ghosts or fairy princesses.

* **translate**[4] 〔′trænslet 〕 *v.* 翻譯

This software program will *translate* English to French.

【比較】interpret（口譯）

【重要知識】這個字一般字典標〔 træns′let 〕，但現在 83% 的美國人唸成〔′trænslet 〕。

* **translator**[4] 〔 træns′letɚ 〕 *n.* 翻譯家

transparent[5] 〔 træns′pɛrənt 〕 *adj.* 透明的（= *see-through*）

The semi-*transparent* fabric revealed a little more than she wanted to show.

【記憶技巧】*trans* (through) + *parent* (appear)（透過～看到，表示「透明的」）

* **transport**[3] 〔 træns′port 〕 *v.* 運輸 （= *carry*） 〔′trænsport 〕 *n.* 運輸 （工具）

The cars are *transported* by ship.

‡ **trap**[2] 〔 træp 〕 *v.* 使困住   *n.* 陷阱

Twelve passengers were *trapped* inside the burning bus.

‡ **travel**[2] 〔′trævḷ 〕 *v.* 旅行；行進 *n.* 旅行

I love to go *traveling*.

Light *travels* much faster than sound.

* **traveller**[3] 〔′trævlɚ 〕 *n.* 旅行者 （= *traveler*【美式用法】）

‡ **treasure**[2] 〔′trɛʒɚ 〕 *n.* 寶藏   *v.* 珍惜

They were looking for the *treasure* of the ship.

┌─【典型考題】────────────┐

In stories, ———— is often buried underground in an old house or on a deserted island.

A. fruit   B. kingdom
C. shadow   D. treasure   [D]

└──────────────────────┘

‡ **treat**[5,2] 〔 trit 〕 *v.* 對待；治療；認為；請客   *n.* 請客；招待

I don't like the way he *treats* me.

【片語】*treat* A *as* B（視 A 為 B）

* **treatment**[5] 〔′tritmənt 〕 *n.* 對待；治療

【衍伸詞】*medical treatment*（醫療）

‡ **tree**[1] 〔 tri 〕 *n.* 樹

* **tremble**[3] 〔′trɛmbḷ 〕 *v.* 發抖（= *shake* = *quake* = *shiver* = *quiver* = *shudder*）

Anna *trembled* with fear when she stood on the stage.

* **trend**[3] 〔 trɛnd 〕 *n.* 趨勢

The *trend* of prices is still upward.

* **trial**[2] 〔′traɪəl 〕 *n.* 審判 （= *judgment*）；試驗

The sensational murder *trial* went on for six months.

‡ **triangle**[2] 〔′traɪˌæŋgḷ 〕 *n.* 三角形

【記憶技巧】*tri* (three) + *angle*（角）

‡ **trick**[2] 〔 trɪk 〕 *n.* 詭計；把戲；技巧；惡作劇   *v.* 欺騙

I'm teaching my dog *tricks*.

‡**trip**[1] 〔 trɪp 〕 *n.* 旅行（= *tour*）

We went on a *trip* to Bali last week.

【片語】***go on a trip***（去旅行）

trolleybus[7] 〔'trolɪ,bʌs 〕 *n.* 無軌電車

【比較】***trolley car***（有軌電車）

* **troop**[3] 〔 trup 〕 *n.* 軍隊

The *troops* were ordered back to the army base.

‡**trouble**[1] 〔'trʌbl̩ 〕 *n.* 苦惱；麻煩（= *difficulty*） *v.* 麻煩；使困擾

It will be no *trouble* to drive you to the station.

* **troublesome**[4] 〔'trʌbl̩səm 〕 *adj.* 麻煩的（= *bothersome*）

【記憶技巧】 *-some* 表「引起…的」的字尾。

‡**trousers**[2] 〔'traʊzɚz 〕 *n.* 褲子（= *pants*）

Please wear *trousers* for the trip tomorrow.

‡**truck**[2] 〔 trʌk 〕 *n.* 卡車；貨車

They hired a *truck* to move their furniture.

‡**true**[1] 〔 tru 〕 *adj.* 真的（= *real*）

A *true* friend will always help you.

truly[2] 〔'trulɪ 〕 *adv.* 真正地；真實地

I'm *truly* sorry. Please forgive me.

* **trunk**[3] 〔 trʌŋk 〕 *n.* 後車廂；（汽車的）行李箱（= *chest*）；樹幹；軀幹

‡**trust**[2] 〔 trʌst 〕 *v., n.* 信任

I *trust* my parents in everything.

【典型考題】

Peter often tells lies. I cannot _____ him. He is not a person that can be depended on.

A. depend   B. communicate

C. correct   D. trust   [D]

‡**truth**[2] 〔 truθ 〕 *n.* 事實

Just tell me the *truth*.

【片語】***in truth***（事實上）

‡**try**[1] 〔 traɪ 〕 *v., n.* 嘗試

I'll *try* to learn French.

‡**T-shirt**[1] 〔'ti,ʃɝt 〕 *n.* T 恤

* **tube**[2] 〔 tjub 〕 *n.* 管子（= *pipe*）；地鐵

Will squeezed the *tube* of toothpaste to get the last bit out.

* **tune**[3] 〔 tjun 〕 *n.* 曲子

This is such a popular *tune* that everyone is humming it.

‡**turkey**[2] 〔'tɝkɪ 〕 *n.* 火雞；火雞肉

People often drink white wine with *turkey*.

【比較】 Turkey（土耳其）

‡**turn**[1] 〔 tɝn 〕 *v.* 轉向 *n.* 轉向；輪流

Go down the street and *turn* right.

【片語】***take turns***（輪流）

turning[1] 〔'tɝnɪŋ 〕 *n.* 旋轉；彎曲；轉角

Take the second *turning* to the left.

T

* **tutor**[3] 〔'tjutɚ 〕 *n.* 家庭教師
(= *private teacher*)
Wendy's parents employed a *tutor*
to teach her math.

【重要知識】這個字以前唸〔'tutɚ 〕，現在美國
人多唸成〔'tjutɚ 〕。

‡‡ **TV**[2]   *n.* 電視 (= *television*)

‡‡ **twice**[1] 〔 twaɪs 〕 *adv.* 兩倍；兩次
(= *two times*)

【比較】 once (一次)

* **twin**[3] 〔 twɪn 〕 *n.* 雙胞胎之一
Glenda looks exactly like her *twin*.

【衍伸詞】 twins (雙胞胎)

* **twist**[3] 〔 twɪst 〕 *v.* 扭曲 (= *curl*)；
扭傷   *n.* 扭轉；扭扭舞
Her face was *twisted* with pain.

【典型考題】───────
Jack fell down while playing tennis
and _____ his ankle very badly.
A. bent   B. crippled
C. tripped   D. twisted   **[D]**

‡‡ **type**[2] 〔 taɪp 〕 *v.* 打字   *n.* 類型
I don't like people of that *type*.
This *type* of book is popular.

* **typewriter**[3] 〔'taɪp,raɪtɚ 〕 *n.* 打字機

‡‡ **typhoon**[2] 〔 taɪ'fun 〕 *n.* 颱風
There were five *typhoons* this year.

【典型考題】───────
The _____ last week scared a lot of
people. Its strong winds and heavy
rains took fifty lives.
A. air pollution   B. soccer game
C. system   D. typhoon   **[D]**

* **typical**[3] 〔'tɪpɪkḷ 〕 *adj.* 典型的；
特有的
It is *typical* of him to make such
sarcastic remarks.

【片語】 *be typical of* (是…特有的)

* **typist**[4] 〔'taɪpɪst 〕 *n.* 打字員

tyre[7] 〔 taɪr 〕 *n.* 輪胎 (= *tire*【美式用法】)
The two front *tyres* were flat.

U u

* **ugly**[2] 〔'ʌglɪ 〕 *adj.* 醜的
(= *unattractive*)
I think this painting is very *ugly*.

‡‡ **umbrella**[2] 〔 ʌm'brɛlə 〕 *n.* 雨傘
We use *umbrellas* when it rains.

【記憶技巧】 *umbr* (shadow) + *ella*
(小) (撐傘的時候，我們都會被雨傘的
小陰影遮住)

unable[1] 〔 ʌn'ebḷ 〕 *adj.* 不能的
He was *unable* to attend the meeting.

【反義詞】 able (能夠的)
【片語】 be unable to V. (不能…)

unbearable[2] 〔 ʌn'bɛrəbḷ 〕 *adj.*
令人無法忍受的
The heat was *unbearable*.

【比較】 bear (忍受)

unbelievable[2] 〔ˌʌnbə'livəbḷ 〕 *adj.*
令人難以置信的（ = *incredible* ）
It is *unbelievable* how stupid he is.

uncertain[1] 〔 ʌn'sɝtṇ 〕 *adj.* 不確定的
The origin of the word is *uncertain.*

‡**uncle**[1] 〔'ʌŋkḷ 〕 *n.* 叔叔；伯父；舅舅
【比較】aunt（阿姨；姑姑）

uncomfortable[2] 〔 ʌn'kʌmfɚtəbḷ 〕
adj. 不舒服的
They were sitting in a very
uncomfortable position.

unconditional[3] 〔ˌʌnkən'dɪʃənḷ 〕
adj. 無條件的
She gave her children *unconditional*
love.
【比較】condition（情況；條件）

unconscious[3] 〔 ʌn'kɑnʃəs 〕
adj. 無意識的；未察覺到的
She was *unconscious* but still
breathing.
He was quite *unconscious* of the
danger.
【反義詞】 conscious（知道的；察覺到的）

underground[7] 〔'ʌndɚˌɡraʊnd 〕
n. 地鐵   *adj.* 地面下的；祕密的；
地下的
I always travel by *underground.*
He had been a member of an
underground resistance movement.

*****underline**[5] 〔ˌʌndɚ'laɪn 〕 *v.* 在…畫
底線
He *underlined* the sentence.

‡‡**understand**[1] 〔ˌʌndɚ'stænd 〕 *v.*
了解
【注意】三態變化：understand–
understood–understood

undertake[6] 〔ˌʌndɚ'tek 〕 *v.* 承擔
（ = *shoulder* ）；從事
Having *undertaken* three new projects,
Matt is up to his ears in work.
【注意】三態變化：undertake–undertook–
undertaken
【衍伸詞】 undertaking（工作）

*****underwear**[2] 〔'ʌndɚˌwɛr 〕 *n.* 內衣
I prefer cotton *underwear* to linen.

unemployment[6] 〔ˌʌnɪm'plɔɪmənt 〕
n. 失業
【比較】employment（就業；工作）

unfair[2] 〔 ʌn'fɛr 〕 *adj.* 不公平的
It was *unfair* of her to praise only
one of those children.

unfit[2] 〔 ʌn'fɪt 〕 *adj.* 不適合的
You are *unfit* for business.
【反義詞】 fit（適合的）

unfortunate[4] 〔 ʌn'fɔrtʃənɪt 〕 *adj.*
不幸的
It was *unfortunate* that there should
be such an accident.

‡‡**uniform**[2] 〔'junəˌfɔrm 〕 *n.* 制服
Many students in Taiwan have to
wear *uniforms.*
【記憶技巧】*uni* (one) + *form*
（大家穿的是同一個款式，也就是「制服」）

*union[3] (ˈjunjən) n. 聯盟；工會
The European *Union* is composed of several countries.
【衍伸詞】 *European Union* (歐盟) (= EU)

‡unique[4] (juˈnik) adj. 獨一無二的；獨特的 (= very special)
This invaluable vase is *unique*.

【典型考題】
Everyone in the world is _____; you can't find anyone who has the same appearance and personality as you have.
A. persuasive　　B. basic
C. dependent　　D. unique　　　[D]

*unit[1] (ˈjunɪt) n. 單位 (= part)
A gram is a *unit* of weight.

*unite[3] (juˈnaɪt) v. 使聯合 (= combine)
Their common interests *united* these two countries.

*universal[4] (ˌjunəˈvɜsḷ) adj. 普遍的；全世界的 (= worldwide)

‡universe[3] (ˈjunə͵vɜs) n. 宇宙
Are there other *universes* besides our own?

‡university[4] (ˌjunəˈvɜsətɪ) n. 大學
Which *university* do you go to?

*unless[3] (ənˈlɛs) conj. 除非
Unless Mark arrives soon, we will have to leave without him.

unlike[1] (ʌnˈlaɪk) prep. 不像

The picture is quite *unlike* him.
【比較】 dislike (不喜歡)

unrest[1] (ʌnˈrɛst) n. 動盪；不安
The capital city is facing growing political *unrest*.

‡until[1] (ənˈtɪl) prep., conj. 直到
She worked there *until* last month.
We must wait *until* he comes.

unusual[2] (ʌnˈjuʒʊəl) adj. 不尋常的
It's most *unusual* for Sue to get so angry.

unwilling[2] (ʌnˈwɪlɪŋ) adj. 不願意的
Jane was *unwilling* to admit she was wrong.
【反義詞】 willing (願意的)

update[5] (ʌpˈdet) v. 更新
(ˈʌp͵det) n. 最新消息
I am *updating* my antivirus program.
The president gets regular *updates* from the National Security Council.
【衍伸詞】 up-to-date (最新的)

‡upon[2] (əˈpɑn) prep. 在…之上 (= on)
He laid a hand *upon* my shoulder.

‡upper[2] (ˈʌpɚ) adj. 上面的
He took a book from the *upper* shelf.
【反義詞】 lower (下面的)

*upset[3] (ʌpˈsɛt) adj. 不高興的；生氣的 (= annoyed)；心煩的；(胃) 不舒服的　v. 弄翻；使煩亂
Peggy was *upset* after an argument with her best friend.

*upstairs[1] 〔ˏʌpˈstɛrz〕*adv.* 到樓上

Jessie ran *upstairs*.

upward[5] 〔ˈʌpwəd〕*adv.* 向上

(= *upwards*)

*urban[4] 〔ˈɝbən〕*adj.* 都市的

The city is plagued with the usual *urban* problems of smog and traffic congestion.

【記憶技巧】*urb* (city) + *an* (*adj.*)

【反義詞】rural (鄉村的)

*urge[4] 〔ɝdʒ〕*v.* 力勸；催促

Jimmy's parents are *urging* him to apply to Harvard.

*urgent[4] 〔ˈɝdʒənt〕*adj.* 迫切的；緊急的

The nurse left an *urgent* message for the doctor, asking him to return to the hospital right away.

【典型考題】
I placed a(n) _____ call to the police when I heard the gunshot.
A. intimidating　B. long-distance
C. loud　　　　D. urgent　　　　[D]

*use[1] 〔juz〕*v.* 使用

〔jus〕*n.* 使用；有用；用途

We *use* money to buy things.

*used[2] 〔just〕*adj.* 習慣於…的；用過的

I am *used* to drinking a cup of coffee every morning.

【衍伸詞】*be used to V-ing* (習慣於)

*useful[1] 〔ˈjusfəl〕*adj.* 有用的

useless[1] 〔ˈjuslɪs〕*adj.* 無用的

It's *useless* to ask him.

*user[2] 〔ˈjuzə〕*n.* 使用者

*usual[2] 〔ˈjuʒuəl〕*adj.* 平常的

(= *commonplace*)

I left home earlier than *usual*.

【片語】*as usual* (像往常一樣)

V v

*vacant[3] 〔ˈvekənt〕*adj.* 空的

(= *empty*)

This apartment has been *vacant* for three months.

【記憶技巧】*vac* (empty) + *ant* (*adj.*)

【典型考題】
Someone is finally moving into the _____ apartment downstairs.
A. blank　　　B. crowded
C. vacant　　　D. liberated　　[C]

*vacation[2] 〔veˈkeʃən〕*n.* 假期

(= *holiday*)

vague[5] 〔veg〕*adj.* 模糊的；不明確的 (= *unclear*)

They felt that the suggestions were too *vague* to be of much value.

*vain[4] 〔ven〕*adj.* 無用的；徒勞無功的 (= *futile*)；無意義的；自負的

He tried to save her but in *vain*.

【片語】*in vain* (徒勞無功)

U

valid[6] 〔ˈvælɪd〕 *adj.* 有效的
(= *effective*)
Your license is *valid* for five years, at the end of which you must apply for a new one.
【記憶技巧】 *val* (strong) + *id* (adj.)
【反義詞】 invalid (無效的)

valley[2] 〔ˈvælɪ〕 *n.* 山谷 (= *gorge*)
There is a river in the *valley*.

valuable[3] 〔ˈvæljuəbḷ〕 *adj.* 珍貴的；有價值的 (= *prized* = *invaluable*)
【反義詞】 valueless (沒價值的)

value[2] 〔ˈvælju〕 *n.* 價值 (= *worth*)
This painting is of great *value*.
【衍伸詞】 values (價值觀)

variety[3] 〔vəˈraɪətɪ〕 *n.* 多樣性 (= *diversity*)；種類
There is a great *variety* of food in the night market.
【片語】 *a great variety of* (各式各樣的)

【典型考題】
This library is famous for its wide _____ of books. You can find books on any topic you are interested in.
A. technology   B. connection
C. variety   D. amazement   [C]

various[3] 〔ˈvɛrɪəs〕 *adj.* 各式各樣的
(= *different kinds of*)

vase[3] 〔ves〕 *n.* 花瓶

vast[4] 〔væst〕 *adj.* 巨大的
The royal family owns *vast* tracts of land in the mountains.

VCD[7] *n.* 影音光碟
(= *versatile compact disk*)

vegetable[1] 〔ˈvɛdʒətəbḷ〕 *n.* 蔬菜

vehicle[3] 〔ˈviɪkḷ〕 *n.* 車輛
Gasoline is used as a fuel for cars, trucks and other *vehicles*.
【記憶技巧】 *vehi* (carry) + *cle* (n.)
(用來搬運的工具，也就是「車輛」)

version[6] 〔ˈvɝʒən〕 *n.* 版本；說法
It is hard for me to believe Tim's *version* of the event.

【典型考題】
Most viewers agreed that the movie _____ was not as good as the book.
A. routine   B. version
C. copy   D. issue   [B]

vertical[5] 〔ˈvɝtɪkḷ〕 *adj.* 垂直的
The submarine made a *vertical* descent of 1,000 m.
【反義詞】 horizontal (水平的)

very[1,4] 〔ˈvɛrɪ〕 *adv.* 非常   *adj.* 正是；就是
That's the *very* thing I was looking for.

vest[3] 〔vɛst〕 *n.* 背心
I need to buy new *vests*.
【比較】 in*vest* (投資)

via[5] 〔ˈvaɪə〕 *prep.* 經由 (= *by way of*)
We traveled to Rome *via* Florence because we wanted to see that city, too.
【重要知識】這個字也可唸成〔ˈviə〕，但大多數人唸〔ˈvaɪə〕。

vice[6] 〔 vaɪs 〕 *n.* 邪惡 (= *evil*)；惡習
Gambling is a *vice*.

【片語】 *virtue and vice* (善與惡)

* **victim**[3] 〔'vɪktɪm 〕 *n.* 受害者
The *victim* of the robbery was not able to identify the man who took his money.

【片語】 *fall victim to* (成為…的受害者)

‡ **victory**[2] 〔'vɪktrɪ , 'vɪktərɪ 〕 *n.* 勝利
Our football team won a big *victory*.

【記憶技巧】 *vict* (conquer) + *ory* (*n.*)
(征服困難，才能獲得「勝利」)

【典型考題】
She won a great _____ in the competition. As a result, she is admired by sports fans everywhere.
A. victory   B. donation
C. challenger   D. opponent   [A]

‡ **video**[2] 〔'vɪdɪ‚o 〕 *n.* 錄影帶
(= *videotape*)

videophone[7] 〔'vidɪo‚fon 〕 *n.* 視訊電話

* **view**[1] 〔 vju 〕 *n.* 景色；看法   *v.* 觀看
I like to see the *view* of the harbor.

* **village**[2] 〔'vɪlɪdʒ 〕 *n.* 村莊
There is a small *village* located on this island.

【衍伸詞】 *global village* (地球村)

villager[2] 〔'vɪlɪdʒɚ 〕 *n.* 村民

‡ **vinegar**[3] 〔'vɪnɪgɚ 〕 *n.* 醋
You can use *vinegar* on salad.

【記憶技巧】 *vin* (wine) + *egar* (sour)
(「醋」是產生酸味的酒)

* **violate**[4] 〔'vaɪə‚let 〕 *v.* 違反 (= *defy*)
If you *violate* the traffic rule, you may be fined.

【典型考題】
If you _____ a traffic law, such as, drinking and driving, you may not drive for some time.
A. destroy   B. violate
C. attack   D. invade   [B]

* **violence**[3] 〔'vaɪələns 〕 *n.* 暴力
(= *brutality*)
Onlookers were alarmed by the *violence* of the fight and called the police.

* **violent**[3] 〔'vaɪələnt 〕 *adj.* 暴力的

‡ **violin**[2] 〔‚vaɪə'lɪn 〕 *n.* 小提琴 (= *fiddle*)
A *violin* is smaller than a viola.

violinist[5] 〔‚vaɪə'lɪnɪst 〕 *n.* 小提琴手

* **virtue**[4] 〔'vɝtʃu 〕 *n.* 長處；美德
(= *good character*)
Honesty is a good *virtue* to cultivate.

* **virus**[4] 〔'vaɪrəs 〕 *n.* 病毒
There're all kinds of *viruses* affecting computers all over the world.

【典型考題】
Getting a flu shot before the start of flu season gives our body a chance to build up protection against the _____ that could make us sick.
A. poison   B. misery
C. leak   D. virus   [D]

V

visa[5] 〔'vizə 〕 *n.* 簽證

【典型考題】
A(n) ———— is a special stamp in a passport that allows the holder to enter a country.
A. visa B. tone
C. recorder D. extension [A]

visit[1] 〔'vizit 〕 *v.* 拜訪（= *call on*）；遊覽 *n.* 拜訪；參觀

visitor[2] 〔'vizitə 〕 *n.* 觀光客；訪客

visual[4] 〔'viʒuəl 〕 *adj.* 視覺的；視力的

vital[4] 〔'vaitl 〕 *adj.* 非常重要的（= *essential* = *crucial*）；生命的；充滿活力的
His support is *vital* for our project.
The heart is a *vital* organ.

【典型考題】
E-mail plays a ———— role in modern communication.
A. vital B. violent
C. vertical D. various [A]

vivid[3] 〔'vivid 〕 *adj.* 生動的；栩栩如生的
Jessie gave such a *vivid* description of her house that I'm sure I'll know it when I see it.
【記憶技巧】 *viv* (live) + *id* (*adj.*)
（就像活生生站在眼前一樣，表示很生動）

vocabulary[2] 〔 və'kæbjə,lɛri 〕 *n.* 字彙（= *words*）
He has a large *vocabulary* in English.

voice[1] 〔 vɔis 〕 *n.* 聲音；發言權
That man has a loud *voice*.
【比較】 sound（事物發出的）聲音

volcano[4] 〔 val'keno 〕 *n.* 火山
Volcanoes are divided into three main groups.
【注意】這個字不可唸成〔 vɔl'keno 〕。

volleyball[2] 〔'vali,bɔl 〕 *n.* 排球

voluntary[4] 〔'valən,tɛri 〕 *adj.* 自願的
Gina does *voluntary* work at the hospital in her spare time.
【記憶技巧】 *volunt* (free will) + *ary*
（經由自由的意願而決定，表示「自願的」）

volunteer[4] 〔,valən'tir 〕 *v.* 自願（= *offer*） *n.* 自願者

vote[2] 〔 vot 〕 *v.* 投票（= *cast a vote*） *n.* 投票；選票
People under 18 years old are not allowed to *vote* in an election.

voyage[4] 〔'vɔi·idʒ 〕 *n.* 航行
Our *voyage* across the Atlantic lasted nearly one week.
【記憶技巧】 *voy* (way) + *age* (*n.*)
（順著海的路線行走，也就是「航行」）

W w

wag³ 〔 wæg 〕 *v.* 搖動（尾巴）
（ = *wave* ）
Our dog *wags* its tail when it sees us coming home from school.

***wage**³ 〔 wedʒ 〕 *n.* 工資 （ = *payment* ）
v. 發動
The workers at the factory were paid a *wage* of nine dollars an hour.

***waist**² 〔 west 〕 *n.* 腰
Jane wears a belt around her *waist*.

wait¹ 〔 wet 〕 *v.* 等候
【片語】*wait for* （等待）

waiter² 〔'wetɚ 〕 *n.* 服務生

waiting room *n.* 候車室；候診室

waitress² 〔'wetrɪs 〕 *n.* 女服務生
【記憶技巧】*-ess* 表「女性」的字尾。

wake² 〔 wek 〕 *v.* 醒來 （ = *become awake* ）
Jane *wakes* up at 6:00 every morning.
【注意】三態變化：wake–woke–woken

walk¹ 〔 wɔk 〕 *v.* 走路 *n.* 散步
【片語】*take a walk* （散步）

wall¹ 〔 wɔl 〕 *n.* 牆壁
The robber climbed over the *wall* to get away.

wallet² 〔'wɑlɪt 〕 *n.* 皮夾

John carries his money in a *wallet*.
【比較】purse （錢包）

walnut⁴ 〔'wɔlnət 〕 *n.* 核桃
【比較】chestnut （栗子）

***wander**³ 〔'wɑndɚ 〕 *v.* 徘徊；流浪
We *wandered* around the park, looking for a good spot to enjoy our picnic.
【比較】wonder （想知道）

【典型考題】
Lost and scared, the little dog _____ along the streets, looking for its master.
A. dismissed   B. glided
C. wandered   D. marched   [C]

want¹ 〔 wɑnt 〕 *v.* 想要

***war**¹ 〔 wɔr 〕 *n.* 戰爭 （ = *armed struggle* ）
Many people are killed in a *war*.

ward⁵ 〔 wɔrd 〕 *n.* 病房 *v.* 躲避；避開
He worked as a nurse on the children's *ward*.
He managed to *ward* off the blow.
【片語】*ward off* （避開）

warehouse⁵ 〔'wɛr,haʊs 〕 *n.* 倉庫 （ = *storehouse* ）
【記憶技巧】存放各種用品的屋子，就是倉庫。

warm¹ 〔 wɔrm 〕 *adj.* 溫暖的
v. 變溫暖
Keep yourself *warm* in the winter.

warmth[3] 〔 wɔrmθ 〕 *n.* 溫暖

【記憶技巧】 **-th** 表抽象名詞的字尾。

***warn**[3] 〔 wɔrn 〕 *v.* 警告 (= *caution*)

The smoke alarm will *warn* you when there is a fire in the building.

【典型考題】

My parents ＿＿＿ me not to play with candles.
A. discourage　　B. beware
C. explain　　　　D. warn　　[D]

‡**wash**[1] 〔 waʃ 〕 *v., n.* 洗

washroom[1] 〔'waʃˌrum 〕 *n.* 盥洗室；洗手間

‡**waste**[1] 〔 west 〕 *v., n.* 浪費

【典型考題】

Don't try to reason with Paul—you are ＿＿＿ your breath.
A. disposing　　B. wasting
C. storing　　　D. willing　　[B]

‡**watch**[1] 〔 watʃ 〕 *n.* 手錶　 *v.* 注視；注意看

‡**water**[1] 〔'wɔtə 〕 *n.* 水　 *v.* 給…澆水

‡**watermelon**[2] 〔'wɔtəˌmɛlən 〕 *n.* 西瓜

‡**wave**[2] 〔 wev 〕 *n.* 波浪　 *v.* 揮手

The *waves* are very high today.
They *waved* at the parade.

***wax**[3] 〔 wæks 〕 *n.* 蠟

‡**way**[1] 〔 we 〕 *n.* 路；方式；樣子

‡**weak**[1] 〔 wik 〕 *adj.* 虛弱的

My grandfather is very *weak*.

【反義詞】 strong (強壯的)

weakness[1] 〔'wiknɪs 〕 *n.* 弱點；缺點

It is a *weakness* of the system.

***wealth**[3] 〔 wɛlθ 〕 *n.* 財富 (= *riches*)；豐富

Health is better than *wealth*.

***wealthy**[3] 〔'wɛlθɪ 〕 *adj.* 富有的 (= *rich*)

‡**wear**[1] 〔 wɛr 〕 *v.* 穿；戴；磨損；使疲倦

【注意】三態變化：wear–wore–worn
【片語】 ***wear out*** (穿破；使筋疲力盡)

‡**weather**[1] 〔'wɛðə 〕 *n.* 天氣

The *weather* is good here.

***web**[3] 〔 wɛb 〕 *n.* 網狀物；蜘蛛網

A spider sat in the middle of the *web*.

【衍伸詞】 ***the Web*** (網際網路)

***website**[4] 〔'wɛbˌsaɪt 〕 *n.* 網站

‡**wedding**[1] 〔'wɛdɪŋ 〕 *n.* 婚禮 (= *wedding ceremony*)

My parents' *wedding* was very romantic.

***weed**[3] 〔 wid 〕 *n.* 雜草　 *v.* 除草

The garden is full of *weeds* because no one has been taking care of it.

‡**week**[1] 〔 wik 〕 *n.* 星期

‡**weekday**[2] 〔'wik͵de 〕 *n.* 平日

The museum is open on *weekdays* only.

‡**weekend**[1] 〔'wik'ɛnd 〕 *n.* 週末

What are you going to do this *weekend*?

【記憶技巧】 *week* + *end* (結束)

*　**weekly**[4] 〔'wiklɪ 〕 *adj.*, *adv.* 每週的 (地) (= *every week*)　*n.* 週刊

【比較】 daily (每天的)

monthly (每月的)

*　**weep**[3] 〔 wip 〕 *v.* 哭泣 (= *cry* = *wail*)

Claire *wept* when she heard about the accident.

┌─【典型考題】──────
│ Maria ＿＿＿＿ bitterly over the death
│ of her pet dog.
│ A. gasps　　B. gasped
│ C. weeping　D. wept　　[**D**]
└─────────────────

‡**weigh**[1] 〔 we 〕 *v.* 重⋯

How much does it *weigh*?

*　**weight**[1] 〔 wet 〕 *n.* 重量

Alex needs to gain some *weight*.

【片語】 *gain weight* (增加體重)

lose weight (減輕體重)

‡**welcome**[1] 〔'wɛlkəm 〕 *v.*, *n.* 歡迎
adj. 受歡迎的；可隨意使用⋯的
int. 歡迎；歡迎光臨

We always *welcome* guests to our restaurant.

I don't feel *welcome*.

*　**welfare**[4] 〔'wɛl͵fɛr 〕 *n.* 福利

Welfare programs for the elderly provide senior citizens with nursing homes and regular financial help.

【記憶技巧】 *wel* (good) + *fare* (go) (「福利」是對人有益的東西)

‡**well**[1] 〔 wɛl 〕 *adv.* 很好　*n.* 井
adj. 健康的　*int.* 嗯

I'm not feeling very *well* today

【注意】三態變化：well–better–best

【片語】 *may well* (很有理由⋯)

may as well (不妨；最好)

‡**west**[1] 〔 wɛst 〕 *n.* 西方 (= *occident* 〔'ɑksədənt 〕)　*adj.* 西方的
adv. 向西；在西方

Which way is *west*?

【比較】 east (東方)

*　**western**[2] 〔'wɛstən 〕 *adj.* 西方的 (= *occidental*)

【比較】 eastern (東方的)

westward[2] 〔'wɛstswɚd 〕 *adv.*
向西方；往西方 (= *westwards*)

They headed *westward* along the motorway.

‡**wet**[2] 〔 wɛt 〕 *adj.* 濕的
(= *humid* = *damp* = *moist*)

Be careful of the *wet* floor.

‡**whale**[2] 〔 (h)wel 〕 *n.* 鯨

A *whale* is the biggest animal living in the sea.

【比較】 shark (鯊魚)

‡ **whatever**[2] 〔hwɑt'ɛvɚ〕*pron.* , *conj.*
無論什麼
You can do *whatever* you want.

* **wheat**[3] 〔hwit〕*n.* 小麥
【比較】rice（稻米）

‡ **wheel**[2] 〔hwil〕*n.* 輪子
Cars and buses move on *wheels*.

* **whenever**[2] 〔hwɛn'ɛvɚ〕*conj.* 無論
何時（= *whensoever*）
Whenever I see you, you always look
happy.

* **wherever**[2] 〔hwɛr'ɛvɚ〕*conj.* 無論
何處
My little brother follows me *wherever*
I go.

‡ **whether**[1] 〔'hwɛðɚ〕*conj.* 是否
I'm not sure *whether* it will rain.

‡ **while**[1] 〔hwaɪl〕*conj.* 當…的時候；
然而   *n.* 一段時間

* **whisper**[2] 〔'hwɪspɚ〕*v.* , *n.* 小聲說
（= *murmur*）
Not wanting to disturb anyone, Kathy
whispered to me during the movie.

whistle[3] 〔'hwɪsl̩〕*n.* 哨子   *v.* 吹口哨
Adam *whistled* and his dog came
running at once.

‡ **white**[1] 〔hwaɪt〕*adj.* 白色的   *n.* 白色
【衍伸詞】*a white lie*（善意的謊言）

* **whole**[1] 〔hol〕*adj.* 全部的；整個的
（= *entire*）   *n.* 整體
Richard ate a *whole* pizza for lunch.
【片語】*as a whole*（就整體而言）
          on the whole（大體而言）

‡ **wide**[1] 〔waɪd〕*adj.* 寬的（= *broad*）
A *wide* road makes it easy for him to
drive.
【反義詞】narrow（窄的）
【衍伸詞】*a wide variety of*（各式各樣的）

widespread[5] 〔'waɪd'sprɛd〕*adj.*
普遍的（= *general*）
The *widespread* use of poisonous
chemical fertilizers has declined.
【記憶技巧】*wide* + *spread*（散播）
   （廣泛散播，就會「普遍」）

┌─【典型考題】────────────
The use of solar power is becoming
more _____. Numerous Americans
have installed solar panels at their
homes.
A. widespread   B. remote
C. frantic   D. technical   [A]
└────────────────────

widow[5] 〔'wɪdo〕*n.* 寡婦

‡ **wife**[1] 〔waɪf〕*n.* 妻子

‡ **wild**[2] 〔waɪld〕*adj.* 野生的；荒涼的；
瘋狂的（= *crazy*）
We should protect *wild* animals.

wildlife[5] 〔'waɪld,laɪf〕*n.* 野生動物
【集合名詞】（= *wild animals*）
We should protect the *wildlife*.

‡**will**[1] 〔wɪl〕 *aux.* 將會　 *n.* 意志力

Where there's a *will*, there's a way.

***willing**[2] 〔'wɪlɪŋ〕 *adj.* 願意的

I am *willing* to do the job.

【反義詞】 unwilling（不願意的）

‡**win**[1] 〔wɪn〕 *v.* 贏（= *triumph*）；獲得

Rose will do anything to *win* the game.

【注意】三態變化：win–won–won

【反義詞】 lose（輸）

‡**wind**[1] 〔wɪnd〕 *n.* 風（= *air currents*）

〔waɪnd〕 *v.* 蜿蜒；上發條

A great *wind* blew across the sea.

A path *wound* up the valley.

【注意】三態變化：wind–wound–wound

【衍伸詞】 windy（風大的）

‡**window**[1] 〔'wɪndo〕 *n.* 窗戶

┌─【典型考題】────────
│ It's so hot inside. Can you open the
│ _____?
│ A. box   B. book
│ C. window   D. dictionary   [C]
└──────────────────

‡**windy**[2] 〔'wɪndɪ〕 *adj.* 多風的

┌─【典型考題】────────
│ It was very _____ this morning.
│ My hat was blown away while I was
│ walking on the street.
│ A. cloudy   B. dry
│ C. warm   D. windy   [D]
└──────────────────

***wine**[1] 〔waɪn〕 *n.* 酒；葡萄酒

She got drunk on one glass of *wine*.

‡**wing**[2] 〔wɪŋ〕 *n.* 翅膀

I wish I had *wings* to fly.

‡**winner**[2] 〔'wɪnɚ〕 *n.* 優勝者

‡**winter**[1] 〔'wɪntɚ〕 *n.* 冬天

***wipe**[3] 〔waɪp〕 *v.* 擦（= *rub*）

George *wiped* the counter after he finished cooking.

***wire**[2] 〔waɪr〕 *n.* 電線；鐵絲

We had no power after the electrical *wires* were cut.

***wisdom**[3] 〔'wɪzdəm〕 *n.* 智慧（= *intelligence*）

She spoke with authority as well as with *wisdom*.

‡**wise**[2] 〔waɪz〕 *adj.* 聰明的（= *smart*）

‡**wish**[1] 〔wɪʃ〕 *v.* 希望；祝福

n. 願望；希望

What do you *wish* to have for Christmas?

I *wish* you a happy New Year.

I hope you will grant my *wish*.

‡**with**[1] 〔wɪð〕 *prep.* 和…一起；用…

***withdraw**[4] 〔wɪð'drɔ〕 *v.* 撤退（= *retreat*）；提（款）

They decided to *withdraw* the troops from the front line.

【記憶技巧】 *with* (back) + *draw*（拉）

***within**[2] 〔wɪð'ɪn〕 *prep.* 在…之內

You should finish the work *within* two days.

‡‡without[2] 〔 wɪð'aʊt 〕 *prep.* 沒有

【片語】*can't do without*（不能沒有）

*＊**witness**[4] 〔'wɪtnɪs 〕 *n.* 目擊者

（＝*eyewitness*）；證人

v. 目擊；看見

There were no *witnesses* to the car accident, so no one is sure how it happened.

Many people *witnessed* the accident.

*＊**wolf**[2] 〔 wʊlf 〕 *n.* 狼

Wolves kill sheep for food.

【注意】複數是 wolves。

‡‡**woman**[1] 〔'wʊmən 〕 *n.* 女人

【注意】複數是 women。

*＊**wonder**[2] 〔'wʌndɚ 〕 *v.* 想知道

n. 驚奇；奇觀

I *wonder* why he didn't come.

【衍伸詞】*the Seven Wonders of the World*（世界七大奇景）

‡‡**wonderful**[2] 〔'wʌndɚfəl 〕 *adj.*

很棒的（＝*amazing*）

Ida and I had a *wonderful* time.

【典型考題】
My daughter has done so much housework for me. She's been ───── today.
A. wonderful   B. afraid
C. terrible   D. comfortable [A]

*＊**wood**[1] 〔 wʊd 〕 *n.* 木頭（＝*timber*）

The chair is made of *wood*.

*＊**wool**[2] 〔 wʊl 〕 *n.* 羊毛（＝*fleece*）

The sweater is one hundred percent *wool*.

woollen[2] 〔'wʊlən 〕 *adj.* 羊毛的

（＝*woolen*【美式用法】）

I bought a *woollen* blanket yesterday.

‡‡**word**[1] 〔 wɝd 〕 *n.* 字；話

【片語】*have words with*（和…吵架）

in other words（換句話說）

‡‡**work**[1] 〔 wɝk 〕 *n.* 工作；作品

v. 起作用；有效

‡‡**worker**[1] 〔'wɝkɚ 〕 *n.* 工人

‡‡**world**[1] 〔 wɝld 〕 *n.* 世界

【片語】*around the world*（在全世界）

（＝*all over the world*

＝*throughout the world*）

worldwide[7] 〔'wɝld'waɪd 〕 *adv.*

在全世界

Our company employs 1,500 staff *worldwide*.

*＊**worm**[1] 〔 wɝm 〕 *n.* 蟲

【比較】*warm*（溫暖的）

worn[1] 〔 wɔrn 〕 *adj.* 用舊了的；

磨損的；疲憊的；憔悴的

The stone steps were *worn* and broken.

worried[2] 〔'wɝɪd 〕 *adj.* 擔心的

I'm not *worried* about her—she can take care of herself.

‡‡**worry**[1] 〔'wɝɪ 〕 *v.*, *n.* 擔心

Don't *worry* about me.

* **worth**[2] 〔 wɝθ 〕 *adj.* 值得…

The book is *worth* reading.

【片語】 *be worth + V-ing*（值得～）

worthwhile[5] 〔'wɝθ'hwaɪl 〕 *adj.*
值得的；值得花時間的

This is a *worthwhile* book that
deserves your attention.

【記憶技巧】 *worth*（值得的）＋ *while*

（時間）（值得花時間去做的）

* **worthy**[5] 〔'wɝðɪ 〕 *adj.* 值得的

【片語】 *be worthy of*（值得）

【典型考題】

I stopped playing the piano because
the results were not ＿＿＿＿ of my
effort.
A. memorable　　B. effective
C. worthy　　　　D. equal　　　　[C]

‡ **wound**[2] 〔 wund 〕 *n.* 傷口　*v.* 傷害

I have a knife *wound* on my arm.
She was *wounded* on the head.

wrestle[6] 〔'rɛsḷ 〕 *v.* 摔角；扭打
（ = *struggle physically*）

【衍伸詞】 wrestler（摔角選手）

* **wrinkle**[4] 〔'rɪŋkḷ 〕 *n.* 皺紋　*v.* 起皺紋

Alice has no *wrinkles* on her face.

‡ **wrist**[3] 〔 rɪst 〕 *n.* 手腕

John is wearing a beautiful watch on
his *wrist*.

‡ **write**[1] 〔 raɪt 〕 *v.* 寫

【注意】三態變化：write–wrote–written

‡ **wrong**[1] 〔 rɔŋ 〕 *adj.* 錯誤的

My answer was *wrong*, so I erased it.

X x ~ Y y

* **X-ray**[3] 〔'ɛks're 〕 *n.* X 光

‡ **yard**[2] 〔 jɑrd 〕 *n.* 院子（ = *backyard*）；
天井；碼

Children are playing hide-and-seek
in the front *yard*.

* **yawn**[3] 〔 jɔn 〕 *v.* 打呵欠

Barbara was tired and began to
yawn during the movie.

【比較】 snore（打呼）

‡ **year**[1] 〔 jɪr 〕 *n.* 年

* **yell**[3] 〔 jɛl 〕 *v.,n.* 大叫（ = *shout*）

Tony's mother *yelled* at him for
watching TV instead of doing his
homework.

【片語】 *yell at*（對…大叫）

‡ **yellow**[1] 〔'jɛlo 〕 *adj.* 黃色的　*n.* 黃色

My favorite umbrella is *yellow*.

‡ **yesterday**[1] 〔'jɛstɚˌde 〕 *adv.* 昨天
n. 昨天

It was raining *yesterday* but today
the sky is clear.

‡**yet**[1] 〔 jɛt 〕 *adv.* 尚（未）（= *up till now*）；更加；然而（= *however*）

The work is not *yet* finished.

【片語】*not yet*（尚未；還沒）

***yoghurt**[4] 〔'jogət 〕 *n.* 優格（= *yogurt*【美式用法】）

I ate two strawberry *yoghurts*.

‡**young**[1] 〔 jʌŋ 〕 *adj.* 年輕的（= *youthful*）

Lucy is too *young* to have a baby.

***youth**[2] 〔 juθ 〕 *n.* 年輕；年輕時期；年輕人

This club is for *youths*.

【片語】*in* one's *youth*（在年輕時期）

the youth（年輕人）

‡**yummy**[1] 〔'jʌmɪ 〕 *adj.* 好吃的（= *delicious* = *mouth-watering*）

How *yummy* that cake was!

Z z

‡**zebra**[2] 〔'zibrə 〕 *n.* 斑馬

A *zebra* has black and white stripes all over its body.

【衍伸詞】*zebra crossing*（斑馬線）

‡**zero**[1] 〔'zɪro 〕 *n.* 零

The last digit of her telephone number is *zero*.

zip[5] 〔 zɪp 〕 *v.* 拉拉鍊；迅速做完 *n.* 拉鍊（= *zipper*【美式用法】）

【片語】*zip up*（拉上…的拉鍊）

***zipper**[3] 〔'zɪpɚ 〕 *n.* 拉鍊

My *zipper* got stuck when I tried to zip up my jacket.

***zone**[3] 〔 zon 〕 *n.* 地帶；地區（= *area* = *region* = *district*）

This is a residential *zone*, so there are no factories nearby.

【比較】o*zone*（臭氧）

‡**zoo**[1] 〔 zu 〕 *n.* 動物園；喧鬧混亂的地方

There are many kinds of animals in the *zoo*.

zoom[5] 〔 zum 〕 *v.* 急速移動；將畫面推進或拉遠

【衍伸詞】*zoom in*（將畫面推進；擴大影像）；*zoom out*（將畫面拉遠；縮小影像）

Z

劉毅「一口氣英語」大陸地區授權學校名單

學 校 名 稱	省 分	縣 市	學 校 地 址
上海洛基英語	上海市	松江區	上海市松江區松江新城谷陽北路 1500 號永翔大廈 301 洛基英語
凱迪樂青少年教育	上海市	普陀區	上海市普陀區常德路 1256 號 3 樓
菁尚教育	上海市	閔行區	上海市閔行區鶴慶路 900 號碧江廣場 7 號樓 4 樓
大同市星光職業培訓學校	山西省	大同市	山西省大同市城區魏都大道 85 號
學邦教育	山西省	晉城市	山西省晉城市城區金廈銀座 509
棗莊培根學校	山西省	棗莊市	山東省棗莊市人民公園培根學校
愛之光教育	山西省	運城市	山西省運城市人民路小學對面 10 樓
山東省菏澤新方向學校	山東省	菏澤市	山東省菏澤市解放街幹休所二樓
東方之子外國語學校	山東省	濱州市	山東省濱州市鄒平黃山三路 146 號
英才培訓學校	山東省	濟寧市	濟寧泗水三發順河街轉盤西二樓
巴彥淖爾市五原易道教育	內蒙古	古巴彥	內蒙古巴彥淖爾市五原縣力華園社區原物業小二樓
易道教育	內蒙古	古巴彥	內蒙古巴彥淖爾市五原縣力華園社區原物業小二樓
劍橋英語學校	內蒙古	古巴彥	內蒙古巴彥淖爾市五原縣劍橋英語學校
東方之子	天津市	河東區	天津市河東區晨陽道和泰興南路交口陽光星期八昕旺北苑 8 號樓 104 室
歐美教育集團	天津市	河東區	天津市河東區一號橋安吉花園 5 號樓 2 門 101
臺北商業大學教育推廣部	台灣省	臺北市	台灣臺北市和平西路 2 段 98 巷 5 號 4 樓
立恆補習班	台灣省	臺北市	台灣臺北市中正區金華街 25 號 1 樓
名師堂培訓學校	四川省	瀘州市	四川省瀘州市江陽區佳樂廣場佳樂大廈四樓
清華英語	甘肅省	蘭州市	甘肅省蘭州市城關區暢家港 178 號連鋁大廈 1906 室
蘭州市城關區傲翔英語學校	甘肅省	蘭州市	甘肅省蘭州市城關區南關什字民安大廈 B 塔 25 樓

學 校 名 稱	省 分	縣 市	學 校 地 址
長春市派森少兒英語	吉林省	長春市	長春市淨月大街 949 號'中信城德芳斯 A2 棟 101（中信城附近）
大拇指英語	安徽省	阜陽市	阜陽市人民東路 124 號，皖北綜合樓 四樓，大拇指英語
學銳教育諮詢有限公司	安徽省	蚌埠市	安徽省蚌埠市塗山東路 1547-1549 號 金山花園南門學銳教育
三人教育	安徽省	宿州市	安徽省宿州市澮水路百度 ktv 四樓
三人教育	安徽省	宿州市	安徽省宿州市澮水路百度 KTV 樓上 4 樓
宿州九鼎教育	安徽省	宿州市	安徽省宿州市武夷商城南門二樓 九鼎教育
小新星國際教育	江西省	吉安市	江西省吉安市吉州區廬陵商業街 G 棟
卓爾國際教育	江西省	贛州市	江西省贛州市章貢區小南門 9 號
南京尚博堂教育	江蘇省	南京市	江蘇省南京市鼓樓區山西路 67 號世貿 中心大廈 A1 座 2212
南通茸教教育培訓學校	江蘇省	南通市	江蘇省南通市崇川區南大街 89 號總部 大廈 5 樓
江蘇單招直通車	江蘇省	徐州市	江蘇省徐州市雲龍區銅山路 71 號軍旅 小區 2 號樓 5 單元 601
靈感補習	江蘇省	徐州市	江蘇省徐州市邳州市奚仲路靈感補習
利瑪竇教育	江蘇省	常州市	江蘇省常州市新北區迪諾水鎮 8 號樓 （好學薈綜合體教育）
東海華楷國際教育	江蘇省	連雲港市	江蘇省連雲港市東海縣牛山鎮富華路
連雲港嘉懿教育諮詢有限 公司	江蘇省	連雲港市	江蘇省連雲港市新浦區康泰南路 51-2 文化局宿舍 3-201
奧林學校	江蘇省	連雲港市	江蘇省連雲港市連雲區中華西路 45 號
易佳教育	河北省	秦皇島市	河北省秦皇島市北戴河區北嶺三區
莘莘英語學校	河北省	衡水市	河北省衡水市桃城區紅旗大街 792 號
步步升數理化培訓中心	河南省	昆明市	河南省漯河市泰山路北段市實驗中學 家屬院西單元二樓西
世紀龍騰教育	河南省	洛陽市	河南省洛陽市澗西區延安路富地國際 B 座 3 樓
洛陽青藍教育	河南省	洛陽市	河南省洛陽市澗西區洛浦春曉 5-1-102
啓迪教育（清華優才）	河南省	洛陽市	河南省洛陽市西工區凱旋路 28 號一樓
啓航英語教育	河南省	洛陽市	河南省洛陽市澗西區中泰花園 7-1-302
清華優才	河南省	洛陽市	洛陽市西工區凱旋路 78 號 （教育局正對面）
閤家樂英語培訓學校	河南省	洛陽市	河南省洛陽市瀍河區爽明街 86 號環衛局 3 樓
閤家樂英語學校	河南省	洛陽市	河南省洛陽市老城區曉月路予安小區 南樓 5-101
河大權威雅思培訓	河南省	開封市	河南省開封市金明區河南大學新校區 創業中心
耶魯外語	河南省	開封市	河南開封市二師附小北隔壁耶魯外語 二樓

學　校　名　稱	省　分	縣　市	學　校　地　址
泡泡劇社	河南省	鄭州市	經二路緯二路交叉口
上榜教育培訓中心	河南省	鄭州市	金水路文化路東50米路南建達大廈5樓508
大山教育	河南省	鄭州市	河南省鄭州市農業南路康寧街向東200米路北大山外語
手拉手培訓學校	河南省	鄭州市	鄭州市中原區桐柏路市場街交叉口向南100米路西中國電信2樓
艾格英語工作室	河南省	鄭州市	河南省鄭州市建設路百花路南150米路東錦繡華庭B座903
河大雅思	河南省	鄭州市	河南省開封市河南大學新校區創業中心
洋學堂英語	河南省	鄭州市	河南鄭州金水路經二路北50米路東中州都會廣場4號樓706
美格斯外語培訓學校	河南省	鄭州市	河南省鄭州市航海東路與第一大街交匯處向北200米智庫大廈202室
鄭州康克教育	河南省	鄭州市	河南省鄭州市管城區經開區第一大街商英街智庫大廈202室美格斯
智易方教育培訓學校幼少兒	青海省	西寧市	青海西寧城西區五四大街37號力盟步行街1號樓一層
傑西國際教育	浙江省	杭州市	浙江省杭州市蕭山區瓜瀝鎮航塢路213號3樓
快樂英語培訓學校	浙江省	桐鄉市	浙江省桐鄉市振興東路361號寶鳳大廈3樓（茅高斜對面）
寧波樂天英語	浙江省	寧波市	寧波海曙區環城西路南32號
寧波市北侖圖森教育	浙江省	寧波市	浙江省寧波市北侖區壩頭路751號
優優英語培訓學校	浙江省	寧波市	浙江省寧波市奉化區溪口鎮奉通南路136號
盧老師英語輔導	浙江省	縉雲縣	浙江省縉雲縣壺鎮鎮解放中街93號
學凱教育	陝西省	西安市	西安市長安區老區政府向南200米
西安黑格伯爵國際教育	陝西省	西安市	陝西省西安市高新路2號西部國際廣場B座21樓
普菲克教育培訓中心	陝西省	西安市	陝西省西安市南大街祥和樓六層普菲克學校
十堰易思培訓中心	湖北省	十堰市	湖北省十堰市張灣區車城路28號4樓（張灣區居委會4樓）
十堰領航教育	湖北省	十堰市	湖北省十堰市白浪西路102號50廠工行對面弘康醫藥二樓
吉列斯	湖北省	武漢市	漢市漢陽陞官渡米蘭小鎮1期1棟2單元202室
育才優學教育培訓中心	湖北省	武漢市	湖北省武漢市東西湖吳家山吳中路海景花園A區1棟3單元育才優學
種子園	湖北省	武漢市	武漢市武昌區楚天都市花園C座15H
紅領巾藝術學校	湖北省	建始縣	湖北省建始縣水利局C302
快樂英鏈國際英語培訓中心	湖北省	恩施市	湖北省恩施市巴東縣野三關鎮亞星苑
快樂英鏈國際英語培訓中心	湖北省	恩施縣	湖北省恩施巴東野三關鎮亞星苑1603

學 校 名 稱	省分	縣市	學 校 地 址
廣和教育	湖南省	益陽市	湖南省益陽市康富南路市委黨校對面昂立外語三樓
天成教育培育學校	湖南省	永州市	湖南省永州市冷水灘區梅灣路濱江文化大廈2樓
益佰教育機構	湖南省	邵陽市	城關二校綜合樓二樓
新創教育	湖南省	邵陽市	湖南省邵陽市大祥區
弗蕾亞教育	湖南省	長沙市	天心區中信凱旋南岸弗蕾亞教育13棟3101
賽達教育孫霞外語	湖南省	常德市	湖南省常德市武陵區老西門巧口語吧
貴州省福泉市現代教育	貴州省	福泉市	貴州省福泉市金碧華府B棟二樓現代教育
未來之星教育（劉毅一口氣英語培訓中心）	雲南省	玉溪市	雲南省玉溪市江川區大街街道家鄉園酒店三樓
NEW學習吧	雲南省	昆明	雲南省昆明市五華區人民中路35號陽光A版21樓D08室
昆明一點通教育	雲南省	昆明	雲南省昆明市晉寧縣昆陽鎮南門月山綜合樓
佩妮教育	黑龍江省	黑河市	黑龍江省黑河市興華街169號
東洋教育	黑龍江省	雙鴨山市	黑龍江省雙鴨山市寶清縣中央大街太陽城四樓
福建麥田教育	福建省	晉江市	福建省晉江市安海鎮龍山東路179號四層
平潭仁愛培訓學校	福建省	福州市	福建省福州市平潭縣潭北鎮北大街56號
福州一飛外語學校	福建省	福州市	福建省福州市鼓樓區楊橋東路中閩大廈B座4樓
金泓外語培訓中心（KINGHOME外語）	廣東省	東莞市	廣東省東莞市黃江鎮禦寶花園酒店二樓金泓外語
大石橋市騰越英語學校	遼寧省	大石橋市	遼寧省大石橋市城中城騰越英語學校
小百靈文化藝術培訓學校	遼寧省	大連市	大連市開發區紅海藝術長廊A區7-8
小新星英語	遼寧省	大連市	遼寧省大連市金州區民主街14號
誠智教育	遼寧省	大連市	遼寧省大連市普蘭店區發國大酒店對面誠智教育
牛津英語學校	遼寧省	朝陽市	遼寧省朝陽市雙塔區遼河街109-6牛津英語學校
吉美英語學校	遼寧省	葫蘆島市	遼寧省葫蘆島市連山區遼建興園社區12-9樓1單元101室
遼寧青鳥教育諮詢管理有限公司	遼寧省	撫順市	遼寧省撫順市望花區台安街青鳥教育
冰瑛英語培訓學校	遼寧省	鞍山市	遼寧省鞍山市海城市鐵西希望宜城小區6號樓2單元
私塾教育	遼寧省	瀋陽市	遼寧省瀋陽市渾南新區渾南中路9#坤泰新界14#-1-4-2
領先教育	遼寧省	瀋陽市	遼寧省瀋陽市蘇家屯區桂花街258--302西2門

※ 因版面有限，尚有授權學校無法列出。

感恩劉毅老師，感謝「一口氣英語」！

我們從幼兒園學英語，學到高中、大學，甚至博士畢業，會做很多試卷，可是一見到外國人，往往張口結舌，聽不懂，不會說，變成英語上的「聾啞人」！「聾啞英語」如同癌症，困擾了數代英語人！我們多希望有一種教材，有一種方法，有一種良丹妙藥，讓我們治癒「聾啞英語」頑症，同時又能兼顧考試。直到遇見台灣「英語天王」劉毅老師的「一口氣英語」。

劉毅老師頒發授權書給趙艷花校長

趙老師學校主辦，劉毅老師親授「一口氣英語萬人講座」

「劉毅英文」稱雄台灣補教界近半個世紀，「一口氣英語」功不可沒！劉毅老師前無古人，後無來者的英語功底，成就了「一口氣英語」的靈魂。「一口氣英語」從詞彙學到文法，從演講到作文，從中英文成語到會話，各種題材、各種形式，包羅萬象。

康克教育感恩劉毅老師

　　感恩劉毅老師發明「一口氣英語」，2014年5月河南省鄭州市「康克教育」孫參軍老師，在接受「一口氣英語會話、演講」師訓後，經授權迅速在中原四省——河南省、河北省、安徽省、山西省，20多個城市、30多個分校開班授課，人數由5,000人倍速增長至12,000人次。

孫參軍校長與劉毅老師

　　2016年11、12月，受邀到「中國少林功夫弟子武僧院」，推廣「一口氣英語」教學，實現500人大班授課，全場武僧將少林功夫與「一口氣英語」完美詮釋，為打造未來功夫明星堅實的語言功底。

贏在學習・勝在改變

　　福建省福州市「沖聰教育」劉偉老師接受「一口氣英語演講」師訓後，讓同學從害怕、緊張、不敢，到充滿自信，並勇敢參加第十三屆「星星火炬英語風采大賽」，32位學生於福建省賽中，取得優異的成績。評委表示，學生演講的內容很有深度，驚訝不已！同年「沖聰教育」學生人數快速激增！

「一飛教育」陳佳明校長主持，
由劉毅老師親授「一口氣英語全國師資培訓」

劉毅獲頒「中國教育聯盟終身成就獎」

　　牛新哲主席代表「中國教育培訓聯盟」感謝「一口氣英語」創始人劉毅老師，終身致力於英語教育之卓越成就，給與全方位的獎勵，奠定角色模範，繼而鼓勵後輩，投入更多心力於英語教育領域，特別頒發「中國教育聯盟終生成就獎」，劉毅老師成為首位獲此殊榮的台灣之光。

劉毅老師於2017年2月6日在台北舉行「用會話背7000字」講座